PRINCESSES

ET

GRANDES DAMES

OUVRAGES DU MÊME AUTEUR

PUBLIÉS PAR LA LIBRAIRIE HACHETTE ET Cie

BIBLIOTHÈQUE VARIÉE
Format in-16, broché, à 3 fr. 50 le volume.

Portraits de femmes (Mme Carlyle. — George Eliot. — Une détraquée. — Un couvent de femmes en Italie au xvie siècle. — Psychologie d'une sainte). Un vol.

Essais et fantaisies. Un vol.

Bourgeois et gens de peu. Un vol.

Saint François d'Assise et la légende des trois compagnons. Un vol.

La jeunesse de la Grande Mademoiselle (1627-1652). Un vol.

Louis XIV et la Grande Mademoiselle (1652-1693). Un vol.

Princesses et grandes dames (Marie Mancini. — La reine Christine. — Une princesse arabe. — La duchesse du Maine. — La margrave de Bayreuth). Un vol. in-16, broché. 1 fr.

Poètes et Névrosés (Hoffmann. — Quincey. — Edgar Poë. — Gérard de Nerval). Un vol. in-16, broché. 1 fr.

COLLECTION DES GRANDS ÉCRIVAINS FRANÇAIS
Format in-16, broché, à 2 francs le volume.

Bernardin de Saint-Pierre. Un vol.

Alfred de Musset. Un vol.

3-09. — Coulommiers. Imp. Paul BRODARD. — P1-09.

ARVÈDE BARINE

PRINCESSES
ET
GRANDES DAMES

MARIE MANCINI — LA REINE CHRISTINE
UNE PRINCESSE ARABE — LA DUCHESSE DU MAINE
LA MARGRAVE DE BAYREUTH

NEUVIÈME ÉDITION

PARIS
LIBRAIRIE HACHETTE ET Cie
79, BOULEVARD SAINT-GERMAIN, 79

1909

Droits de traduction et de reproduction réservés.

PRINCESSES
ET
GRANDES DAMES

MARIE MANCINI

Il était une fois un grand roi, dont le royaume était le plus beau du monde. Sa cour n'était que fêtes et plaisirs, et il n'y en avait point d'aussi galante ni d'aussi magnifique. Elle était jeune, car le roi était jeune, et tout respirait la jeunesse dans ce lieu enchanté. Tout respirait aussi l'amour. Cent beautés s'empressaient à plaire au prince, parce qu'il était roi et parce qu'il n'y avait point d'homme dans tous ses États qui fût aussi bien fait.

En ce temps-là, il y avait à la cour une vilaine moricaude que le premier ministre, qui était son oncle, y avait mise tout enfant pour y être élevée. Elle était laide, colère et sauvage, mais elle avait de l'esprit et faisait mille tours qui divertissaient le roi. Ce prince se plaisait tant à être avec elle, qu'enfin il ne put s'en passer et voulut l'épouser. La reine sa mère s'y opposa et sépara les deux amants, ce qui lui coûta de grandes peines et leur fit verser beaucoup de larmes. Après qu'elle eut réussi, la vilaine moricaude commit une foule d'extravagances et eut une foule d'aventures incroyables, au cours desquelles elle devint une belle personne. Un beau jour elle disparut, et l'on n'a jamais pu savoir ce qu'elle était devenue.

Le conte de fées qu'on vient de lire s'est passé à la cour de France au milieu du xviie siècle. Le beau prince, c'est Louis XIV. La moricaude, c'est Marie Mancini, nièce du cardinal Mazarin. Nous allons essayer de raconter ce roman royal [1].

I

Le 11 septembre 1647, à la veille de la Fronde, la cour de France vit arriver d'Italie trois petites filles et un petit garçon autour desquels les courtisans s'empressèrent jusqu'à l'indécence. Une Noailles était allée les chercher à Rome en grand équipage; une La Rochefoucauld fut nommée leur gouvernante

---

[1]. M. Chantelauze a publié en 1880 un volume excellent sur *Louis XIV et Marie Mancini*. Avant lui, Amédée Renée avait publié les *Nièces de Mazarin*. Nous avons beaucoup mis à contribution ces deux ouvrages.

après l'avoir été du roi de France; la reine mère les éleva avec ses enfants, et ils eurent en tout un train de princes du sang. Ces petits étrangers portaient des noms italiens et obscurs : trois Mancini, une Martinozzi. Leurs mères étaient sœurs du cardinal Mazarin.

En 1653, la Fronde venant de finir, nouvel arrivage de neveux et de nièces de la fameuse Éminence; encore trois Mancini et une Martinozzi. Une dernière Mancini arriva en 1655 avec un petit frère. Cela faisait en tout sept nièces et trois neveux, soit dix personnes à pourvoir de dots, d'alliances et d'emplois.

Quelques esprits perçants, moins touchés de la gentillesse des enfants que de ce qu'ils promettaient de coûter à la France, prévirent avec chagrin le grand rôle qu'allait jouer cette belle, étrange et dangereuse famille, superstitieuse et sans religion, pétrie d'esprit et d'extravagance, ardente et extrême en tout, qui vivait entourée d'objets d'art, d'astrologues, d'animaux de toute espèce et d'écrivains. La beauté y était l'ordinaire, comme aussi la poésie, la musique et la galanterie. Les visages et les idées y avaient un tour singulier. L'art de séduire et de subjuguer y était naturel. Les goûts étaient restés italiens : élégants, raffinés, inquiétants. Pas une femme de la cour qui sût s'ajuster comme une Mazarine, qui s'entendît comme elle à orner un logis ou disposer une fête. Pas une qui eût autant de lecture et sût parler avec le même à-propos et la même justesse sur les sujets les plus divers, tenir une cour avec autant de discernement, de bonne grâce et, quand il le fallait, de hauteur. Pas une non plus qui fût aussi familière avec des idées dont on s'effarouchait hors de l'Italie ; Marie Mancini, devenue connétable Colonna, disait et écrivait, comme la chose du monde la plus simple, qu'elle fuyait son honnête époux de peur qu'il ne se vengeât de ses frasques « à l'italienne », en l'empoisonnant. Il n'est jamais d'un bon effet de tenir de semblables expédients pour naturels. Il se forma doucement autour des Mazarines une réputation équivoque, qui se changea en légende sinistre à la première occasion.

Hardies et hasardeuses, leur passion pour les aventures avait comme leur personne une saveur exotique. Elles ne les aimaient pas en héroïnes, à la manière des grandes dames de la Fronde ; elles les aimaient en vraies aventurières qui ne craignent point de se commettre, et sont contentes pourvu qu'il leur arrive quelque chose. L'orgueil les aidait à s'en tirer, et, quand elles ne s'en tiraient pas, elles ne se laissaient point abattre ; elles ne voyaient qu'un coup manqué dans ce qui aurait fait rentrer une autre sous terre, de honte et de confusion ; c'était à recommencer, voilà tout.

Elles ne faisaient rien à demi. Deux d'entre elles, Laure Mancini, duchesse de Mercœur, et Anne-Marie Martinozzi, princesse de Conti, étaient nées avec des génies plus doux. Elles tournèrent à la dévotion et furent des saintes. A part ces deux exceptions, et peut-être aussi Laure Martinozzi, duchesse de Modène, on serait en peine de décider laquelle des autres était la plus débauchée. Ces Mazarines envisageaient la vie comme une partie où les sots seuls ne trichent point et dont l'enjeu est le plaisir, le plaisir défendu surtout, bien plus savoureux que l'autre. Le sens moral manquait à presque toute la famille; c'était un des traits distinctifs de la race. Mazarin n'en eut jamais : ses nièces ne surent pas davantage ce que c'était. Elles n'avaient pas d'âme, comme leur oncle.

Le cardinal était un rapace [1]. On demeure épouvanté du monstrueux trésor qu'il amassa en moins de vingt ans, dans un temps où la guerre étrangère et les troubles civils ruinaient le pays. En toute occasion, son grand souci et sa principale occupation étaient de gagner de l'argent. Jeune et petit compagnon, il vécut du jeu et en vécut trop bien; ses ennemis ne se firent pas faute d'exploiter contre lui ce bonheur constant. Premier ministre, il vola la France sans se montrer délicat sur le choix des moyens. Il avait, comme Panurge, soixante et trois manières de se procurer de l'argent, dont la plus honnête était « par façon de larcin ». Ce que Mazarin faisait encore de plus honnête était de

---

[1] La réputation de Mazarin s'est beaucoup relevée de nos jours. (Voir les beaux travaux de M. Chéruel.) Aussi est-il bon de faire remarquer que, dans cette étude, nous n'avions pas à apprécier l'œuvre politique du ministre, mais seulement le caractère de l'homme, et que nous devions le montrer tel qu'il apparaissait aux contemporains.

prendre dans les coffres du roi; cela valait mieux que de vendre les places, mieux que de « devenir le vivandier et le munitionnaire de l'armée », ainsi que Mme de Motteville l'accuse d'avoir fait en 1658, lors du siège de Dunkerque : — « Il faisait vendre, à ce qu'on a dit, le vin, la viande, le pain et l'eau, et regagnait sur tout ce qui se vendait. Il faisait la charge de grand maître de l'artillerie, et, depuis les dernières jusqu'aux premières, il profitait sur toutes. Les souffrances, par cette raison, furent grandes en ce siège [1]. » Il vendait jusqu'à l'eau à nos soldats : ce trait dit tout. A force de pillage effréné, il laissa une fortune que Fouquet évalua à cent millions, chiffre dont on ne saurait mieux faire mesurer l'énormité pour l'époque qu'en rappelant que le budget de la France était alors de cinquante millions.

Il n'était pourtant pas méchant, mais il avait les instincts bas, et il en est de la bassesse comme de certaines matières colorantes, dont un grain jeté dans une cuve d'eau trouble et teinte toute l'eau. Ses qualités étaient salies par ce principe funeste. La nature lui avait fait de grands dons et il avait de belles parties de l'homme d'État, mais, selon l'énergique expression de Retz, « le vilain cœur paraissait toujours au travers ». Il avait une intelligence aiguë, un esprit vif, fertile en expédients, plein d'enjouement et de grâce; il était capable d'avoir

[1]. *Mémoires de Mme de Motteville.* (Édition Petitot, IV, 428.)

de grandes vues et de les exécuter ; il ne gardait point rancune des injures : il les oubliait, de même que les bienfaits ; il était beau, aimable, insinuant, « il avait des charmes inévitables pour être aimé de ceux qu'il lui plaisait [1] » ; mais il était méprisable, méprisé et s'en moquait.

On ne sait à peu près rien des origines et de la première jeunesse de Mazarin. Il semble établi qu'il sortait de la lie du peuple ; que son père avait fait une façon de petite fortune au service d'un Colonna ; et que lui-même avait tâté de plusieurs métiers avant de devenir un *monsignore* à bas violets, l'un des quatre plus beaux prélats de Rome, déclare un de ses panégyristes [2]. Le reste n'est que ténèbres, contes en l'air, propos intéressés d'amis ou d'ennemis, jusqu'au moment où les circonstances, l'intrigue et le mérite en firent, tout jeune encore, l'un des négociateurs de la cour papale, puis un légat du saint-siège en France. On connaît la suite et comment, de la boue et de la nuit des débuts, jaillirent une puissance, un faste, un éclat, qui firent rechercher l'alliance du cardinal par les plus grands seigneurs et par des princes régnants. Ses nièces purent mesurer, en quittant Rome pour Paris, l'abîme entre hier et aujourd'hui, entre ce qu'elles quittaient et ce qu'elles trouvaient. Les Mancini laissaient derrière elles un père astrologue ;

---

1. *Mémoires de Bussy.*
2. Le bénédictin Th. Bonnet.

les Martinozzi un père entièrement ignoré : toutes abandonnaient des existences humbles. Elles trouvèrent à Paris un oncle maître de la France, dont la maison militaire était semblable à celle du roi et commandée de même par la première noblesse du royaume. Elles trouvèrent des palais, des millions, un train royal. Elles s'installèrent dans ce nouvel état avec l'aisance de filles que rien n'étonna jamais, et prirent un essor qui fixa sur elles les yeux de l'Europe. Le rayonnement de la famille Mazarin ne saurait mieux se comparer qu'à un feu de Bengale, car il en eut la soudaineté, l'éclat étrange et la courte durée. C'est trop peu de dire que ces flammes éblouissantes illuminèrent la France; leur lueur s'étendit fort au delà de nos frontières, sur tout l'Occident, et attira aux pieds des sirènes italiennes des princes du Midi et du Nord, de l'Est et de l'Ouest; puis le feu s'éteignit brusquement. Des scandales bruyants, des disgrâces, des ruines, l'exil, la mort, s'abattirent sur la bande ambitieuse et l'anéantirent, non toutefois avant qu'elle ait eu le temps de mêler son sang aux plus nobles de l'Europe.

Nous avons choisi Marie Mancini, entre les sept cousines, parce qu'elle a failli être reine de France. Elle aurait mérité même sans cela d'être prise pour type de la race, car elle représente la moyenne de la moralité mazarine, à égale distance des saintes et des scélérates, de la princesse de Conti et d'Olympe Mancini, comtesse de Soissons. Déduction faite des saintes, Saint-Simon disait de Marie en la comparant au reste : « C'était une folle, et toutefois la meilleure de ces Mazarines ». Saint-Simon l'avait bien jugée.

II

Dans le second convoi de neveux et de nièces que Mazarin manda d'Italie, celui de 1653, se trouvait une créature de treize à quatorze ans, qui parut à la cour un prodige de laideur. Elle était noire et jaune, dégingandée et décharnée. Elle avait un cou et des bras qui n'en finissaient plus. Sa bouche était grande et plate, ses yeux noirs étaient durs et il n'y avait nul charme, ni espoir de charme, dans toute sa personne. L'esprit était à l'avenant. « Elle l'avait hardi, écrit Mme de La Fayette[1], résolu, emporté, libertin et éloigné de toute sorte de civilité et de politesse. » Au milieu de ses sœurs et de ses cousines, elle semblait une bête sauvage, efflanquée, hérissée, prête à mordre. Ce laideron était Marie Mancini.

Sa mère en avait mauvaise opinion. Mme Mancini mourut à Paris en 1656. Avant d'expirer, elle recommanda ses enfants à son frère le cardinal, « et lui dit surtout qu'elle le priait de mettre en religion sa troisième fille, qui s'appelait Marie,

[1]. *Histoire de Madame Henriette d'Angleterre.*

parce que celle-là lui avait toujours paru d'un mauvais naturel, et que feu son mari, qui avait été un grand astrologue, lui avait dit qu'elle serait cause de beaucoup de maux [1]. » Mme Mancini jugeait trop sévèrement sa moricaude, et ce bon M. Mancini aurait mieux fait de lire dans les astres qu'il fallait enfermer Olympe. Mazarin, qui avait pourtant foi aux horoscopes, ne crut point à celui de son beau-frère et garda Marie à la cour. Il ne tarda pas à s'en repentir.

Cette fille qu'on nous peint si rude était une vraie femme du Midi, tout flamme, passion et emportement. Le feu ne tarda pas à lui sortir de partout. Ses grands yeux noirs en lancèrent et en parurent adoucis. Sa physionomie s'éclaira. Sa voix prit des accents chauds qui remuaient, ses moindres gestes trahirent l'ardeur impétueuse de tout son être. En même temps, son esprit s'affinait au contact d'une société polie. Elle avait quitté Rome sachant par cœur les poètes italiens, y compris l'Arioste. Elle sut bientôt par cœur les poètes français. Corneille la transporta. Gomberville, La Calprenède, Scudéry l'enivrèrent. La littérature héroïque et la littérature amoureuse étaient également son fait : l'une lui montait à la tête ; l'autre lui pâmait délicieusement le cœur. Elle aimait les arts. Elle était fascinée par l'astrologie qu'elle avait étudiée et à qui elle demandait conseil dans les circonstances critiques.

1. *Mémoires de Mme de Motteville.*

Elle avait en tout un je ne sais quoi de dévorant et de dévoré qui troublait. Elle stupéfia la cour par ses cris, ses sanglots, ses torrents de larmes pendant la maladie qui faillit enlever Louis XIV en 1658. Il n'y eut plus pour elle ni étiquette ni bienséances. Elle s'abandonnait à la face du ciel à un désespoir farouche et « se tuait de pleurer [1] ».

On le remarqua d'autant plus que sa famille prenait l'événement d'une autre façon, infiniment plus mazarine. Le cardinal cachait ses trésors, déménageait ses meubles et faisait la courbette aux amis de Monsieur, frère du roi et héritier présomptif de la couronne. Olympe, dont la tendre liaison avec le roi avait prêté à tant de commentaires, jouait tranquillement aux cartes; un prince qui allait mourir devenait inutile et ne l'intéressait plus. Quand Louis XIV, contre toute attente, entra en convalescence, « tout le monde, dit Mme de La Fayette, lui parla de la douleur de Mlle de Mancini ». Mme de la Fayette ajoute finement : « Peut-être, dans la suite, lui en parla-t-elle elle-même ».

Le roi avait vingt ans. Il avait eu des aventures : avec Mme de Beauvais, surnommée Cateau la Borgnesse, femme de chambre de sa mère; avec une fille de jardinier; avec une duchesse de grande et longue expérience, Mme de Châtillon. Il avait été amoureux. Il n'avait jamais été aimé, peut-être parce qu'il était encore timide avec les femmes;

---

1. *Mémoires de Mlle de Montpensier.*

c'était un jouvenceau qui rougissait et pâlissait, qui tremblait quand une jolie fille lui prenait la main. Il pleurait facilement, de ces larmes qui viennent des nerfs et que la vieillesse lui rapporta : « Il lui prend quelquefois des pleurs dont il n'est pas le maître », disait Mme de Maintenon à une de ses confidentes, en 1705. La pensée qu'il avait enfin excité une grande passion, un de ces amours immenses qu'il avait plus qu'homme au monde le sentiment de lui être dus, ne pouvait le laisser indifférent. Il regarda davantage Marie Mancini et la trouva fort embellie. Il lui parla « avec application [1] », et fut emporté comme une paille par l'ouragan.

Il l'aima d'abord parce qu'elle le voulait. Il l'aima ensuite de lui-même, par un motif noble, parce qu'il sentit en elle un esprit supérieur, au contact duquel le sien s'ouvrait à des horizons inconnus. Pour bien comprendre ce qui se passa en lui, il faut oublier un instant le Louis XIV qui nous est familier, le roi-soleil assuré dans son rôle d'astre, pour nous souvenir de ce que la nature et l'éducation l'avaient fait à vingt ans.

Sa bonne mine est célèbre. Elle était accompagnée d'une grâce majestueuse et naturelle qui le faisait distinguer au milieu de sa cour « comme le roi des abeilles [2] ». Adroit aux exercices du corps, il avait reçu de ce côté une éducation soignée, dansait et montait à cheval à merveille. Mazarin ne lui

---

1. *Mémoires de Mme de Motteville.*
2. *Mémoires de Saint-Simon.*

avait rien fait apprendre du reste. Louis XIV, de son aveu même, était de la plus profonde ignorance et il n'était justement pas de ces gens qui devinent. Il ne savait que ce qu'il avait appris, et le cardinal le tenait à jouer avec ses nièces; il ne savait donc rien. Ses idées ne se réveillaient point sans être stimulées, et personne n'avait pris cette peine; elles dormaient donc encore à vingt ans. Il portait au fond de lui-même les germes des grandes qualités qui firent un grand monarque d'un esprit né médiocre, mais ces germes n'avaient jamais eu ni air ni lumière pour éclore. Marie Mancini devint son amie, et ce fut comme une irruption de soleil dans un lieu fermé et obscur. Il apprit et comprit plus de choses en six mois, qu'il ne l'avait fait depuis qu'il était au monde.

Elle lui ouvrit le monde des héros : héros d'amour, héros de constance et d'abnégation, héros de gloire. Elle lui révéla les sentiments grands ou subtils, passionnés ou nobles, qui donnent son prix à la vie. Elle lui reprocha son ignorance et se fit son précepteur, lui apprenant l'italien, lui remplissant les mains de poésies, de romans et de tragédies, lui lisant elle-même vers et prose de sa voix amoureuse, avec des intonations qui berçaient ou grisaient. Elle l'accoutuma aux entretiens sérieux avec les hommes d'âge et de mérite, le piqua d'émulation et l'aida à acquérir la noblesse du tour et la justesse de l'expression. Il lui dut aussi le peu qu'il eut de goût pour les arts.

Il lui dut plus que tout cela ensemble. Elle lui fit honte d'être sans ambition, sans rêves bons ni mauvais, sans désirs plus hauts que le choix d'un costume ou d'un pas de ballet, le fit souvenir enfin qu'il était roi et lui donna l'idée d'être un grand roi. Il n'oublia jamais la leçon.

Le sentiment qu'il éprouva pour elle se ressentit de ce rôle d'Égérie. Au début, avant que Marie se fût instituée son précepteur, l'inclination du roi ressemblait à toutes les inclinations entre très jeunes gens. Elle en a raconté la naissance avec beaucoup de grâce, dans un écrit intitulé *Apologie*[1] : « La manière familière avec laquelle je vivais avec le roi et son frère était quelque chose de si doux et de si affable, que cela me donnait lieu de dire sans peine tout ce que je pensais, et je ne le disais pas sans plaire quelquefois. Il arriva de là qu'ayant fait un voyage à Fontainebleau avec la cour[2], que nous suivions partout où elle allait, je connus au retour que le roi ne me haïssait pas, ayant déjà assez de pénétration pour entendre cet éloquent langage qui persuade bien plus sans rien dire que les plus belles paroles du monde. Il se peut faire aussi que l'inclinaison particulière que j'avais pour le roi, en qui j'avais trouvé des qualités bien plus considérables

---

1. Le titre complet est *Apologie ou les Véritables Mémoires de Madame Marie Mancini, connétable de Colonna, écrits par elle-même* (Leyde, 1678). L'authenticité de l'*Apologie* a été contestée. M. Chantelauze se prononce en sa faveur.
2. Août-septembre 1658. Louis XIV était tombé malade à la fin de juin.

et un mérite beaucoup plus grand qu'à pas un autre homme de son royaume, m'eût rendue plus savante en cette matière qu'en toute autre. Le témoignage de mes yeux ne me suffisait pas pour me persuader que j'avais fait une conquête de cette importance. Les gens de cour, qui sont les espions ordinaires des actions des rois, avaient, aussi bien que moi, démêlé l'amour que Sa Majesté avait pour moi, et ils ne me vinrent que trop tôt confirmer cette vérité par des devoirs et des respects extraordinaires. D'ailleurs, les assiduités de ce monarque, les magnifiques présents qu'il me faisait, et, plus que tout cela, ses langueurs, ses soupirs et une complaisance générale qu'il avait pour tous mes désirs, ne me laissèrent rien à douter là-dessus. »

Des langueurs, des soupirs, des présents : tel était alors le langage courant de l'amour, et il n'y a rien, jusqu'ici, qui distingue cette passion d'une autre du même temps. Encore quelques semaines, et le jeune prince fut subjugué par un sentiment ardent et complexe où il entrait de la tendresse, de la reconnaissance, de l'admiration, de la soumission, de la confiance de l'élève pour son maître et de l'attrait particulier que la femme du Midi exerce sur l'homme du Nord. Marie Mancini attisa le feu par les moyens violents qui convenaient à son caractère. Elle s'attacha aux pas du roi, ne le quitta plus, l'obséda et sut lui rendre l'obsession douce, puis nécessaire. Au palais, elle semblait son ombre, et lui n'avait d'yeux et d'oreilles que pour elle. La cour voyageait-elle,

Mlle Mancini abandonnait les dames et les carrosses, montait à cheval et s'en allait par monts et par vaux avec son paladin. Il n'y avait plus alors pour eux hiver ni été, vent, pluie, ni froidure; ils étaient ensemble, c'était assez, c'était tout. Elle l'accoutuma à tout lui dire, ce qu'il pensait, ce qu'il avait appris ou entendu, ses affaires, ses projets. De là à la consulter sur tout, il n'y avait qu'un pas, et ce pas fut vite franchi. Maîtresse du cœur et de l'esprit du roi, et maîtresse absolue, Marie Mancini songea à tirer parti de son pouvoir. Elle leva les yeux vers le trône de France et ne le jugea pas trop haut. Elle laissa entendre qu'il ne lui semblait point inaccessible et ne fut pas rebutée. Après le roi, deux personnes seulement avaient voix au chapitre : l'une était la reine mère, l'autre le cardinal Mazarin. Pour apprécier ce que Marie avait à en attendre, soit en appui, soit en résistance, il faut jeter un coup d'œil sur les relations entre ces deux personnes et sur le chemin parcouru par la famille mazarine depuis son entrée en France.

III

A l'avènement de Louis XIV, le 14 mai 1643, la situation de Mazarin en France était des plus précaires. Le feu roi l'avait mis du Conseil de régence, mais la régente le haïssait parce qu'il était créature de Richelieu. Il feignit de quitter la partie, annonça son départ pour Rome, et cependant essaya ce que pourraient pour lui ses grâces italiennes. Les circonstances lui traçaient son plan. Anne d'Autriche avait le pouvoir; il fallait s'insinuer dans le cœur d'Anne d'Autriche, et d'une telle façon que la reine n'eût rien à refuser à la femme: Mazarin se mit à l'œuvre.

La reine mère venait de passer la quarantaine. Elle était coquette, mais d'une coquetterie romanesque et précieuse, qui lui faisait placer au-dessus de tout les conversations galantes, les regards langoureux et les petits soins. Mme de Chevreuse, la confidente de sa jeunesse, assurait que l'aversion avec laquelle la reine avait éconduit le cardinal Richelieu venait de ce qu'il était « pédant en amour »; défaut insupportable en effet et dont peu de femmes prennent leur parti. Les lettres de Mazarin montrent d'autre part que les petits soins gardèrent toujours leur prix aux yeux de la reine. Vieux tous deux, et lui très goutteux, très occupé par le traité des Pyrénées, il lui fait encore de petits cadeaux comme à une jeune pensionnaire. « Je vous envoie, lui écrit-il de Saint-Jean-de-Luz, une boëte avec dix-huit éventails qu'on m'a envoyés de Rome... Vous recevrez aussi quatre paires de gants que ma sœur m'a envoyées dans un paquet ».

Mazarin fit son profit de la déconvenue de Richelieu. Il ne fut pas pédant. Il parut follement épris et anéanti par le sentiment de son indignité. Il se fondit de tendresse et demeura plus petit que l'herbe devant sa déesse. Il fut plus insinuant que pressant, plus soumis qu'insinuant, plus aimable que soumis. Il réussit.

Ce qu'il sut être dans le succès, sa *Correspondance* avec Anne d'Autriche nous l'apprend. Pendant un de ses exils de la Fronde, la reine termine par ce cri de passion une lettre qu'elle lui adresse : « Jusqu'au dernier soupir; adieu, je n'en puis plus ». Il laissait des souvenirs inoubliables. Elle lui écrit, à cinquante-huit ans : « Votre lettre m'a donné une grande joie; je ne sais si je serai assez heureuse pour que vous le croyiez. Si j'avais cru qu'une de mes lettres vous eût autant plu, j'en aurais écrit de bon cœur, et il est vrai que de voir les transports avec (lesquels) on les reçut, et je les voyais lire, me faisait souvenir d'un autre temps, dont je me souviens presque à tout moment, quoi que vous en puissiez croire. Si je pouvais aussi bien faire voir mon cœur que ce que je vous dis sur ce papier, je suis assurée que vous seriez content, ou vous seriez le plus ingrat homme du monde, et je ne crois pas que cela soit[1]. » Les lettres de Mazarin sont du même ton : « Mon Dieu! que je serais heureux et vous satisfaite, si vous pouviez voir mon cœur, ou si je pouvais vous écrire ce qu'il en est, et seulement la moitié des choses que je me suis proposé. Vous n'auriez pas grand'peine, en ce cas, à tomber d'accord que jamais il n'y a eu amitié

1. Lettre du 30 juillet 1660.

approchante à celle que j'ai pour vous. Je vous avoue que je ne me fusse pu imaginer qu'elle allât jusqu'à m'ôter toute sorte de contentement, lorsque j'emploie le temps à autre chose qu'à songer à vous [1]. » Il savait l'étendue de son empire et se plaisait à la constater. « Si vous étiez plus près de la *mer*, je crois que vous y auriez plus de plaisir; j'espère que cela sera bientôt [2]. » La *mer*, c'était lui, dans leur langage de convention. Quel triomphe intérieur dut éprouver ce parvenu, quel chatouillement de vanité, quel délicieux sentiment de force, le jour où il tint à sa discrétion une des plus orgueilleuses princesses qui furent jamais!

Beaucoup de contemporains les ont crus mariés secrètement. Il n'y avait pas d'obstacle absolu, Mazarin étant cardinal laïque. En l'absence de toute preuve, les historiens se sont divisés et ne se mettront jamais d'accord. Les uns font valoir la dévotion de la reine, qui ne se serait point accommodée d'un amant. Les autres font valoir son orgueil, qui ne se serait point accommodé d'un beau-père bonnetier. Des deux côtés on s'appuie sur les écrits du temps, et la balance serait égale si les partisans du mariage ne disposaient d'un argument d'un grand poids. Les premiers temps passés, Mazarin cessa de se gêner avec la reine. Les empressements et les caresses se mélangèrent de rudesses et de négligences qui sentaient le mari. Il se montra tel qu'il était, grondeur et désa-

1. Lettre écrite de l'exil, le 11 mai 1651.
2. Lettre de Saint-Jean-de-Luz, le 11 août 1659.

gréable. « Jamais, dit sa nièce Hortense, personne n'eut les manières plus douces en public et si rudes dans le domestique [1]. » Anne d'Autriche passa du Mazarin obséquieux et souriant du public au Mazarin bourru du domestique. Il faut avouer que ces choses-là donnent à penser.

Quoi qu'il en soit, l'affection de la reine pour Mazarin était si profonde, qu'elle y puisa la force de le défendre envers et contre tous; elle naturellement indolente. Elle était hors d'elle quand il s'éloignait : « Ses sens sont tous effarés », dit un libelle du temps [2], et c'est l'expression juste. Nous n'avons pas à rappeler ici les luttes de la Fronde et combien de fois Mazarin aurait succombé sous la haine et le mépris public sans le dévouement et la fidélité de la reine. Il ne fut sauvé que par les prodiges de l'amour, et il le sentit. On conçoit ce qu'une pareille pensée inspire de confiance à l'homme sauvé. Mazarin marcha désormais sur les nuages. A bas l'humilité! Place au vrai souverain de la France! Il se rattrapa d'avoir rampé et ne tarda guère à penser, comme sa nièce Marie, que rien n'était trop haut pour les siens; rien, pas même le trône de France. Il avait du reste eu l'adresse de donner à Louis XIV des beaux-frères dont il n'eût pas à rougir.

L'aînée des Mancini, Laure, avait épousé en 1651

---

1. *Mémoires de la duchesse de Mazarin.* Ces *Mémoires* passent pour avoir été écrits par Saint-Réal sous l'inspiration et, peut-être, la dictée d'Hortense.
2. *L'Exorciste de la Reine.*

le duc de Mercœur, petit-fils d'Henri IV et de la belle Gabrielle. L'année suivante, Anne-Marie Martinozzi épousait le prince de Conti, frère du grand Condé et prince du sang. Ce fut ensuite le tour de la seconde Martinozzi, devenue en 1655 duchesse de Modène. En 1657, Olympe Mancini se maria au prince Eugène de Carignan, comte de Soissons, de la maison de Savoie. Elle avait rêvé, elle aussi, la couronne de France et paru un instant la toucher du bout du doigt. En fille pratique, elle tourna court en voyant que le roi ne se déclarait pas. Son oncle l'avait aidée de son mieux et n'avait pas renoncé sans peine à la faire monter sur le trône; « mais tous les faiseurs d'horoscopes l'avaient tellement assuré qu'elle ne pourrait y parvenir, qu'il finit par en perdre la pensée[1] ». La belle Hortense était encore fille, mais assaillie de prétendants princiers.

Le cardinal avait été moins heureux avec ses neveux. Sur les trois, deux étaient doués à miracle; ils moururent jeunes. Le troisième, que son oncle fit duc de Nevers, était un bel-esprit très braque, un bon à rien.

On pouvait se passer des garçons. La famille avait jeté par les filles assez d'ancres solides pour se croire assurée contre toutes les tempêtes. Au comble de splendeur où elle était parvenue, le coup de fortune rêvé par Marie Mancini n'avait rien d'impossible. La cour ne l'aurait même pas jugé extraordinaire, puis-

1. Mme de La Fayette, *Histoire de Madame Henriette.*

qu'elle avait cru au mariage d'Olympe avec le roi. Marie se disait que la reine mère ferait en ceci, comme en tout le reste, la volonté du cardinal. Quant à son oncle, le moyen de supposer qu'il ne serait pas content d'avoir le roi pour neveu?

IV

En effet, son oncle ne demandait pas mieux; il aurait fallu que Mazarin fût un saint pour ne pas être tenté, et il n'était pas un saint. D'autre part, il n'était pas un songe-creux, capable de renoncer aux avantages solides pour l'amour d'une vaine gloire. Il avait le pouvoir et l'argent; il entendait les garder, et l'élévation de sa nièce au trône de France ne l'aurait point du tout consolé de leur perte. C'est une idée qu'il faut avoir sans cesse présente à l'esprit pour se démêler dans le jeu compliqué joué par le cardinal durant la crise. M. de Brienne [1] a indiqué la situation avec une justesse parfaite lorsqu'il a dit dans ses *Mémoires* : « Quoi que m'ait pu dire cette Éminence, si le mariage de Sa Majesté eût pu se faire avec sa nièce et que Son Éminence y eût trouvé ses sûretés, il est certain qu'elle ne s'y serait pas opposée ». *Y trouver ses sûretés* : tout était là. Ambitieux et sans scrupule, mais sagace : tel était

[1]. Loménie, comte de Brienne, secrétaire d'État pour les affaires étrangères.

l'oncle. C'était à la nièce à ne pas l'effaroucher. Par malheur pour son rêve, Marie Mancini était incapable de prudence. Elle était trop fantasque et trop emportée pour être astucieuse.

On a vu que la passion du roi pour Mlle Mancini avait éclaté pendant un séjour de la cour à Fontainebleau. La reine mère en prit ombrage et « la vénérable qualité de nièce [1] » ne put l'empêcher d'exprimer ses sentiments avec assez de liberté pour que l'oncle n'en ignorât. Le cardinal perdait prise sur elle dès qu'il s'agissait du roi. Les souvenirs inoubliables étaient oubliés, et Mazarin trouvait en face de lui une grande princesse, aussi hautaine, aussi orgueilleuse de sa race et de son sang que s'il n'avait jamais été pour elle qu'un ver de terre. Elle parla donc et parla haut, mais inutilement, « parce que la passion du roi jusqu'alors avait été comme protégée par le ministre [2] ». Marie eut le champ libre et défendit son amour à la façon d'une louve qui défend ses petits. Elle rôdait autour du roi, prête à mordre, son visage brun et sauvage illuminé par la passion. Les contemporains disent qu'elle était transfigurée par l'expression touchante et terrible de toute sa personne.

Cependant des négociations étaient engagées pour marier Louis XIV avec une princesse de Savoie. Cette alliance souriait au cardinal parce que la reine de France se serait trouvée cousine de sa

1. *Mémoires de Mme de Motteville.*
2. *Ibid.*

nièce Olympe. Il laissa cependant à Marie toutes ses chances et l'emmena à Lyon, où devait avoir lieu l'entrevue. La cour se mit en chemin le 26 octobre 1658. Marie a raconté dans l'*Apologie* ses émotions en partant pour la grande bataille : « Il vint une tempête qui troubla pour quelque temps la douceur de ces jours, mais elle passa bientôt. On parla de marier le roi avec la princesse Marguerite de Savoie;... et cela obligea la cour de faire le voyage de Lyon. Cette nouvelle était capable de donner bien du trouble et de la peine à un cœur. Je le laisse à penser à ceux qui ont aimé, quel tourment ce doit être, la crainte de perdre ce qu'on aime extrêmement, surtout quand l'amour est fondé sur un si grand sujet d'aimer; quand, dis-je, la gloire autorise les mouvements du cœur, et que la raison est la première à le faire aimer. »

Elle lutta vaillamment. Elle fit la route de Paris à Lyon presque entièrement à cheval, côte à côte avec le roi, qui lui parlait « le plus galamment du monde [1] ». Le soir, à la couchée, nouveau tête-à-tête. Ils causaient quatre à cinq heures de suite, avec l'abondance intarissable des amoureux. Ils jouaient ensemble, dansaient ensemble, mangeaient ensemble, pensaient ensemble. C'était plus que de l'obsession; c'était de la possession, c'était l'un des exemples les plus curieux que nous offre l'histoire de l'anéantissement d'une personnalité dans une

---

1. *Mémoires de Mlle de Montpensier.*

autre, sans le secours des moyens scientifiques employés de nos jours. Il ne restait plus, à ce qu'il semblait, une seule chance au roi de se résoudre par lui-même, une seule possibilité de faire une réflexion qui ne lui fût pas suggérée, d'avoir un sentiment qui ne lui fût pas commandé.

On arriva à Lyon dans ces dispositions. La reine mère était triste. Le mariage de Savoie lui déplaisait — elle souhaitait l'infante d'Espagne — et elle redoutait les entreprises de « cette fille » si l'affaire manquait. Mazarin était paisible, car il avait de quoi rompre le mariage de Savoie si l'envie lui en prenait. Il avait trouvé à Mâcon l'envoyé d'Espagne, Pimentel, chargé d'offrir l'infante à Louis XIV, et il l'avait caché, se réservant de le produire au bon moment. La comédie fut si adroitement préparée et si parfaitement jouée, que les contemporains y furent trompés et crurent à l'apparition providentielle de Pimentel à Lyon, pendant l'entrevue avec la princesse de Savoie. M. Chantelauze a découvert que la Providence, en cette occasion, avait une robe rouge et un fort accent italien. Les preuves en sont aux archives du Ministère des affaires étrangères. On peut supposer sans trop de hardiesse que Mazarin avait eu les yeux ouverts, durant le voyage, sur les progrès éclatants de sa nièce Marie, et que ceux-ci ne furent pas sans influence sur le coup de théâtre de l'envoyé espagnol. Quant à vouloir préciser les réflexions de l'Éminence, entre Mâcon et Lyon, on y perdrait sa peine.

On sait seulement qu'il garda son secret et que son carrosse fut le premier au-devant de la cour de Savoie. La reine suivait avec son fils. Marie Mancini fut laissée au logis, où elle se rongea, bien éloignée pourtant de deviner ce qui se passait sur la route d'Italie. Les deux cours s'étaient jointes et la princesse Marguerite de Savoie était apparue à la nôtre dans l'éclat d'une laideur sans ressources qui blessa tous les yeux, — excepté ceux du roi. Louis XIV s'éprit au premier coup d'œil. Il avait recouvré sa liberté dès que le regard impérieux de Mlle Mancini avait cessé de peser sur lui. Qu'on l'explique comme on voudra, c'était une fascination, qui s'évanouit avec la charmeuse. L'amant éperdu disparut soudain; il resta un honnête jeune homme à qui l'on présente une fiancée et qui n'est pas difficile, parce qu'il a très envie de se marier. Le roi monta dans le même carrosse que la princesse et lui parla confidemment de ses mousquetaires et de ses gendarmes. Elle lui répondit sur le même ton. Ils avaient l'air de s'être vus toute leur vie, et Marie était oubliée. La duchesse de Savoie contemplait ce tableau avec ravissement, la cour de France demeurait ébahie et la reine mère consternée.

La soirée de cette curieuse journée fut agitée. La reine mère, hantée par la laideur de la princesse, railla son fils, pria, raisonna, pleura et reçut pour réponse « qu'il la voulait[1] » et « qu'enfin il était le

---

[1]. *Mémoires de Mme de Motteville.*

maître » Elle recourut au cardinal qui lui répliqua très froidement « qu'il ne se mêlait point de cela,... que ce n'était pas là ses affaires ». Elle demanda au Ciel de lui être secourable et fit prier dans les couvents de Lyon pour la rupture du mariage. Elle oubliait, dans son trouble, qu'elle avait sous la main un auxiliaire plus puissant que les moines et nonnettes de tout un royaume, et qu'il suffisait de déchaîner Marie Mancini pour précipiter la pauvre petite princesse Marguerite dans le néant. Si la reine n'y songeait point, Marie y songeait pour elle. L'exécution ne fut pas longue.

Elle avait guetté le retour des carrosses et s'était jetée sur la grande Mademoiselle pour savoir ce qui s'était passé. Résignée et plaintive, elle était perdue. Elle fut assez hardie pour être jalouse [1] et, le soir même, le roi eut sa scène. « N'êtes-vous pas honteux, lui dit-elle d'abord, que l'on vous veuille donner une si laide femme [2] ? » Puis ce fut un orage de reproches, de moqueries sur sa « bossue », de mille paroles violentes, éloquentes, impudentes et brûlantes, qui laissèrent le roi tout étourdi. Le lendemain, il parut avoir oublié la présence de la princesse. Marie Mancini « reprit son poste ordinaire », et tous deux régalèrent la cour de Savoie du spectacle de leur bruyante passion. Mazarin termina ces scènes indécentes en produisant son envoyé espagnol et en rompant avec la Savoie. Voici en quels

1. *Mémoires de Mme de Motteville.*
2. *Mémoires de Mlle de Montpensier.*

termes Marie raconte sa victoire : « Comme mon mal était violent, il eut le destin des choses violentes : il ne dura pas longtemps, et ce mariage du roi se rompit avec la même promptitude qu'il avait été entamé.... Leurs Altesses s'en retournèrent en Savoie, et mon âme reprit en même temps sa première tranquillité[1]. »

Les mois qui suivirent font penser au duo d'amour de Rodrigue et Chimène. Sûre d'être aimée, Marie Mancini s'apaisa. Ce fut une explosion d'amour jeune et poétique. Les jours ne furent plus assez longs pour se dire qu'ils s'aimaient ; ils se le redirent au clair de lune. Lorsque Marie devait enfin rentrer, le roi se faisait son cocher pour respirer du moins le même air. Il imaginait pour lui plaire des folies romanesques. Il voulait que sa vie fût une fête perpétuelle et ordonnait aux courtisans d'offrir chaque jour un plaisir nouveau à sa divinité. Les courtisans s'ingéniaient à l'envi ; on n'invitait que des couples jeunes et amoureux, et les têtes achevaient de tourner dans cette atmosphère. « Il faudrait, écrit Marie, un volume entier pour raconter toutes les aventures de ces fêtes galantes. Je me contenterai d'en rapporter une en passant, qui fera voir combien le roi était galant et comme il savait prendre les occasions de le témoigner. C'était, si je m'en souviens bien, au Bois-le-Vicomte, dans une allée d'arbres, où, comme je marchais avec assez de

---

1. *Apologie.*

vitesse, Sa Majesté me voulut donner la main, et, ayant heurté de la mienne, même assez légèrement, contre le pommeau de son épée, d'abord, d'une colère toute charmante, il la tira du fourreau, et la jeta, je ne veux pas dire comment, car il n'y a pas de paroles qui le puissent exprimer! » Que de grâce! que de tendresse juvénile et vive! Il n'y a rien de plus joli que ce geste de dépit.

L'enchantement dura tout l'hiver (1658-1659). Mazarin assistait à cette grande partie avec complaisance. Sa nièce ne lui avait pas donné de sujet de défiance. Il comptait la gouverner toujours et empêcher par elle que le roi ne lui échappât. Le jeune prince se lassait visiblement d'être en tutelle. Il avait eu l'audace de tenter d'accorder des grâces. Le cardinal avait réprimé durement ces essais de révolte, mais il lui en était resté une inquiétude secrète. En mettant Marie sur le trône, il se rendait lui-même inébranlable. Anne d'Autriche serait indignée, mais Anne d'Autriche était le passé, et Mazarin était ingrat. Il savait d'ailleurs la faire céder.

Il eut une conversation avec sa nièce. Marie lui exposa « où elle en était » avec le roi, et qu'il ne lui serait pas impossible de devenir reine, pourvu qu'il y voulût contribuer. Il ne voulut pas se refuser à lui-même une si belle aventure, et en parla un jour à la reine, en se moquant de la folie de sa nièce, mais d'une manière ambiguë et embarrassée, qui lui fit entrevoir assez clairement ce qu'il avait dans l'âme pour l'amener à lui répondre ces propres paroles : « Je ne crois pas, monsieur le Cardinal, que le Roi soit capable de cette lâcheté ; mais, s'il était possible qu'il en eût la pensée, je vous avertis que toute la France se révolterait contre vous et contre lui, que moi-même je me mettrais à la tête des révoltés et que j'y engagerais mon fils [1] ».

Mazarin demeura outré à ce discours, qu'il ne pardonna jamais et dont il se vengea par ces piqûres qui sentaient le mari. Il ploya l'échine et attendit, mais sa nièce perdit tout par son impatience. On aurait retenu la foudre dans le nuage, plutôt que d'empêcher Marie Mancini d'éclater. Elle alla son train, sans s'inquiéter d'être seule. Tant pis pour son oncle s'il l'abandonnait ; elle en serait quitte pour le renverser. Sitôt pensé, sitôt à l'œuvre. Elle entama ce chapitre avec le roi et mena l'assaut avec sa furie accoutumée. Elle se moquait du cardinal du matin au soir, et le roi y prenait goût. Bientôt Mazarin put douter si le jour du couronnement de sa nièce ne serait pas aussi le jour de sa disgrâce. Ce doute illumina son âme et lui révéla le désintéressement. On se rappelle le mot de Brienne à propos de ce mariage : « Si Son Éminence y eût trouvé ses sûretés.... » Les « sûretés » n'y étaient pas, et l'imprudente Marie l'avait laissé voir. Il lui en coûta le trône de France. Mazarin fit volte-face et voulut en avoir l'honneur. Il devint

---

1. *Mémoires de Mme de Motteville.*

intraitable sur le bien de l'État et la gloire du roi. Il fit « le héros par le mépris d'une couronne[1] », se dévoua au mariage espagnol et respira l'encens dû à la vertu.

Marie se défendit en désespérée. C'est le moment de sa vie où elle fut vraiment intéressante.

V

Elle n'avait à compter que sur elle-même, car sa famille tremblait à la seule pensée de la chute du cardinal, et elle n'avait d'autres armes que son esprit et ce trouble singulier qui émanait de sa personne. Elle était devenue moins laide; elle avait les lèvres très rouges, les dents très blanches, les cheveux très noirs, le teint moins brun. Ce n'était pas encore une beauté, loin de là. Le nez était gros; la bouche et les yeux relevés vers les coins étaient d'un dessin bizarre, presque ridicule; les joues s'empâtaient et l'air devenait bourgeois. Qu'importait sa laideur? On ne voit pas ce qu'elle aurait fait de plus avec une jolie figure. Son pouvoir, que bien d'autres éprouvèrent après Louis XIV, résidait dans l'attrait voluptueux qui ôtait aux hommes volonté et raison et les lui livrait en esclavage et en pâture. Heureusement pour eux, elle était aussi capricieuse

---

1. *Mémoires de Choisy.*

qu'attirante; ce démon n'eut jamais de suite dans les idées.

On ne peut pas l'accuser d'avoir usé d'intrigue et de perfidie. Elle alla droit devant elle, bousculant et brisant les obstacles. Anne d'Autriche la combattait : Mlle Mancini la traita insolemment. Elle suivait le roi jusque dans la chambre de la reine, en lui racontant tout bas le mal cruel qu'on avait dit de sa mère. Sous son influence, le plus respectueux des fils devint impertinent. Un jour qu'il refusait d'obéir, la reine le menaça de se retirer au Val-de-Grâce. « Il lui dit qu'elle y pouvait aller. M. le Cardinal les raccommoda[1]. »

Elle brava son oncle de façon à lui enlever ses dernières hésitations, s'il lui en restait, et travailla à rendre l'infante d'Espagne odieuse au roi. Quiconque osait dire du bien de cette princesse encourait l'inimitié de la redoutable Italienne, et l'on vit chasser du Louvre une Espagnole qui n'avait point commis d'autre crime.

Elle lia le roi assez solidement pour qu'il ne pût lui échapper, même en cas d'absence; il ne fallait pas que l'aventure de Lyon se renouvelât. Le peu de raison qui restait encore au jeune prince fut noyé dans un torrent de passion. Serments brûlants, emportements farouches, aveux charmants, il connut tout, fut abreuvé de tout et demeura hors de lui. Il ne s'appartenait plus; il appartenait aux

1. *Mémoires de Mlle de Montpensier.*

yeux noirs qui plongeaient dans les siens de son lever à son coucher, à table, à la promenade, au jeu, à la danse, dans tous les coins et recoins du Louvre; à ces yeux de flamme qu'accompagnaient les murmures ou les cris d'une voix tragique et tendre.

On a dit qu'ils ne s'aimaient pas, malgré tout, parce qu'ils étaient également incapables d'aimer; qu'il avait le cœur sec et égoïste, qu'elle avait le cœur ardent, mais placé dans la tête; que chacun d'eux trompait l'autre et se trompait lui-même.

Il est bien délicat d'affirmer que cet amour forcené fut pure comédie chez Marie Mancini, pur affolement chez Louis XIV. Il y a tant de manières d'aimer sans que le cœur s'en mêle : avec la raison, avec l'instinct; par intérêt, par vanité, par devoir, par habitude; de toute son âme et de tout son corps; et encore cent autres qu'il serait trop long de nommer. Les sentiments qui découlent de ces sources inférieures se ressentent de leur origine et sont de qualité inférieure. Ils n'en sont pas moins réels et nous devons les bénir, car ils servent à masquer le vide de beaucoup de cœurs. Nous croyons aimer, et ce n'est qu'une forme de notre égoïsme, qu'une routine, qu'une impulsion grossière. La nature bienfaisante a voulu cette duperie, de peur qu'on pût s'apercevoir à vingt ans qu'on est incapable d'aimer. C'eût été trop triste, en vérité. Louis XIV et Marie Mancini se durent d'avoir cru toute une année qu'ils aimaient à en mourir. Nul n'a le droit de mépriser le sentiment, quel qu'il soit, qui donne une illusion aussi précieuse.

Les négociations avec Madrid s'étaient poursuivies tout l'hiver et le printemps (1659). Mazarin se préparait à partir pour Saint-Jean-de-Luz, afin de s'aboucher avec le ministre espagnol, don Luis de Haro, et les choses étaient toujours en l'état où nous les avons montrées. Marie Mancini et le roi se juraient fidélité cent fois le jour. Anne d'Autriche s'avisa la première qu'une situation aussi extraordinaire ne pouvait durer, et qu'avant de demander l'infante, il fallait se débarrasser de Mlle Mancini. Le seul cardinal lui pouvait rendre ce service, mais elle ignorait s'il voudrait la contenter en ceci. Il s'était accoutumé à la malmener; il la brusquait, se moquait d'elle, la tenait de très court pour l'argent et parlait d'elle au roi fort légèrement. La reine avouait à ses familières « qu'il devenait de si mauvaise humeur et si avare, qu'elle ne savait pas comment à l'avenir on pourrait vivre avec lui [1] ». Elle était ébranlée dans ses illusions sur ce beau favori aux mains parfumées, aux moustaches coquettement relevées au fer. L'idée qu'il sentait bassement, en parvenu, n'avait pas pénétré dans son esprit; mais elle n'en était plus bien éloignée.

Grand fut donc son ravissement, extrêmes son admiration et sa reconnaissance, lorsqu'au premier mot qu'elle hasarda sur la nécessité de séparer les

---

1. *Mémoires de Mme de Motteville.*

deux amants, elle trouva l'Éminence aussi pressée qu'elle de chasser Marie. Mazarin fit son personnage dans la perfection. La reine ne soupçonna rien. Les écailles s'épaissirent encore sur ses yeux, elle se reprocha d'avoir douté du cardinal et répara sa faute par mille louanges publiques et en lui laissant tout l'honneur de l'exil de sa nièce. Ils convinrent que Marie Mancini serait envoyée au château de Brouage, proche la Rochelle.

On se représente le coup de foudre. Le chagrin du roi fut d'abord assez doux. Il pleurait et cependant écoutait sa mère. Mais quand il vit Marie, ses sombres transports, ses sanglots, sa peine amère; quand il entendit ses reproches, ses plaintes déchirantes, il eut un accès de désespoir. Il courut chez la reine et chez le cardinal, leur déclara qu'il lui était impossible « de la voir souffrir pour l'amour de lui [1] », qu'il voulait l'épouser, qu'il les priait et suppliait. Il se mit à genoux devant eux [2] et montra une douleur si vraie que sa mère en fut tout émue. Mazarin demeura ferme et répondit « qu'il était le maître de sa nièce et qu'il la poignarderait plutôt que de s'élever par une si grande trahison [3] ». Le roi redoubla ses larmes, ses serments de n'épouser qu'elle; toutefois il laissa faire. Quant à Marie, sa douleur fut farouche.

> Elle n'entend ni pleurs, ni conseil, ni raison,
> Elle implore à grands cris le fer et le poison.

1. Motteville.
2. Montpensier.
3. Motteville.

Telle Racine nous représente Bérénice chassée de Rome par Titus, telle apparut aux yeux du Louvre, puis de la France, l'impétueuse Mancini chassée de Paris. On sait que la pièce de Racine passe pour avoir été la traduction poétique du drame amoureux qui se dénoua à Brouage [1]. On sait aussi que la tragédie de *Bérénice* est traitée communément d'élégiaque, parce qu'on commence seulement à s'apercevoir que Racine, loin d'être « le doux Racine », est vigoureux jusqu'à la brutalité. On ne voit pourtant pas ce qu'une maîtresse abandonnée peut dire de plus, à l'homme qui la quitte, que ce que Bérénice dit à Titus. Elle le dit en vers et dans un langage magnifique; mais les sentiments qu'elle exprime sont aussi violents que ceux, par exemple, de la Sapho de M. Daudet. Il faut relire dans Racine ces scènes passionnées et puissantes, depuis l'instant où Bérénice s'élance avec furie de son appartement :

> Hé bien, il est donc vrai que Titus m'abandonne!
> Il faut nous séparer! et c'est lui qui l'ordonne!

La suite du dialogue est admirable de vérité. Jamais on n'a mieux observé la succession des sentiments chez la femme délaissée, et cela devait être, car jamais traduction poétique ne fut plus fidèle;

---

[1]. On trouvera dans l'excellent travail de M. Félix Hémon : *Théâtre de Pierre Corneille* (4 vol. in-18, Delagrave, 1887), le détail des origines de la *Bérénice* de Racine et de la pièce rivale de Corneille : *Tite et Bérénice*, ainsi que de la part qu'il convient de faire aux allusions historiques dans chaque tragédie.

tout ce que les contemporains nous rapportent des adieux de Louis XIV et de Marie Mancini en fait foi.

Bérénice commence par reprocher à Titus sa déloyauté. Pourquoi l'avoir encouragée, puisqu'il ne comptait pas l'épouser, au lieu de lui dire tout de suite :

> Ne donne point un cœur qu'on ne peut recevoir!

L'attendrissement succède aux reproches, et, dès qu'elle le voit troublé, amolli, elle s'efforce d'en profiter :

> Ah, Seigneur! s'il est vrai, pourquoi nous séparer?

Il refuse de se laisser reprendre. Elle le menace d'aller se tuer, sort en effet, et ne tarde guère à revenir en voyant que Titus la laisse faire. C'est le tour des injures :

> ....Pourquoi vous montrer à ma vue?
> Pourquoi venir encore aigrir mon désespoir?
> N'êtes-vous pas content? Je ne veux plus vous voir.

Elle passe de l'emportement à l'ironie méprisante :

> Êtes-vous pleinement content de votre gloire?
> Avez-vous bien promis d'oublier ma mémoire?

Bérénice éclate de nouveau en reproches, fond en larmes et « se laisse tomber sur un siège ». La Sapho de M. Daudet se roule sur le sol. Pure question d'éducation. Chez toutes deux, c'est la crise de nerfs finale, à laquelle Marie Mancini, comme on verra tout à l'heure, ne manqua point non plus.

On nous a montré bien souvent depuis Racine, à la scène et dans les romans, un homme rompant avec sa maîtresse. On ne nous a pas montré de maîtresse plus passionnée et plus tenace que Bérénice. Nous reviendrons en son lieu sur le revirement du cinquième acte et le désistement de Bérénice. L'épisode qui a inspiré le dénouement de Racine s'est passé à Brouage, au mois de septembre (1659), et nous sommes au Louvre, le 22 juin. Marie Mancini en est encore aux fureurs.

Elles furent excessives, comme tout ce qui sortait de ce volcan. Le roi hors de lui pleurait et criait avec elle, redoublait ses serments et, en même temps, parmi ses gémissements, la conduisait vers son carrosse de voyage. Le mot célèbre qu'elle lui adressa alors est le seul que Racine ait affaibli. Sa Bérénice dit à Titus :

Vous êtes empereur, seigneur, et vous pleurez!

Mme de Motteville et Mme de La Fayette font dire à Marie Mancini : « Vous pleurez, et vous êtes le maître! » ce qui est déjà plus énergique. Mais la réalité fut plus vive encore. Marie rapporte dans ses *Mémoires* qu'elle dit au roi : « Sire, vous êtes roi et vous m'aimez, et pourtant vous souffrez que je parte.... » Sur quoy, m'ayant répondu par un silence, je lui déchiray une manchette en le quittant, lui disant : « Ha, je suis abandonnée ». Voilà la vraie Marie Mancini. Quand elle voit que c'en est fait et que le roi ne la retient pas, elle saute sur lui et arrache ses dentelles d'un geste rageur, avec ce cri de dépit : « Ha, je suis abandonnée ! » Elle rappelle Sapho plus que Bérénice.

VI

Cet orageux départ eut des suites non moins orageuses. Le roi s'enfuit comme un fou à Chantilly, où sa douleur s'exaspéra au lieu de s'apaiser. Il avait pu prendre sur lui de laisser partir Mlle Mancini : *dimisit invitus invitam*; il ne pouvait prendre sur lui de se passer d'elle. De son côté, Marie faisait pitié. Elle avait des crises aiguës, des abattements, elle avait la fièvre, elle n'en pouvait plus. Quand le cardinal la rejoignit sur la route de Brouage, en chemin lui-même pour Saint-Jean-de-Luz, il écrivit à la reine : « Elle est affligée plus que je ne saurais dire[1]. ». Elle-même, bien des années après, ne peut trouver d'expression assez forte pour peindre cette immense douleur. « Jamais rien en ma vie, dit-elle, n'a tant touché mon âme. Tous les tourments qu'on pourrait souffrir me paraissaient doux et légers auprès d'une si cruelle absence, qui allait faire évanouir de si tendres et de si hautes idées. Je demandais la mort à tous moments, comme l'unique remède à mes maux. Enfin, l'état où je me trouvais alors était tel, que ni ce que je dis, ni tout

---

[1]. Lettre de Mazarin, 29 juin 1659.

ce que je pourrais dire, ne le sauraient pas exprimer[1]. »

Au milieu de ses déchirements, Marie essaya de la plus naïve des ruses, une vraie ruse de pensionnaire. Elle feignit d'avoir pris son parti. Son oncle tomba dans le piège et annonça cette bonne nouvelle à la reine : « Elle me témoigne d'être entièrement résignée à mes volontés et qu'elle n'en aura jamais d'autres ». Une conduite si belle méritait récompense. La récompense fut l'apparition d'un mousquetaire du roi. « (Il) m'apporta, raconte Marie, cinq lettres de sa part, toutes fort grandes et fort tendres. » Le cardinal poussa la complaisance jusqu'à permettre au mousquetaire de remporter la réponse, et une correspondance réglée s'établit, que nous ne possédons malheureusement pas, mais dont le ton se devine aux effets. Le 29 juin, le roi écrivait à sa mère, de Chantilly, une lettre respectueuse et soumise où l'on voyait « qu'il estimait la résistance qu'elle lui avait faite, et qu'il en avait connu le prix[2] ». Quinze jours plus tard, le cardinal, près d'arriver à Saint-Jean-de-Luz, recevait de telles nouvelles sur les relations entre le fils et la mère, qu'il écrivait à celle-ci : « Je crains de perdre l'esprit, car je ne mange ni ne dors, et je suis accablé de peine et d'inquiétude (de Cadillac, le 16 juillet 1659) ». Il adressait au roi par le même courrier

---

1. *Apologie.*
2. *Mémoires de Mme de Motteville.*

une longue lettre où la situation se réfléchit comme dans un miroir :

« J'ai vu ce que la *confidente* [1] m'écrit touchant votre chagrin et la manière dont vous en usez avec elle....

« Les lettres de Paris, de Flandres et d'autres endroits disent que vous n'êtes plus connaissable depuis mon départ, et non pas à cause de moi, mais de quelque chose qui m'appartient, que vous êtes dans des engagements qui vous empêcheront de donner la paix à toute la chrétienté....

« On dit (et cela est confirmé par des lettres de la cour à des personnes qui sont à ma suite)... que vous êtes toujours enfermé à écrire à la personne que vous aimez, et que vous perdez plus de temps à cela que vous ne faisiez à lui parler quand elle était à la cour.

« ... On dit que vous êtes brouillé avec la reine, et ceux qui en écrivent en termes plus doux disent que vous évitez, autant que vous pouvez, de la voir. »

Il lui reprochait d'encourager sa nièce à la révolte en lui promettant de l'épouser, lui représentait les dangers pour le royaume d'une rupture avec l'Espagne, la guerre au dehors, une troisième Fronde au dedans; et il le menaçait de se retirer en Italie avec sa nièce, si le roi ne renonçait à une passion dont l'Europe entière se moquait. Il renou-

---

1. Terme convenu pour la *reine*. Le roi était le *confident*.

vela prières et menaces dans une série de lettres éloquentes, et demeura atterré en apprenant que Louis XIV se préparait à revoir Marie, tandis qu'on l'attendait aux Pyrénées pour épouser l'infante. Mazarin eut beau faire et beau dire, l'entrevue eut lieu à Saint-Jean-d'Angély, le 10 août, par la faiblesse d'Anne d'Autriche. Les transports furent brûlants des deux parts, et les adieux arrosés de larmes assez douces, car les amants se quittaient également résolus à s'épouser.

Ils s'étaient donné le mot pour amadouer le cardinal par de belles paroles sur la tendresse que lui portait sa nièce. Marie adressa lettre sur lettre à son oncle, mais un Mazarin ne se laisse pas berner deux fois par une petite fille. Il écrivit à Mme de Venel, gouvernante de Mlles Mancini : « Je ne sais quelle démangeaison a prise ma nièce de m'écrire si souvent comme elle le fait. Je vous prie de lui dire que je ne prétends pas qu'elle prenne plus cette peine ; que je sais fort bien ce qu'elle a dans le cœur et dans l'esprit, et l'état que je dois faire de l'amitié qu'elle a pour moi. »

Au roi, il répondit :

« Je commencerai par vous dire sur le point de votre lettre du 23e (août 1659), qui regarde les bons sentiments que la personne a pour moi et toutes les autres choses qu'il vous a plu de me mander à son avantage :

« Que je ne suis pas surpris de la manière dont vous m'en parlez, puisque c'est la passion que vous avez pour elle qui vous empêche... de connaître ce qui en est; et je vous réponds que, sans cette passion, vous tomberiez d'accord avec moi, que cette personne n'a nulle amitié pour moi, qu'elle a au contraire beaucoup d'aversion parce que je ne flatte pas ses folies; qu'elle a une ambition démesurée, un esprit de travers et emporté, un mépris pour tout le monde, nulle retenue en sa conduite et prête à faire toutes sortes d'extravagances; qu'elle est plus folle qu'elle n'a jamais été depuis qu'elle a eu l'honneur de vous voir à Saint-Jean-d'Angély et que, au lieu de recevoir vos lettres deux fois la semaine, elle les reçoit à présent tous les jours; vous verrez enfin comme moi qu'elle a mille défauts et pas une qualité qui la rende digne de l'honneur de votre bienveillance. »

Il continuait sur ce ton pendant dix-huit pages et revenait à sa menace de se retirer en Italie. La réponse du roi lui fut remise le 1er septembre. Elle était courte. Le roi lui écrivait « qu'il fît tout ce qu'il voudrait et que, s'il abandonnait les affaires, bien d'autres s'en chargeraient volontiers[1] ». A la lecture de ce billet, Mazarin dut reconnaître que sa folle de nièce, à qui il trouvait « l'esprit tout de travers », était un adversaire digne de lui.

Elle avait fait des prodiges dans son maussade exil de Brouage. Elle n'avait pas perdu un jour. Selon la coutume de la famille, elle avait d'abord

---

1. *Mémoires de Choisy.*

mandé un astrologue afin de savoir à quoi s'en tenir sur ses chances de couronne. Cet astrologue était un Arabe. Il lui tira tous les horoscopes qu'elle voulut et se garda de les donner fâcheux. Il y joignit des leçons et la perfectionna dans l'astrologie, afin qu'elle pût lire elle-même sa gloire dans les astres. L'Arabe l'affermit dans sa foi à sa destinée, et l'on sait que la foi remue les montagnes.

Elle était sans argent, étroitement gardée, environnée d'espions. Elle persuada aux espions qu'elle allait être reine et se les dévoua corps et âme. Elle eut aussitôt abondance d'argent. L'argent lui procura des hommes propres aux coups de main, et entr'autres son frère, qui avait été enfermé par leur oncle pour cause de débauche, et qu'elle fit évader. Son étoile l'emportait et Mazarin se voyait au bord de l'abîme, car il savait que Marie ne lui pardonnerait jamais Brouage; « depuis son éloignement, elle témoignait le haïr encore davantage [1] ». Le découragement gagnait le cardinal. Il luttait encore, mais plus faiblement, et, sans Anne d'Autriche, il se serait peut-être abandonné. Les lettres de la reine étaient sa consolation et son soutien. Elles respiraient l'affection et le dévouement. La reine l'avait trouvé si grand, son beau Mazarin, d'avoir renoncé au roi pour sa nièce, qu'elle était plus que jamais à lui. D'autre part, le danger avait réveillé fort à propos l'amour du cardinal, en

1. *Mémoires de Mme de Motteville.*

sorte que c'était dans leur correspondance un duo de tendresse.

Les autres nièces, la cour, le pays, l'Europe, suivaient avec une curiosité impatiente et des sentiments divers ce duel d'un ministre tout-puissant avec une enfant. Les Mazarines tremblaient. Ces hardies parvenues n'avaient pas oublié le temps où le peuple de Paris, les voyant débarquer au Louvre, les traitait de : « petites harengères ». Dans leurs palais et entourées d'une cour plus brillante que celle du Louvre, elles songeaient que la chute de leur oncle serait le coup de baguette qui change les palais en chaumières, les riches costumes en haillons, et elles prenaient grand'peur. Elles se voyaient déjà retombées dans la misère, raconte l'abbé de Choisy. Que le vainqueur du cardinal fût l'une d'entre elles, cela ne les rassurait point, et avec raison. Entre Mazarines, il ne fallait pas trop compter sur les sentiments de famille.

La cour était partagée entre l'horreur d'une telle mésalliance et l'espoir d'être délivrée du cardinal. Il est curieux que Mazarin, qui n'était pas méchant, ait laissé de plus mauvais souvenirs parmi la noblesse française que Richelieu, qui fut si dur pour elle. Je n'en veux d'autre témoignage que celui de Saint-Simon, qu'on ne soupçonnera point de trahir sa caste. « Le cardinal de Richelieu, disent ses *Mémoires*[1], abattit peu à peu cette puissance et

---

1. Volume XI, p. 244. (Édition Hachette, 1874.)

cette autorité des grands qui balançait et qui obscurcissait celle du roi, et peu à peu les réduisit à leur juste mesure d'honneur, de distinction, de considération et d'une autorité qui leur étaient dus, mais qui ne pouvaient plus soutenir à remuer, ni parler haut au roi, qui n'en avait plus rien à craindre. Ce fut la suite d'une longue conduite sagement et sans interruption dirigée vers ce but..... »

Dans la même page, Saint-Simon voue Mazarin à l'exécration des siècles pour « les fourbes, les bassesses, les pointes, les terreurs et les *sproposito*[1] de son gouvernement, également avare, craintif et tyrannique », et qui produisit la Fronde d'abord, puis l'abaissement complet de l'aristocratie française, dépouillée de toutes les places, distinctions et dignités, au profit des roturiers; à ce point « que le plus grand seigneur ne peut être bon à personne, et qu'en mille façons différentes il dépend du plus vil roturier ». Richelieu coupait les têtes, Mazarin déconsidérait en sourdine. On a pardonné au premier et pas au second.

Le pays était divisé de sentiment comme la cour. L'Europe riait, sauf l'Espagne, qui avait offert l'infante et sentait tout l'outrage d'un refus.

Les choses en étaient là, et le cardinal, baissant le ton, venait d'écrire humblement au roi : « J'ai une telle vénération et un si profond respect pour votre personne et pour tout ce qui vient de vous,

---

1. Sottise, chose dite hors de propos.

que je ne puis seulement avoir la pensée de disputer les moindres choses. Au contraire, je n'ai nulle peine à me soumettre à vos sentiments et de déclarer que vous avez raison en tout. »

Soudain tout changea de face, par un coup de théâtre éclatant, singulier et pourtant naturel. Les Bérénice de Racine et de Corneille renoncent à Titus, au cinquième acte, par pur héroïsme; elles se sacrifient au bien public. La poésie a orné l'histoire, ce qui n'est pas la même chose que de la dénaturer. Marie Mancini avait appris à Brouage que les clauses du mariage espagnol étaient arrêtées. Ignorant que son oncle lâchait pied et faisait mine de céder au roi, elle se crut perdue au moment où elle allait peut-être l'emporter. La fierté blessée fit naître la pensée d'une rupture volontaire; la colère l'aida à s'y arrêter. Mobile comme elle l'était, elle sentit vivement le soulagement de changer d'idées, après une opiniâtreté si contraire à sa nature. Le tout ensemble produisit une résolution qui devait paraître généreuse, lui attirer des louanges et des compensations, et qu'elle croyait de plus inévitable. Elle écrivit à Mazarin qu'elle renonçait au roi. Son parti une fois pris, la passion dévorante, qui devait être unique dans les annales de l'amour, cessa brusquement de la dévorer. On aurait tort d'en induire que Marie Mancini n'aimait pas le roi. Elle avait seulement, ainsi qu'il a été dit, le cœur dans la tête.

Elle avait trop d'esprit pour ne pas comprendre

que le dénouement semblerait brusque et gâterait la pièce aux yeux du monde. Elle a eu soin de l'arranger dans l'*Apologie*, où elle se représente repoussant avec indignation la demande en mariage du connétable Colonna, apportée à Brouage peu après le grand sacrifice. Elle omet d'ajouter qu'elle profita du messager pour indiquer à son oncle un autre prétendant, dont l'image souriait déjà à son imagination désœuvrée.

La surprenante nouvelle se répandit avec la vitesse de l'éclair et produisit des mouvements très divers dans les cœurs. Mazarin, étourdi de joie, n'en croyait pas ses yeux et se découvrait une passion pour cette nièce qu'il traitait, la veille, de folle dangereuse. Son cœur débordait d'amour et d'admiration; compliments, protestations et petits soins pleuvaient. Il en délia les cordons de sa bourse; c'est tout dire et donner en deux mots la mesure de la peur qu'il avait eue. « Je mande au sieur de Téron, écrivait-il à Mme de Venel, de donner tout l'argent que vous direz, mon intention étant qu'elle (Marie) ne manque d'aucune chose qui pourra regarder son divertissement. Je vous prie d'ordonner que l'on fasse une bonne table, et qu'on la renforce. » Il promet à sa chère Marie de la marier. Il veut qu'elle soit heureuse et va « songer sérieusement » à assurer son bonheur. En attendant, qu'elle s'amuse, qu'elle chasse, pêche, fasse de bons dîners (le cardinal était gourmand; la France lui doit plusieurs ragoûts nouveaux) et qu'elle lise Sénèque.

« Et, puisqu'elle se plaît à la morale, il faut que vous lui disiez de ma part qu'elle doit lire des livres qui en ont bien parlé, particulièrement Sénèque, dans lequel elle trouvera de quoi se consoler et se confirmer avec joie dans la résolution qu'elle a prise. » Anne d'Autriche bénéficie du bonheur de son ministre. Philémon et Baucis sentent leur vieux sang se réchauffer dans leurs veines et se renvoient les déclarations. « Je vous avoue, écrit Mazarin à la reine, que, bien souvent, je perds patience quand je me vois contraint de demeurer ici sans votre amour (Saint-Jean-de-Luz, 14 septembre 1659) ». Plus tendre encore est le passage sur sa goutte, qui l'empêche de rejoindre la reine. « Je cache tant que je puis à ma goutte la pensée que vous auriez de venir ici, si elle durait encore longtemps, car, si elle en avait connaissance, elle serait assez glorieuse pour s'opiniâtrer à ne me quitter pas, afin de se pouvoir vanter d'un bonheur qu'aucune autre goutte n'aurait eu jamais. » Trissotin n'aurait pas mieux dit, et le marivaudage sur « la goutte » vaut le *Sonnet sur la fièvre qui tient la princesse Uranie*.

Le roi fut tellement piqué qu'on pût renoncer à lui, qu'il devint aussitôt épris de l'infante. Il avait d'ailleurs fait ses réflexions sur les menaces de retraite du cardinal et sur l'embarras où son départ le jetterait. « Il se lassait bien d'être en tutelle, mais il ne se sentait pas assez fort pour marcher sans conducteur. Il n'avait presque aucune connaissance du gouvernement La paix n'était point encore signée ; et le mépris éclatant qu'il eût fait de l'infante en épousant une simple demoiselle le rejetait indubitablement dans la guerre. Il avait ouï dire (et cela était vrai) que ses revenus étaient mangés deux ou trois ans par avance [1]. » Toutes ces raisons firent qu'il épousa l'infante avec la plus grande joie du monde, le 6 juin 1660.

VII

L'espoir d'être reine avait élevé un temps Marie Mancini au-dessus d'elle-même et donné à ses sentiments, comme à ses discours, une enflure qu'il était aisé de prendre pour de la grandeur. Ce n'était qu'une fausse grandeur, qui ne survécut pas à son rêve de royauté. L'héroïne de roman s'évanouit ; il ne resta qu'une aventurière. Le cardinal lui eut à peine envoyé la permission de revenir à Paris, qu'elle entama avec le prince Charles de Lorraine un second roman plus fougueux que le premier. Un abbé italien portait les messages. Les rendez-vous étaient continuels, dans les églises et dans les promenades. Le tout avait un air d'intrigue assez déplaisant, mais Marie n'était pas en état de garder des mesures. Elle aimait à en perdre la raison. Il lui fallait son Lorrain. Elle jura cent fois « qu'elle

1. *Mémoires de Choisy.*

l'épouserait ou qu'elle se ferait religieuse [1] ». Elle n'en avait pas tant dit pour Louis XIV, qui s'en souvint à l'occasion.

Le prince Charles était entièrement fasciné. La tête lui avait tourné, comme au roi, au contact de la fille du Midi.

La cour revint au plus fort de ce grand feu, ramenant la reine Marie-Thérèse. Le roi avait accompli en chemin la seule action sentimentale que l'on connaisse de lui. Il avait laissé sa jeune femme à Saintes pour « aller en poste visiter Brouage et la Rochelle [2] », lieux sacrés, lieux témoins de l'amour et des souffrances de son amie. C'était poétique et touchant si Marie, comme il n'en doutait point, usait ses yeux dans les larmes; ce n'était que ridicule s'il la trouvait consolée. Dès Fontainebleau, il sut à quoi s'en tenir. Il était remplacé. Lui! Peu d'hommes admettent qu'on les remplace. Louis XIV ne l'admit jamais, non par fatuité, mais par foi monarchique. Seul sur le trône, seul dans les cœurs; l'un lui paraissait autant que l'autre de droit divin. Marie Mancini infidèle fut perdue dans son esprit. Il n'admettait pas que l'on exposât le roi de France aux mésaventures des amants vulgaires, et il avait raison; il savait son métier de roi.

Marie Mancini a eu grand soin de supprimer dans l'*Apologie* sa passion pour le prince de Lorraine.

1. *Mémoires du marquis de Beauveau.*
2. *Mémoires de Mlle de Montpensier.*

Ses amours avec Louis XIV lui donnaient dans le monde et devant la postérité un lustre qui méritait bien qu'on mentît un peu pour le conserver. Aussi garda-t-elle tant qu'elle put une attitude d'Ariane abandonnée; les *Mémoires* de sa sœur Hortense [1] nous dépeignent sa douleur lorsqu'elle retrouva le roi marié. Qui sait si, le dépit aidant, elle ne fut pas sincèrement jalouse du roi tout en adorant le Lorrain? Ce serait très féminin. Quoi qu'il en soit, voici dans quels termes elle raconte sa première entrevue avec le roi marié.

« La cour arriva à Fontainebleau, où le cardinal nous fit venir faire la révérence à la nouvelle reine. Je prévis d'abord combien cet honneur m'allait coûter, et il est vrai que ce ne fut pas sans peine que je me disposai à le recevoir, m'attendant à voir rouvrir une blessure par la présence du roi, qui n'était pas encore bien fermée, et à laquelle il aurait sans doute mieux valu appliquer le remède de l'absence. Cependant, comme je ne m'étais pas imaginé que le roi me pût recevoir avec l'indifférence qu'il me reçut, j'avoue que j'en demeurai si fort troublée, que je n'ai de ma vie rien senti de si cruel que ce que je souffris de ce changement, et qu'à chaque moment je voulais m'en retourner à Paris. »

Le roi poussa la cruauté jusqu'à lui faire l'éloge de la jeune reine. C'en était trop pour une créature

---

1. *Mémoires de la duchesse de Mazarin.* (Œuvres de Saint-Réal.)

emportée. Elle éclata en reproches. « ... Les impatients désirs que j'en avais... m'obligèrent enfin de chercher deux ou trois fois l'occasion de m'expliquer avec Sa Majesté, qui reçut si mal mes plaintes, que je résolus, dès ce moment-là, de ne me plaindre plus, et de n'avoir pas la moindre pitié de mon cœur, s'il se troublait après tant d'insensibilité. »

Tout allait mal pour elle. Son oncle avait oublié ses promesses. Le roi marié, elle avait cessé d'être la chère nièce, encensée et choyée. Mazarin ne s'était souvenu d'elle que pour recommander à sa gouvernante de la mieux garder à l'avenir, et pour refuser cruellement sa main au prince de Lorraine. Celui-ci porta son cœur ailleurs, de façon que la pauvre Marie eut la tâche ingrate d'être jalouse de deux infidèles à la fois. Elle y suffisait, mais ce n'était pas un office réjouissant. Tout allait mal, au surplus, pour quiconque dépendait de Mazarin. La gloire du traité des Pyrénées et la sécurité qui en était le fruit l'avaient enivré. Il avait refusé pour sa nièce Hortense la main de Charles II, deux mois avant que celui-ci devînt roi d'Angleterre, et il faisait de vains efforts pour raccommoder l'affaire. La goutte et la gravelle l'aigrissaient en l'accablant, et son avarice en redoublait; il rogna à la jeune reine presque toutes ses étrennes, ne lui laissant que 10 000 livres sur 12 000 écus, et il s'occupa chez lui à peser ses pistoles, afin de ne donner que les légères. Il ne contraignait plus son humeur grossière et traitait Anne d'Autriche « comme si elle eût été une chambrière [1] ». La mort le trouva lorgnant son or et pestant contre chacun. Il la vit approcher avec un courage qu'on n'aurait point attendu de lui, distribua ses biens et conclut les mariages de deux nièces, Hortense et Marie. Hortense épousait le duc de La Meilleraye, qui prenait le nom de Mazarin. Marie était donnée au connétable Colonna. Elle, qui aimait toujours l'ingrat prince de Lorraine, eut « un désespoir si violent, qu'elle ne put s'empêcher de reprocher au roi la faiblesse qu'il avait témoignée pour elle en cette occasion, et au cardinal l'outrage qu'il lui faisait de faire un sacrifice de son cœur et de sa personne [2] ». Si le roi, ainsi que l'ont pensé quelques contemporains, sentait à ce moment un léger réveil de l'ancienne tendresse, il fut guéri pour toujours par des reproches aussi humiliants pour lui. C'en était trop que de lui réclamer le Lorrain. Il fut de glace aux plaintes de la volage.

Mazarin expira le 9 mars 1661. Sa famille s'écria en chœur : « *Pure è crepato* ! (Enfin il est crevé !) » Ce fut toute l'émotion qu'elle éprouva à la mort de l'homme qui l'avait tirée du néant et mise sur le pinacle. Le peuple pensa comme la famille, et avec plus de raison.

Peu après la mort du cardinal, le roi fit faire le mariage de Mlle Mancini avec le connétable Colonna,

---

1. *Mémoires de Montglat.*
2. *Mémoires de Bazuveau.*

demeuré en Italie, et envoya l'épousée rejoindre son mari. « Elle eut la douleur, rapporte Mme de La Fayette, de se voir chassée de France par le roi.... Elle soutint sa douleur avec beaucoup de constance, et même avec assez de fierté; mais au premier lieu où elle coucha en sortant de Paris, elle se trouva si peinée de ses douleurs et de l'extrême violence qu'elle s'était faite, qu'elle pensa y demeurer. » Elle ne mourut point et gagna Milan, où le connétable Colonna, beau cavalier et fort honnête homme, but à son tour le philtre de cette magicienne et s'en assotta. Elle lui témoigna une grande aversion, fut quinteuse et maussade : il la fit vivre dans une féerie, reine de cent fêtes données pour lui plaire; il fut « propre, galant¹ », il eut « des soins et des complaisances qui ne se peuvent exprimer² »; il supporta avec patience rebuts et dédains et fut récompensé; il remplaça un beau matin le prince de Lorraine dans le cœur de sa femme, avec la soudaineté et la fougue qui étaient de règle chez elle.

« Ils furent très heureux et eurent beaucoup d'enfants. » Ainsi finissent les vrais contes de fées et ainsi voudrions-nous finir cette histoire; mais, parce qu'elle est vraie, elle finit tout autrement.

Les premières années furent tout à fait comme dans les contes. Il venait des enfants, beaucoup d'enfants, et l'amoureux connétable ne demandait

---

1. *Apologie.*
2. *Apologie.*

que la continuation de son bonheur. Il n'y avait pas de limites à sa faiblesse pour sa femme, pas de fantaisies qu'il ne lui passât. Après ses premières couches, Mme Colonna eut la visite du sacré collège. Elle jugea convenable de recevoir les cardinaux dans un lit représentant une conque marine et où elle figurait Vénus. « C'était, raconte-t-elle, une espèce de coquille qui semblait flotter au milieu d'une mer, si bien présentée qu'on eût dit qu'il n'y avait rien de plus véritable, et dont les ondes lui servaient de soubassements. Elle était soutenue par la croupe de quatre chevaux marins, montés par autant de sirènes, les uns et les autres bien taillés et d'une matière si propre et si brillante de l'or, qu'il n'y avait pas des yeux qui n'y fussent trompés et qui ne les crussent de ce précieux métal. Dix ou douze Cupidons étaient les amoureuses agrafes qui soutenaient les rideaux d'un brocart d'or très riche, qu'ils laissaient pendre négligemment, pour ne laisser voir que ce qui méritait d'être vu de cet éclatant appareil, servant plutôt d'ornement que de voile. »

Au sortir de ses ondes de carton, Vénus se replongea dans les plaisirs des mortels. Jeux, bals, festins, banquets, carrousels, mascarades, voyages à Venise et à Milan, cavalcades et parties sur l'eau, concerts et comédies, se succédèrent et s'enchaînèrent, au point qu'on se demande comment il est possible de tant s'amuser sans périr d'ennui. Puis vint la catastrophe. Ayant pensé mourir à sa cinquieme grossesse, la connétable signifia à son mari sa volonté de ne plus avoir d'enfants. Il l'aimait tant qu'il se soumit; après quoi, comme il fallait s'y attendre, il donna l'exemple du désordre. Sa femme eut l'impudence de crier, de faire la jalouse, et l'impudence plus forte de se venger. Une fois sur la pente, elle roula. Suivant l'expression brutale de Saint-Simon, elle « courut le bon bord ». La puissance de séduction qui était en elle éclata dans toute son énergie. Il n'y eut d'autres bornes à ses conquêtes que celles qu'il lui plut d'y mettre. Aucun homme ne lui résistait.

Il y eut d'abord un cardinal, Flavio Chigi, laid, olivâtre, la face ronde avec de gros yeux qui semblaient au moment de tomber; mais neveu d'un pape, gai et de mauvaises mœurs. Il n'y eut sorte de sottises que la connétable ne lui fît faire. Un jour qu'il était attendu pour présider une congrégation, elle fut l'enlever dans son carrosse, « habillé seulement à moitié », l'emmena hors de la ville et le garda jusqu'au soir. Un autre jour, elle le surprit au lit, s'empara de ses vêtements, se déguisa en cardinal et voulut donner audience à sa place. Un autre jour encore, ils allèrent à une chasse qui dura quinze jours et pendant laquelle on campa dans les bois.

Il y eut ensuite l'infâme chevalier de Lorraine, exilé malgré les pleurs honteux de Monsieur, frère de Louis XIV. Dans la Rome licencieuse où le cardinal Chigi pouvait sans scandale présider des congrégations, on refusa de recevoir le chevalier. Il s'insinua chez la connétable en lui offrant au nom de Monsieur « un équipage de chasse de la valeur de mille pistoles, garni d'un nombre infini de rubans des plus beaux et des plus riches de Paris [1] ». L'ancienne « petite harengère » de Rome ne résista point à la vanité de montrer à sa ville natale tant de rubans donnés par un prince, et le chevalier de Lorraine ne bougea plus de chez elle. Le connétable se fâcha. La Providence lui avait joué le mauvais tour, lui destinant une Mazarine pour femme, de le faire naître jaloux. Il s'était aveuglé sur le cardinal Chigi. Il vit clair pour le chevalier et s'emporta ; « mais, continue l'*Apologie*, je lui répondis comme il faut ». Le connétable envoya un moine exhorter la coupable. Elle prit le moine par les épaules et le mit à la porte. Le cardinal Chigi, qui avait des droits à défendre, vint l'exhorter à son tour. Ils se quittèrent brouillés. Rome jasait, et l'époux offensé, à la fois amoureux, infidèle et jaloux, n'osait que quereller et payer des espions.

Chacun a remarqué combien la nature est adroite à cacher les défauts d'un visage sous l'éclat de la jeunesse. On a moins remarqué son adresse à cacher les défauts d'une âme sous le feu et la grâce de cette même jeunesse. Une âme de vingt ans est presque toujours aimable. Les laideurs morales se dévoilent avec les années, et le monde inattentif s'étonne alors

---

1. *Apologie.*

qu'on puisse tant changer. Le naturel n'a pourtant point varié; il n'a fait que se montrer. Les gens de la cour de France qui avaient connu Marie Mancini au temps de ses amours avec Louis XIV n'avaient pas discerné ses instincts d'aventurière; sa jeunesse leur avait donné le change par des airs d'enjouement et de vivacité. Moins de dix ans se sont écoulés, et la brillante favorite a révélé le fond de sa nature; les histoires qui nous restent à raconter ont une saveur qui évoque l'idée d'une écuyère de cirque. Nous les abrégerons.

VIII

Un fragment[1] de la main de la connétable montrera dans quel monde nous sommes descendus :
« Cependant le chevalier ne manquait pas un jour de me venir voir, et, quand le temps le permettait, nous ne manquions pas d'aller à la promenade. Nous avions choisi pour cela la rive du Tibre, sous la

---

1. *Les Mémoires de M. L. P. M. M.* (Mme la princesse Marie Mancini) *Colonne, G. Connétable du royaume de Naples.* A Cologne, 1676. Ce volume se compose d'une Relation confidentielle, écrite par la connétable pour un ami intime, et de récits de fantaisie ajoutés par l'éditeur. Nous en citons des fragments que M. Chantelauze croit authentiques. Ils sont infiniment plus colorés que l'*Apologie*, destinée au public et arrangée en conséquence.

porte du *Popolo*, où même j'avais fait faire une petite maison de bois pour me baigner [1].... Ce ne fut pas par amour, comme mes ennemis ont débité, mais par galanterie que le chevalier, me voyant dans l'eau jusqu'au col, me pria de lui permettre qu'il fît faire mon portrait en cette posture, n'ayant jamais vu un corps si bien proportionné, qui aurait inspiré de l'amour à Zénocrates, avec une si belle figure. » Le connétable prétendit, dans sa jalousie, que les choses ne se passaient pas aux bains avec une décence parfaite ; mais c'était une grande injustice et médisance, ainsi que madame sa femme va nous l'expliquer : « Mes gens savent fort bien que je ne sortais pas de la petite maison, pour me baigner, que je n'eusse une chemise de gaze que j'avais fait faire exprès, qui allait jusques aux talons. » L'ombrageux connétable donna encore tant d'autres preuves d'une jalousie indigne de son rang, qu'enfin elle résolut de fuir un époux aussi incommode.

Sa sœur Hortense avait déjà fui le sien. Il est vrai que le duc de Mazarin était une espèce de fou, avec qui il était impossible de vivre. La duchesse s'était réfugiée à Rome et, comme elle avait l'expérience de ces sortes d'expéditions, ayant traversé la France, déguisée en homme, la connétable la pria de

[1]. Dans l'*Apologie*, elle décrit la petite maison, mais sans dire mot de ce qui s'y passa. Ce détail marque la différence entre les deux récits. L'*Apologie* fut composée pour détruire le mauvais effet causé par la publication des *Mémoires*.

l accompagner jusqu'en France. Elles sortirent de Rome le 29 mai 1672, ayant des habits d'homme sous leurs jupes et feignant de s'aller promener.

Leur carrosse les mena proche Civita-Vecchia, en un lieu du rivage où une felouque était commandée pour les recevoir. Elles avaient renvoyé leur carrosse, dépouillé leurs vêtements de femmes et marchaient sous un soleil ardent. La barque n'arrivant point, elles se cachèrent dans un petit bois et faillirent y périr de faim, de fatigue et de frayeur. Il y avait vingt-quatre heures qu'elles n'avaient mangé et elles croyaient toujours voir arriver les sbires du connétable. Dans cette détresse, elles entendirent le galop d'un cheval et se crurent perdues. Hortense tira bravement ses pistolets, « résolue de tuer le premier qui se présenterait »; mais sa sœur faisait pauvre contenance pour une personne aussi entreprenante. « Si on m'eût alors ouvert les veines, raconte-t-elle, on ne m'aurait pas trouvé une goutte de sang. Les cheveux me dressèrent, et je me laissai tomber presque évanouie entre les bras de ma sœur qui, accoutumée aux malheurs, était plus courageuse que moi[1]. » Hortense, en effet, en avait vu bien d'autres; elle avait même soutenu un siège, dans un couvent, contre le duc de Mazarin et soixante cavaliers, qui s'en étaient retournés bredouille. Elle dut être humiliée d'avoir une sœur qui, avec

---

[1]. *Les Mémoires de M. L, P. M. M.*, etc. La fuite des deux héroïnes est racontée de la même manière dans l'*Apologie* et dans les *Mémoires de la duchesse de Mazarin*.

toutes ses prétentions à l'héroïsme, n'était qu'une femmelette.

Un valet qui errait à la recherche de la felouque amena une autre barque, et l'on partit. Patron et équipage se trouvèrent être autant de forbans, résolus à exploiter une situation qu'ils démêlèrent sans peine, et les neuf jours que dura la navigation furent aussi féconds en émotions qu'on pouvait le souhaiter. A peine au large, il fallut sortir ses pistoles, sous peine de passer par-dessus bord ou d'être abandonnées dans une île déserte. Le même soir on découvrit un corsaire turc. La barque se cacha derrière des rochers et fut sauvée par la nuit. Il est permis de se demander si les fugitives regrettèrent sincèrement de manquer une aventure aussi intéressante que le harem d'un Turc. Leurs époux les auraient rachetées, et elles auraient eu des souvenirs de plus pour leur vieillesse. Le lendemain, il y eut une tempête. En arrivant sur la côte de Provence, on refusa de les laisser débarquer parce qu'il y avait la peste à Civita-Vecchia. Elles achetèrent de faux papiers et entrèrent à Marseille. Elles y dormaient depuis une heure dans un cabaret, lorsque surgit à leurs yeux le terrible capitaine Manechini, *bravo* à la paye du connétable. Le duc de Mazarin avait mis de son côté le non moins terrible capitaine Polastron aux trousses de sa femme. Elles s'échappèrent et les voilà errantes, fuyant les sbires, s'arrêtant pour s'amuser à cœur joie dès qu'elles avaient un peu de répit, obligées cependant de demander l'aumône à Mme de Grignan, qui leur envoya jusqu'à des chemises. Parmi leurs tours et détours, Hortense, serrée de près par le capitaine Polastron, repassa la frontière. Marie continua à se rapprocher de Paris. Elle voulait à tout prix revoir le roi, se jeter à ses pieds, et qui sait? ajouter peut-être un second tome à son roman royal.

Il y eut grand bruit à la cour de France quand on sut que Marie Mancini était apparue en Provence, habillée en homme et manquant de chemises. Lorsqu'on apprit sa marche sur Paris, personne ne douta de son dessein, et il y eut un vif mouvement de curiosité dans le public. Le roi s'était fait une règle d'être reconnaissant envers les femmes qui l'avaient aimé, et son premier mouvement avait été de prendre la connétable sous sa protection. D'autre part, il voulait qu'on eût de la tenue. L'austérité même ne lui déplaisait pas; elle rehaussait sa victoire. Marie Mancini ne lui avait vraiment pas fait honneur dans le monde. Louis XIV était l'homme de France le moins capable de goûter une aventure pittoresque, et celle-là l'était vraiment trop. A cela se joignait l'amertume d'avoir eu des successeurs, quand la cour était encore pleine de gens qui lui avaient vu les yeux gros et rouges lorsque Mazarin refusait de lui donner sa nièce en mariage. Le tout ensemble fut cause qu'il répondit fort sèchement à une lettre où la connétable sollicitait la permission d'habiter Paris. Il l'engageait, au rebours, à se mettre dans un couvent, « pour arrêter la médisance qui donnait de méchantes interprétations à sa sortie de Rome[1]. »

La connétable tira de cette lettre la conclusion qu'il était urgent de voir le roi, et partit. La poste avait défense de lui donner des chevaux. Un gentilhomme dépêché par Louis XIV la poursuivait. Elle se procura des chevaux, quitta les grandes routes et la voilà courant la poste, pour ainsi dire à travers champs, versant, se cachant, rusant, parvenant enfin jusqu'à Fontainebleau, où le gentilhomme l'atteignit. Il se nommait M. de La Gibertière et, s'il était homme d'esprit, il a dû se divertir pendant leur entrevue.

Il tâcha de lui persuader de retourner chez son mari, ajoutant que le roi regrettait de lui avoir accordé sa protection et ne lui laissait d'autre alternative que d'entrer dans un couvent à Grenoble.

« Voici, dit-elle, ce que je lui répondis : que je n'étais point sortie de ma maison pour y retourner si tôt; que des prétextes imaginaires ne m'avaient pas poussée à ce que j'avais fait, mais de bonnes et solides raisons, lesquelles je ne pouvais ni ne voulais révéler à personne qu'au roi seul, et que j'espérais de son discernement et de sa justice, quand une fois je lui aurais parlé (qui était tout ce que je désirais), qu'il serait détrompé de la méchante impression qu'on lui avait donnée de ma conduite;... que, pour ce qui regardait de m'en retourner à Grenoble,

1. *Apologie.*

j'étais trop fatiguée;... et que, de plus, j'attendais réponse de Sa Majesté, sur laquelle je me réglerais après. » En prononçant ces derniers mots, elle prit une guitare et se mit à en jouer au nez de l'envoyé de Louis XIV. M. de La Gibertière voulut apparemment la prêcher, car elle eut le temps de lui jouer « quelques airs » avant qu'il s'en allât, découragé.

La scène est adorable. Mme la connétable logée au grenier d'un cabaret borgne de Fontainebleau, fagotée dans les nippes fripées données par Mme de Grignan et ayant sa guitare pour tout équipage! C'est la cigale, quand la bise fut venue.

Le roi lui envoya un second messager, le duc de Créqui, qui ne put s'empêcher d'être touché en trouvant sur un grabat cette grandeur déchue. Il lui renouvela la défense du roi de se présenter devant lui et de venir à Paris. Elle sentit qu'il fallait gagner du temps, demanda à entrer dans un couvent près de Melun et l'obtint; mais elle ne put prendre sur elle de cesser ses instances pour parler au roi et ses plaintes du « peu de courtoisie qu'elle recevait de Sa Majesté ». Louis XIV finit par avoir peur d'un éclat, et que cette enragée ne pénétrât chez lui malgré ses gardes. Il lui fit commander par Colbert de se retirer dans un autre couvent, à soixante lieues de Paris. Elle ne pouvait pas croire que ce fût fini entre eux. Elle écrivit à Colbert : « Je n'aurais jamais cru ce que je vois; je n'en dirai pas davantage, parce que je ne me possède pas si bien que vous; il vaut mieux finir. Dites seulement au roi que je lui demande de lui parler une fois avant de m'en aller, qui sera la dernière fois de ma vie, puisque je ne reviendrai plus à Paris. Octroyez cette grâce, je vous conjure, Monseigneur, et après je lui promets que je m'en irai encore plus loin s'il le souhaite (ce 25 septembre 1672) ». Colbert ne répondit pas. Il fallut comprendre. Elle eut alors ce cri de désespoir : « Il n'est possible que le roi... commence par moi à être inexorable ». (Lettre à Colbert, 1er octobre 1672.) Ce serait touchant, sans le cardinal aux yeux ronds et le chevalier de Lorraine. Louis XIV, trop bien informé pour être touché, lui renvoya M. de La Gibertière, qui la conduisit bon gré mal gré dans un couvent près de Reims. Elle a laissé voir dans ses *Mémoires* l'étendue de sa déception : « Je fus trompée dans mes desseins; le roi, de qui j'espérais tout, me traita fort froidement, sans que j'en sache encore la raison ». Il est possible qu'elle n'ait jamais compris la raison de la froideur du roi. L'absence de sens moral obscurcit sur certains points l'esprit le plus vif.

IX

Nous voici aux derniers échelons de la déchéance. L'existence de la connétable achève de perdre le peu de dignité qui lui restait. Sa cervelle est de plus en plus à l'envers, une inquiétude maladive l'empêche de rester en place ; elle passe son temps à s'échapper de tous les couvents où Louis XIV et le connétable la font enfermer. On la rencontre sur toutes les grandes routes de l'Europe, en France, en Italie, en Allemagne, aux Pays-Bas, en Espagne. Nous voyons dans les correspondances du temps qu'on se signalait les uns aux autres son passage. Mme de Sévigné écrit à sa fille, le 24 novembre 1673 : « Mme Colonna a été trouvée sur le Rhin, dans un bateau avec des paysannes ; elle s'en va je ne sais où dans le fond de l'Allemagne ». Le 27 janvier 1680, Mme de Villars, femme de l'ambassadeur de France à Madrid, écrit qu'ils ont vu entrer une femme voilée, qui leur a fait signe d'un air de mystère de renvoyer leurs gens et de s'approcher d'elle : « M. de Villars s'écria : « C'est Mme la connétable Colonna ! » Sur cela, je me mis à lui faire quelques compliments. Comme ce n'est pas son style, elle vint au fait. » Le « fait », c'est qu'elle venait encore de s'évader et qu'elle réclamait la protection de la France contre son époux.

Elle était toujours possédée de l'idée fixe qu'il lui suffirait d'un regard pour bouleverser Louis XIV et le jeter à ses pieds, vaincu et repentant. Aussi ne se lassait-elle pas d'essayer de rentrer en France. Louis XIV finit par envoyer aux frontières l'ordre de lui fermer les passages.

Les couvents d'une bonne moitié de l'Europe la considéraient comme un fléau de l'Église, car il n'y en avait pas un qui ne fût exposé à la recevoir, s'il ne l'avait déjà fait. Il est d'usage de plaindre les femmes et filles que la tyrannie d'un père ou d'un époux resserrait jadis derrière les grilles d'un cloître. Sans leur refuser une juste compassion, je voudrais qu'on en réservât pour les religieuses obligées de les recevoir et de les garder. Leurs pensionnaires par force se vengeaient sur elles. Il faut lire dans les *Mémoires* de la duchesse de Mazarin comment elle mit sens dessus dessous un monastère, avec l'aide d'une aimable marquise enfermée de même par son jaloux. Elles avaient organisé de grandes chasses dans les dortoirs des bonnes sœurs, qu'elles parcouraient à toute vitesse derrière une troupe de chiens, en criant : « Tayaut ! tayaut ! » Elles mettaient de l'encre dans les bénitiers et de l'eau dans les lits. Hortense proteste, il est vrai, qu'on a « inventé ou exagéré », mais elle ajoute : « On nous gardait à vue ; on choisissait pour cet usage les plus âgées des religieuses, comme les plus difficiles à suborner ; mais, ne faisant autre chose que de nous promener tout le jour, nous les eûmes bientôt mises toutes sur les dents, jusque-là que deux ou trois se démirent le pied pour avoir voulu courir après nous ».

La vie n'était pas plus douce dans les couvents qui avaient l'honneur d'abriter Mme la connétable. Tantôt elle démolissait le mur et passait par le trou. Tantôt elle gagnait les tourières et faisait des parties de nuit qui ne contribuaient point au bon renom du couvent. « Quelquefois, raconte Mme d'Aulnoy à propos d'un séjour à Madrid, le soir, elle s'échappait avec quelqu'une de ses femmes, et elle s'allait promener, le plus souvent à pied, en mantille blanche, au Prado, où elle avait d'assez plaisantes aventures, parce que les femmes qui vont là sont pour la plupart des aventurières, et les femmes les plus distinguées de la cour se font un sensible plaisir quand elles peuvent y aller et qu'on ne les connaît pas [1]. » Elle en fit tant, et de toutes les façons, qu'il fallut des ordres formels du nonce, appuyés de menaces d'excommunication, pour décider les couvents à la recevoir. Dans une maison de Madrid, les nonnes au désespoir résolurent de se rendre en procession au palais, pour supplier le roi d'Espagne de les délivrer de la connétable. Le roi se faisait une fête de les voir arriver en chantant : « *Libera nos, Domine, de la Condestabile* ». Elles se ravisèrent et ne parurent point.

Les visites au parloir étaient un des grands embarras des religieuses. Il venait force galants cavaliers, et la sainteté du lieu ne modérait que médiocrement leurs empressements. L'un des plus assidus à visiter Mme Colonna était son mari, son étrange mari, chaque année plus amoureux, plus infidèle et plus jaloux. « Il allait tous les jours, dit Mme d'Aulnoy, l'entretenir à son parloir; et je lui ai vu faire des galanteries pour elle, telles qu'un amant aurait pu en faire pour sa maîtresse. » La passion

---

[1]. *Mémoires de la cour d'Espagne.*

qu'elle lui avait inspirée était assez forte pour lui faire tout pardonner ; il ne demandait qu'une chose : la ravoir.

Afin que tout fût singulier chez Mme Colonna, elle était devenue jolie vers la quarantaine. La vilaine moricaude aux bras comme des fils n'était plus ni maigre ni noire. Sa taille était belle, son teint clair et net, ses yeux vifs avaient pris une expression touchante, ses cheveux et ses dents étaient restés admirables. Elle avait un petit air agité qui lui seyait. Le connétable, toujours beau « à faire peindre [1] », en était fou, mais l'astrologie était entre eux. Marie avait de nouveau fait tirer son horoscope, et « on lui dit que, si elle avait encore un enfant, elle mourrait [2] ». Elle ne voulait donc point de mari. Cependant elle avait un amant, l'homme le plus laid de Madrid.

Un beau matin, elle s'abattit en vraie linotte sur la maison du connétable. Elle venait encore de s'enfuir d'un couvent et voulait essayer d'un autre régime. Le connétable la reçut à merveille, mais il prétendit fermer la porte de la cage sur l'oiseau. Elle se mit à jeter les hauts cris, à dire que son mari voulait se venger « à l'italienne » et l'empoisonner. Le roi, la reine, les ministres, le grand inquisiteur, s'en mêlèrent ; elle occupait à elle seule tous les personnages de l'Espagne. Défendue par les uns, censurée par les

---

1. *Lettres de Mme de Villars.*
2. *Mémoires de la cour d'Espagne.*

autres, elle fut enlevée une nuit, sur la demande de son mari, par des gens armés qui y mirent fort peu d'égards, la traînèrent par les cheveux et l'emportèrent demi-nue. On la jeta dans un cachot où elle se trouva trop heureuse de recevoir une proposition qui achevait de rendre sa vie semblable à une mascarade. Le connétable offrait de se faire chevalier de Malte, à condition que sa femme se fît religieuse. On peut croire qu'elle ne se fit guère prier, ayant une grande expérience de la fragilité des clôtures de couvents, et Madrid eut l'édification de la voir en nonnette. « La connétable Colonna arriva samedi de fort bonne heure, écrit Mme de Villars. Elle entra dans le couvent; les religieuses la reçurent à la porte avec des cierges et toutes les cérémonies ordinaires en pareille occasion. De là on la mena au chœur, où elle prit l'habit (de novice) avec un air fort modeste.... L'habit est joli et assez galant, le couvent commode [1]. »

Pauvre couvent! Il aurait eu le diable en personne pour pénitente que le désordre n'aurait pas été pire. « Elle portait des jupes de brocart or et argent sous sa robe de laine, et aussitôt qu'elle n'était plus devant les religieuses, elle jetait son voile et se coiffait à l'espagnole, avec des rubans de toutes couleurs. Il arrivait quelquefois que l'on sonnait une observance à laquelle il fallait qu'elle allât,... elle reprenait son froc et son voile par-dessus ses rubans et ses cheveux

---

1. Février 1681.

épars; cela faisait un effet assez plaisant [1]. » Froquée et défroquée vingt fois le jour, il n'y avait vraiment pas moyen de faire prendre sa vocation au sérieux par qui que ce fût. Le connétable lassé, et qui n'avait nullement envie d'être chevalier de Malte, se décida enfin à abandonner sa femme. Il s'en retourna à Rome et n'eut qu'un tort : ce fut de la laisser dans l'indigence, logée dans un grenier, sans feu, manquant de tout. A dater de cet instant, la figure de la connétable s'enfonce dans la nuit. De temps à autre, un léger rayon de lumière tombe sur elle; on l'entrevoit, elle a déjà disparu.

En 1684, elle est reconnue en France. En 1688, l'envoyé de France signale sa présence à Madrid, « dans un petit couvent dont elle sort quand elle le veut ». L'année suivante, elle devient veuve. Amoureux par delà le tombeau, « le connétable demanda pardon à sa femme par son testament;... et, de peur que les apparences ne laissassent à ses enfants quelque ressentiment contre leur mère, il s'accusa lui-même, et ne leur inspira pour elle que le respect, la reconnaissance et l'estime [2] ». Le brave homme de mari! Elle le récompensa en revenant en Italie, où elle eut sous les yeux de ses enfants une conduite des plus galantes; elle approchait de la cinquantaine. Une dernière lueur tombe sur elle en 1705. « Cette connétable, dit Saint-Simon, s'avisa cette année de venir d'Italie débarquer en Provence; elle

1. *Mémoires de la cour d'Espagne.*
2. Saint-Évremond.

y fut plusieurs mois, sans permission d'approcher plus près ; enfin elle l'obtint,... à condition qu'elle ne mettrait pas le pied à Paris, beaucoup moins à la cour. Elle vint à Passy. Hors sa famille, elle ne connaissait plus personne ;... l'ennui lui prit d'être si mal accueillie, et d'elle-même s'en retourna assez promptement. »

Dans sa famille même, que de naufrages! Quel retour foudroyant au néant! Morte la princesse de Conti, la sainte. Morte la duchesse de Modène, laissant un fils débile de corps et d'esprit, déjà expirant. Morte la belle Hortense, duchesse de Mazarin; son mari était allé chercher son cadavre en Angleterre, et le promenait à sa suite dans ses voyages. Olympe, comtesse de Soissons, compromise dans le procès des empoisonneuses, était sortie d'une fête, au mois de janvier 1680, pour se jeter dans un carrosse et ne s'arrêter que derrière la frontière de France, qu'elle ne repassa jamais. Marie-Anne, duchesse de Bouillon, impliquée dans le même procès, avait été exilée, rappelée, et enfin bannie pour toujours de la cour. Le seul frère qui eût survécu, le duc de Nevers, tournait agréablement les petits vers ; il ne fallait rien lui demander de plus. Si l'on regarde un peu plus avant dans l'histoire, le sang Mazarin, mêlé à tant de races illustres, ne leur porta point bonheur. La maison d'Este, les Stuarts [1], les Vendôme [2], les

---

1. La fille de la duchesse de Modène avait épousé Jacques II.
2. Les fils de la duchesse de Mercœur furent les deux Vendôme.

Conti, les Bouillon, les Soissons, s'éteignirent les uns après les autres.

Et les trésors de Mazarin, ses millions, ses tableaux de maîtres, ses statues antiques? Le duc de Mazarin, son héritier, mutila les statues antiques à grands coups de marteau, barbouilla les tableaux de maîtres et dépensa les millions à plaider devant tous les parlements du royaume; si bien, dit spirituellement M. Amédée Renée, que « ce fut la Fronde qui hérita finalement du cardinal Mazarin ».

La connétable vit ces choses, trouva que ce n'était plus amusant en France, et s'en retourna faire un plongeon définitif dans l'oubli. On ne sait pas quand elle est morte, ni où. On croit que ce fut vers 1715, en Espagne ou en Italie. Elle s'était adonnée de plus en plus aux sciences occultes, ce qui devait aller parfaitement bien à son visage de sorcière. On se la représente vieille, dépeignée selon son habitude, fripée, ridée, cassée. De l'éclat d'autrefois il ne lui reste que la flamme de ses yeux noirs. Elle tire les cartes et l'avenir reste sombre. Elle se replonge alors dans le passé. Elle va prendre sa guitare, en joue et songe. Elle songe qu'elle a failli être reine de France.

CHRISTINE DE SUÈDE

La reine Christine de Suède, fille du grand Gustave-Adolphe, joint l'étrangeté à l'éclat, un air d'énigme à un air de roman. Son siècle ne sut comment la juger. Peu de créatures humaines ont été plus encensées et plus injuriées de leur vivant. On remplirait plusieurs pages avec les seuls titres des odes, harangues, panégyriques, pièces de théâtre, où Christine est portée aux nues en prose et en vers, en allemand, en italien, en latin, en suédois, en français. La liste ne serait pas moins longue des pamphlets, mémoires et épigrammes, où elle est traînée dans la boue. Aujourd'hui encore, elle embarrasse par un mélange, peut-être sans exemple, de grandeur et de ridicule, de noblesse et de perversité. On est en peine de décider si elle fut sincère, ou si elle se moqua de l'Europe. On ne l'est pas moins d'expliquer pourquoi la comédie tourna soudain en drame.

La lumière se fait cependant peu à peu; en écoutant Christine elle-même nous parler dans ses lettres, ses pièces diplomatiques, ses recueils de *Maximes*, son autobiographie, ses notes marginales jetées çà et là, nous finissons par la comprendre, et nous comprenons en même temps les jugements contradictoires des contemporains. A mesure que cette physionomie ambiguë nous livre son secret, elle nous inspire des sentiments ambigus comme elle. On est amusé et révolté, séduit et écœuré.

I

Christine naquit à Stockholm, le 8 décembre 1626, de Gustave-Adolphe et de Marie-Éléonore, fille de l'électeur de Brandebourg. On voulait un prince, et les astrologues l'avaient promis. Les songes avaient confirmé l'arrêt des astres. Quand l'enfant vint au monde, il parut bien que les étoiles et les puissances mystérieuses qui envoient les rêves ne s'étaient trompées qu'à demi, et que la nature avait réellement essayé de faire un garçon. Le nouveau-né était si velu, si noir, il avait la voix si rude et si forte, qu'on crut avoir un prince. Ce n'était par malheur qu'un garçon manqué, et qui resta tel toute sa vie. Gustave-Adolphe se consola vite, mais la reine sa femme prit cette petite taupe en horreur. Elle ne pouvait lui pardonner d'être une fille, et un laideron par-dessus le marché. Christine insinue dans son autobiographie [1] que l'aversion de sa mère contribua à multiplier les accidents autour de son berceau, et que c'est miracle si elle en fut quitte pour une épaule plus haute que l'autre. Dans tout ce que nous savons de Marie-Éléonore, rien n'autorise un pareil soupçon.

La reine était extravagante et pleurnicheuse; ce n'était pas une méchante femme. Gustave-Adolphe la définissait une personne « sans conseil », et le mot était juste : elle n'avait pas l'ombre de sens commun. Son époux en était néanmoins très amoureux et lui passait volontiers son ineptie et ses éternelles scènes de larmes, parce qu'elle était belle et « d'une humeur fort douce ». Il l'aimait de la manière un peu hautaine dont les hommes d'esprit aiment les sottes, se plaisant à la voir parée et ne lui parlant de rien. Il avait raison, puisque la reine l'adorait et se trouvait parfaitement contente de son lot. Elle vivait entourée de nains, de bouffons et de gens de peu, occupée de recettes pour conserver son teint, à l'écart de tout, ignorant tout, livrée aux basses intrigues de ses domestiques. Avec ses superstitions, ses idées d'un autre temps, sa cour

---

[1]. *Vie de la reine Christine, faite par elle-même*, t. III des *Mémoires concernant Christine*, etc., publiés par Arckenholtz, bibliothécaire du landgrave de Hesse-Cassel (Amsterdam et Leipzig, 4 vol., 1751-1760). La vaste compilation d'Arckenholtz contient la plupart des documents en tout genre dont se sont servis successivement les historiens qui ont parlé de Christine. Grauert a cependant complété Arckenholtz sur quelques points dans *Christina, Königin von Schweden und ihr Hof*, 2 vol. Bonn, 1837.

barbare de monstres et de parasites, elle représentait le moyen âge à la cour de Suède, au XVIIe siècle et sous Gustave-Adolphe. Sa douceur ne permet guère de croire qu'elle ait essayé de tuer ou d'estropier sa fille, pour la punir de ne pas être un fils; mais elle fut une mère déplorable, dont il est juste de tenir compte à Christine. Celle-ci lui dut ses plus gros défauts, et aucune qualité. Tout ce qu'elle eut de bon lui vint de son père.

Gustave-Adolphe a laissé un souvenir lumineux. C'était tout à fait le héros, tel que le conçoit le peuple. Rien ne lui a manqué de ce qui frappe les imaginations. Il sortait d'un Nord lointain et encore mystérieux, qu'on se représentait hérissé de glaces et perdu dans la nuit; trente ans plus tard, Huet et Naudé, arrivant en Suède, s'étonnaient naïvement d'y voir des fleurs, du soleil et des cerises. Le roi lui-même paraissait une évocation de la mythologie scandinave. L'empereur Ferdinand l'appelait « le roi de neige », et ce surnom lui seyait à merveille. C'était un géant blond, à la barbe d'or, au teint blanc et fleuri, dont les yeux gris lançaient des éclairs. Il était prompt à la colère, terrible dans le combat, doux dans la paix et la possession de lui-même; c'était alors le bon géant qui rit de tout. Comme les Ases, compagnons d'Odin, il aimait à boire avec les braves et à donner de grands coups aux jours de combat. Plusieurs historiens du temps l'ont blâmé de faire le soldat; ce n'était plus guère l'usage pour les souverains et les chefs d'armées.

Christine l'a défendu chaudement. « La mode d'être héros à bon marché, dit-elle, et à force d'être poltron, n'avait pas encore commencé. A présent, on n'est plus héros qu'à proportion qu'on est grand poltron. » Raisonnables ou non, les charges formidables de Gustave-Adolphe sur le champ de bataille le paraient aux yeux de la foule d'une auréole singulièrement brillante.

Ses mœurs d'ancien preux étaient associées au goût des lettres. Il parlait plusieurs langues et se faisait suivre au camp d'une bibliothèque de choix. Il avait médité sur les choses humaines, sur l'ambition, la passion de la gloire, le génie des batailles, le sort des peuples, et il avait conclu qu'il était un fléau pour la Suède, que tous les grands rois sont des fléaux pour leurs peuples et tous les grands hommes des fléaux pour quelqu'un. « Dieu, disait-il, ne s'éloigne jamais de la médiocrité, pour passer aux choses extrêmes, sans châtier quelqu'un. C'est un coup d'amour envers les peuples quand il ne donne aux rois que des âmes ordinaires. » Il est vrai, continuait-il, que les princes médiocres attirent par cela même des maux à leurs sujets. « Mais ces maux sont bien légers, ils ne peuvent être en aucune considération, si on les compare à ceux que produisent les humeurs d'un grand roi. Cette passion extrême qu'il a pour la gloire, lui faisant perdre tout repos, l'oblige nécessairement à l'ôter à ses sujets. C'est un torrent qui désole les lieux par où il passe. » Pour lui, Dieu l'avait envoyé gagner des batailles dans un moment de colère contre la Suède, et il plaignait la Suède, sans admettre toutefois que le ciel pût se dédire : si la victoire hésitait, il descendait de cheval, se mettait à genoux et appelait à haute voix le « Dieu des armées ». Ce Dieu lui prouva qu'il s'intéressait à lui en l'enlevant dans la splendeur de la force et de la jeunesse, au milieu d'une bataille gagnée. Il quitta la scène du monde en héros, comme il y était entré, laissant l'Europe étourdie du bruit de son génie et de ses vertus. Sa fille Christine lui ressemblait par l'intelligence. Elle eut aussi son amour de la gloire, mais sans savoir distinguer la vraie de la fausse.

Elle n'avait pas tout à fait six ans lorsque son père fut tué à Lutzen, le 6 novembre 1632. Les questions de régence et de tutelle avaient été réglées d'avance par Gustave-Adolphe. Il avait ordonné premièrement, sur toutes choses, de ne laisser la reine sa femme se mêler de rien, pas plus de l'éducation de sa fille que des affaires de l'État. Il ne pouvait penser sans terreur à ce qui se passerait si Marie-Éléonore avait le droit d'exprimer des volontés, et il avait recommandé à tout le monde de l'exclure de tout. C'était inscrit sur les registres du sénat, c'était dit dans les instructions au chancelier Oxenstiern. Le roi y était revenu dans ses lettres, pendant la campagne. Au moment de livrer bataille à Lutzen, il en écrivait encore à son ministre. Rarement époux amoureux vit aussi clairement la bêtise de sa femme.

Il avait placé Christine sous la tutelle du conseil de régence. Le sénat et les états devaient aussi s'intéresser à cette éducation, et tous ensemble travailler à ce qu'une petite fille très maligne devînt un grand prince, car le roi avait recommandé de l'élever en garçon. Lui-même y avait pourvu en lui nommant un gouverneur, dont Christine vieillie persistait à trouver le choix très heureux. « Il avait été, dit-elle, de tous les plaisirs du roi, confident de ses amours et compagnon de toutes ses courses et débauches.... Ce gentilhomme était excellent en tous les exercices, homme de cour, mais il était fort ignorant; de plus, fort colère et emporté, fort adonné aux femmes et au vin dans sa jeunesse; et ses vices ne l'ont pas quitté jusqu'à la mort, quoiqu'il se fût fort modéré. » Ce modèle des gouverneurs de princesses était secondé par un sous-gouverneur également ivrogne, et par un précepteur, docteur en théologie, l'honnête Jean Matthiæ. Le chancelier Oxenstiern avait la haute main sur le palais. Par malheur pour Christine, il était retenu en Allemagne lors de la mort de son maître. Les autres régents n'osèrent pas tenir tête à la veuve de Gustave-Adolphe, et Marie-Éléonore eut le temps de faire des siennes. Il ne dépendit pas d'elle que sa fille ne devînt folle.

La perte d'un époux était une trop belle occasion de pleurer pour qu'elle n'en profitât pas avec éclat. Elle résolut de se signaler par une douleur dont il serait parlé dans le monde. Ce furent des déluges et des hauts cris, le jour et la nuit, pendant des semaines, des mois, des années. Elle avait fait tendre de noir son appartement, boucher les fenêtres avec des draperies noires, de manière « qu'on n'y voyait goutte [1] », et elle pleurait, pleurait, pleurait, à la lueur de flambeaux de cire. Une fois le jour, elle allait « visiter » une boîte en or, suspendue au chevet de son lit et où elle avait placé le cœur de son époux, et elle pleurait sur la boîte. A d'autres moments, c'étaient de grandes lamentations qui résonnaient lugubrement parmi cet appareil funèbre. Si la reine n'avait enfermé avec elle que ses nains et ses bouffons, on ne s'en serait pas mis en peine : c'était leur affaire ; mais elle s'était emparée de Christine, qu'elle gardait à vue et couchait dans son lit, afin de la faire pleurer avec elle, crier avec elle, et de passer leur vie ensemble dans le noir. Elle poussait des hurlements dès qu'on faisait mine de lui ôter sa fille. Les régents hésitaient, se consultaient, et cependant le temps volait. Le retour d'Oxenstiern délivra Christine. Le chancelier se hâta d'écarter Marie-Éléonore, qui fut larmoyer dans un de ses châteaux, et dont le nom ne reparaît plus désormais que de loin en loin, accompagné d'une mention de ce genre : « La reine pleura plusieurs heures ;... la reine pleura toute la nuit ;... la reine ne pouvait s'arrêter de pleurer...

Christine avait subi trois ans le cauchemar de la chambre noire, de la boîte d'or et des crises de san-

---

[1]. *Autobiographie* de Christine.

glots à heure fixe. C'était trop pour une enfant nerveuse. Marie-Éléonore est responsable d'une partie des excentricités de sa fille.

Les régents, le sénat et les états purent enfin s'appliquer librement à leur grande œuvre et donner le rare exemple d'un monarque élevé directement par son peuple, selon des programmes discutés par le peuple et en vue de gouverner un jour selon les idées du peuple. Christine eut pour précepteur la nation entière, puisque les états de Suède comptaient un quatrième ordre, l'ordre des paysans. Pour achever de rendre le cas singulier, la Suède était à cette époque assez arriérée, et cette nation d'illettrés se trouva brûlée d'une foi qui n'a jamais été égalée, même de nos jours, dans la vertu toute-puissante, mystique et magique de l'instruction. Pendant dix années, la Suède vécut dans l'attente et l'angoisse des progrès de sa souveraine en thème latin et en mathématiques. Le bruit de ses succès d'écolière se répandait jusqu'au fond du royaume « et y éveillait, a dit un historien [1], les plus joyeuses espérances pour le bonheur futur du pays ». La reine apprenait le grec, c'était de l'allégresse. Elle lisait Thucydide, c'était du ravissement. Les étrangers la traitaient de petite savante, c'était un bonheur public.

On a conservé quelques-uns des devoirs de Christine et on en a imprimé une collection. Les compo-

1. Grauert.

sitions françaises ressemblent à celles qu'on fait de nos jours dans les pensions de demoiselles. Il y en a une sur *la Patience* et une sur *la Constance*. Une troisième, en forme de lettre, contient des condoléances à une dame, sur la mort de son mari. L'élève Christine avait voulu y mettre de belles idées et s'était embrouillée. « Il faut penser, disait-elle, que, comme il est impossible à un prisonnier de ne quitter pas avec profit sa prison ici, de même les âmes qui sont en ce monde comme en prison ressentent par cette évasion premièrement le contentement d'une vie libre de regrets et de soupirs : et ainsi la mort est l'assurance d'une heureuse vie. » Christine avait seize ans quand elle composait ces chefs-d'œuvre, que des admirateurs imprudents ont transmis à la postérité. Les mêmes enthousiastes s'extasiaient sur ses thèmes latins, qu'ils déclaraient remplis « d'élégances ». J'ose y trouver du latin de cuisine, et j'ose ajouter que cela était tout à fait indifférent pour la prospérité du royaume.

Le gouvernement n'était nullement de cet avis. Il pensait exactement le contraire. Que deviendrait la Suède si la reine faisait des solécismes? On accumulait les précautions pour éviter un si grand malheur. Le bon Matthiæ était obligé de rendre compte de ses leçons. La régence savait que, le 26 février 1639, la reine avait commencé les *Dialogues français* de Samuel Bernard; que, le 30 mars, elle avait appris par cœur le discours de Caton, dans Salluste, et, le 6 avril, le discours de Catilina à ses soldats; qu'elle étudiait l'astronomie dans un auteur du XIIIe siècle, incapable de lui donner des opinions hérétiques sur le mouvement de la terre ; qu'en histoire, elle avait débuté par le *Pentateuque*, auquel avait succédé une *Guerre de Thèbes*, et qu'elle lisait très assidûment un vieux livre suédois, recommandé par Gustave-Adolphe, où l'art de gouverner était réduit en maximes. Une commission de sénateurs s'assurait avec diligence que les leçons étaient bien sues et faisait passer des examens à la reine. Les états votaient des instructions « sur la manière dont Sa Majesté pourrait être le mieux élevée et instruite », et profitaient de l'occasion pour inviter les régents à ne point donner à Sa Majesté des idées « préjudiciables à la liberté et aux circonstances des états et des sujets du royaume ».

Jamais élève ne fut soumis à un entraînement plus vigoureux, et jamais élève n'en eut moins besoin. La petite reine avait une facilité remarquable et une ardeur passionnée. Elle voulait tout savoir et comprenait tout. Elle en oubliait le boire et le manger, se privait de sommeil pour travailler, mettait enfin sa tête à une terrible épreuve. Christine n'eut vraiment pas de bonheur en éducation. Au sortir de l'horrible chambre noire de sa mère, elle tomba sur de fort honnêtes gens qui crurent leur devoir intéressé à en faire un phénomène et, pour comble de malheur, y réussirent. Personne ne s'avisa qu'une petite fille a besoin de jouer à la poupée. Moins elle était enfant, plus on se réjouissait. Jamais une détente, un repos. D'un bout de l'année à l'autre, un travail forcené, haletant, coupé par des exercices du corps violents et excessifs. Elle ne grandissait pas, avait le sang en feu et manqua mourir plusieurs fois; mais elle savait huit langues, en remontrait à son professeur de grec, parlait sur la philosophie et avait une opinion sur les femmes. C'était réellement une petite savante, et, comme elle avait gardé l'esprit très vif, pétillant de malice, qu'elle avait des mots d'une drôlerie impayable, on fut longtemps à s'apercevoir qu'on avait forcé le ressort, déjà un peu faussé par les absurdités de Marie-Éléonore. La Suède admira sans défiance son aimable princesse et se complut dans son œuvre.

Que pouvait-on lui souhaiter qu'elle n'eût point? Elle savait par cœur le catéchisme luthérien et citait des versets comme un évêque. On avait rêvé d'en faire un garçon : elle avait dépassé le but. Elle était ébouriffée, elle avait les mains sales, les vêtements en désordre, elle jurait et sacrait comme un mousquetaire, mais elle montait divinement à cheval, tuait un lièvre d'une balle, couchait sur la dure et méprisait profondément les femmes, les idées de femmes, les travaux de femmes, les conversations de femmes. Quand elle passait au galop, libre et hardie, en chapeau d'homme et justaucorps, les cheveux au vent et le visage hâlé, la Suède n'était pas encore sûre d'avoir un prince, elle n'était plus sûre d'avoir une princesse. Sa figure d'adolescent aidait à l'illusion. Christine avait les traits accentués, le nez fort et busqué, la lèvre inférieure un peu pendante, de grands beaux yeux bleu clair où passaient des flammes. Elle avait aussi une voix d'homme, qui s'adoucissait aux occasions. De taille, elle était petite et de travers, mais avec une aisance, des mouvements lestes qui en faisaient le plus joli gamin du monde. Le peuple en raffolait. Ni les « cinq grands vieillards », ainsi qu'elle appelait les régents, ni l'honnête Matthiæ, ni le gouverneur ivrogne, ni l'aumônier de la cour, ni aucun de tous ces hommes de cour, d'épée, de robe et de science, qui l'entouraient du matin au soir, ne soupçonnèrent le volcan caché sous la gaminerie. Ils auraient frémi d'horreur s'ils avaient pu lire les aveux de l'*Autobiographie*.

Dans ce morceau précieux, bien qu'inachevé, Christine se dresse à elle-même un autel. C'était l'usage du temps. Le goût était aux portraits, et l'on disait au public, avec une entière candeur, le bien et le mal qu'on pensait de soi, sans craindre d'appuyer un peu plus sur le bien que sur le mal. Il y avait au fond moins d'orgueil, il y avait surtout un orgueil plus innocent à s'embellir ainsi aux yeux de la foule, qu'à lui jeter ses vices au visage, selon l'exemple donné depuis par Rousseau. On ne peut reprocher à Christine que d'avoir légèrement abusé du droit de faire valoir les beautés du modèle.

Elle s'étend avec un sérieux qu'on n'oserait plus avoir de nos jours sur son cœur « grand et noble dès qu'il se sentit », son âme « de la même trempe » et « tant de beaux talents » qui la désignaient à l'admiration du monde. Passant ensuite aux défauts, selon la poétique du genre, elle s'en accorde d'abord de très royaux, convenables à son rang et ne rabaissant point une créature supérieure. « J'étais méfiante, dit-elle, soupçonneuse, de plus ambitieuse jusqu'à l'excès. J'étais colère et emportée, superbe et impatiente, méprisante et railleuse. » Jusqu'ici, tout va bien ; mais elle ajoute quelques lignes plus bas : « De plus, j'étais incrédule et peu dévote, et mon tempérament impétueux ne m'a pas donné moins de penchant à l'amour que pour l'ambition ». Elle proteste que Dieu, qui ne paraît pas s'être préoccupé de son incrédulité, l'a toujours préservée des chutes auxquelles l'avait destinée la nature. « Quelque proche que j'aie été du précipice, s'écrie-t-elle, Votre puissante main m'en a retirée. » Elle n'ignore pas que la médisance l'a « noircie », et elle s'accuse à ce sujet « d'avoir trop méprisé les bienséances de son sexe », ce qui l'a fait paraître souvent plus « criminelle » qu'elle ne l'était. Elle confesse qu'elle a eu tort, mais elle ne peut s'empêcher d'ajouter que, si c'était à refaire, elle se moquerait encore davantage des bienséances : « Je suis... persuadée que j'aurais mieux fait de m'en émanciper tout à fait, et c'est l'unique faiblesse dont je m'accuse ; car, n'étant pas née pour m'y assujettir, je devais me mettre entièrement en liberté là-dessus, comme ma condition et mon humeur l'exigeaient ».

Les sujets très luthériens et très religieux de

Christine croyaient encore plus fermement qu'une princesse « incrédule et peu dévote » à la main divine qui retire les jeunes imprudentes du précipice. Néanmoins, s'ils avaient su à quel point ce bras irrésistible était nécessaire pour soutenir et sauver leur petite reine, ils auraient été épouvantés. Leur vin, leurs jurons, leur grossièreté de demi-barbares s'alliaient à la gravité d'esprit que donne la religion protestante sérieusement pratiquée. Ils mettaient Dieu de part dans tous leurs actes, de manière qu'ils le sentaient sans cesse à leurs côtés, prêt à secourir, prêt aussi à anéantir. Lorsque Gustave-Adolphe fit ses adieux aux états avant de s'embarquer pour l'Allemagne, ils chantèrent ensemble le *Psaume* : « Rassasie-nous le matin de ta grâce,... nous serons joyeux tout le jour. » Ces gens-là prenaient la vie au sérieux, Christine n'y vit qu'une mascarade. C'est pourquoi ils ne purent s'entendre longtemps, malgré l'esprit, le charme, le courage et la science de cette fille extraordinaire. Il manquait à la souveraine un seul don, le sens moral, et elle était tombée sur un peuple qui se serait plutôt passé de tous les autres.

A dix-huit ans, les états la déclarèrent majeure, et la régence lui remit le pouvoir. On allait voir à l'épreuve ce que valait le parlementarisme appliqué à l'éducation d'une jeune fille.

II

Les états avaient toujours recommandé, très sagement, d'en faire avant tout une bonne Suédoise, dressée aux manières et coutumes du pays, « tant pour l'esprit que pour le corps ». Le sénat et la régence étaient d'accord sur cet article avec les états. Le but qu'ils se proposaient tous étant aussi nettement défini, on demeure stupéfait des moyens choisis pour l'atteindre. Plus on considère la Suède de Gustave-Adolphe, moins on conçoit que des études à outrance et une culture raffinée aient paru la voie la plus propre à en faire aimer et adopter les mœurs.

Un grand prince l'avait comblée de gloire, mais les guerres de Gustave-Adolphe, en rendant la Suède redoutable, ne lui avaient pas permis de s'adoucir. Rude il l'avait trouvée, rude il la laissa. A son avènement, en 1611, l'ignorance était épaisse; il existait une seule et médiocre école, à Upsal [1], et peu de jeunes gens, par diverses raisons, fréquentaient les universités étrangères. La bourgeoisie n'était pas assez riche. La noblesse méprisait l'instruction, selon une tradition à laquelle les aristocraties européennes ont infiniment de peine à renoncer;

---

1. L'université d'Upsal a été fondée en 1476. A l'époque dont nous parlons, elle était déchue au point de n'être plus guère qu'une école ordinaire. Gustave-Adolphe la réorganisa.

un grand nombre de magistrats pouvaient à peine signer leur nom, et d'excellents généraux n'en savaient guère plus long. Gustave-Adolphe fonda des écoles et fit venir un libraire d'Allemagne, mais il ne put improviser des maîtres, et la faculté de médecine d'Upsal se composa quelque temps d'un seul professeur, ce qui suffisait du reste pour le nombre des élèves. Un mal général à cette époque, le pédantisme, florissait autant que le permettait la rareté des savants; le docteur Pancrace et Trissotin auraient trouvé à qui parler.

La seule théologie prospérait dans ce désert intellectuel. Un clergé plein de zèle catéchisait et prêchait le peuple avec une sorte de fureur, jusqu'à le contraindre, malgré sa foi ardente, à des plaintes publiques contre la longueur des sermons. Le peuple ajoutait à ce qu'on lui enseignait les mille superstitions qui représentent la poésie dans l'existence des petits, quand les petits sont très pauvres, très ignorants, et qu'ils ont la vie triste et dure.

Les mœurs étaient primitives comme les idées. Les députés de l'ordre des paysans assistaient aux états en haillons. Les logis des grands étaient badigeonnés de blanc et grossièrement meublés. Au moment des repas, on tendait un baldaquin au-dessus de la table, afin d'empêcher les toiles d'araignées de tomber dans les plats. Le service de table était en harmonie avec le mobilier; au festin de noce de Gustave-Adolphe, on mangea dans de la vaisselle d'étain, et encore elle était empruntée. La nourriture était grossière; même chez le roi, presque point de superfluités, telles que sucreries et pâtisseries; rien que de la viande, et l'on reservait les restes. La mère de Gustave-Adolphe achetait elle-même son vin et faisait attendre le payement au marchand. Le prince Charles-Gustave, qui régna après Christine, eut une longue correspondance avec sa mère pour décider s'il serait plus avantageux de se faire faire un habit de tous les jours, ou de sacrifier un de ses habits du dimanche. Un voyageur [1] rapporte que la monnaie était de cuivre, et « aussi grosse que des tuiles ». Si le détail est exact, il est caractéristique.

On n'avait qu'un luxe, l'ivrognerie, mais on l'avait bien. Au mariage de Gustave-Adolphe, on but cent soixante-dix-sept muids de vin du Rhin et cent quarante-quatre charges de bière, sans compter les autres espèces de vin et l'eau-de-vie. Les grandes réjouissances consistaient à s'attabler devant des bouteilles, à jurer son saoûl, se jeter les verres à la tête et rouler sous la table dans une mêlée finale. Il n'en allait pas autrement à la cour que dans un cabaret. Personne, pas même un évêque, n'avait le droit de refuser de rendre raison le verre à la main.

Stockholm gardait une figure de capitale de demi-sauvages. De loin, on n'apercevait que des monuments et des palais, dont les toits étincelants, formés de grandes lames de cuivre, dominaient de petits

---

[1] Huet.

monticules verts. C'était des tours massives, des minarets turcs, des clochers de toutes formes, des palais à colonnades grecques, enfin l'assemblage le plus baroque et le plus pittoresque [1]. De maisons, point. On approchait, et l'on découvrait que les petits monticules verts étaient les maisons, construites en bois et recouvertes de prairies. Il est bon, en pareille matière, de citer ses auteurs. Nous laissons la parole au très véridique Huet, évêque d'Avranches, qui visita Stockolm en 1652. « Les fenêtres, dit-il, sont enchâssées dans le toit, qui lui-même est fait de planches et d'écorces d'une espèce de bouleau qui ne pourrit point, et est recouvert de gazon; ce dernier mode de couverture était, au témoignage de Virgile, appliqué en Italie aux chaumières des paysans. On sème alors sur ce gazon de l'avoine ou d'autres graines dont les racines le font adhérer fortement au toit. Ainsi, les faîtes des maisons sont des champs de verdure et de fleurs, et j'y ai vu paître des moutons et des porcs. Les toits, dit-on, sont faits de cette manière, tant pour que les maisons, qui sont formées de matières résineuses, ne s'embrasent pas au contact de la foudre, que pour avoir, en temps de guerre et au cas où on serait assiégé et bloqué par l'ennemi, des pâturages pour nourrir les troupeaux. » Stockholm pouvait se vanter d'être une capitale unique au monde [2].

---

1. Ch. Ponsonailhe, *Sébastien Bourdon*.
2. Un savant islandais qui écrivait au xviie siècle, Jonas

Il aurait fallu à la Suède un élan vigoureux pour rattraper les États de l'Occident, et le règne de Gustave-Adolphe lui avait interdit pour longtemps les grands efforts pacifiques. Le héros savait bien ce qu'il disait, lorsqu'il assurait ses officiers étonnés que Dieu fait « un coup d'amour envers les peuples quand il ne donne aux rois que des âmes ordinaires ». Il laissa son royaume épuisé d'argent, abimé par des passages continuels de troupes, écrasé d'impôts, et sa mort ne termina point la guerre. Son confident politique, Oxenstiern, la continua, et le sort des campagnes devint intolérable. Le paysan n'en pouvait plus. Tourmenté par le soldat, tourmenté par le noble, tourmenté par le collecteur d'impôts et ne trouvant ni appui ni pitié chez le tout-puissant chancelier, il se révoltait, gâtait encore plus ses affaires et émigrait de désespoir. Une partie de la Suède était retombée en friche.

Pour gouverner ce peuple simple, on forma une reine nourrie de fine littérature, éprise de poésie, connaisseuse en livres rares et manuscrits. Pour gouverner ce peuple pieux, on forma une reine imprégnée d'antiquité païenne et de philosophie. Pour gouverner ce peuple pauvre, on forma une reine adorant les beaux meubles, les tableaux, les statues, les médailles, les pompes royales. Pour habiter cette contrée âpre, on forma une reine qu

---

Arngrim, fait une description toute semblable des maisons de son pays. (*Reipub. Island.*, cap. VI.)

rêvait des paysages du Midi et des ciels italiens. Pour assurer ce calme profond des idées, on forma une reine de l'esprit le plus curieux, le plus inquiet, le plus audacieux, le plus indiscipliné, le plus agitant qui fut jamais. Pour clore cette ère d'aventures, on forma une reine virile, qui jugeait le mariage dégradant pour la femme et ne voulait point avoir d'enfants, mais apprendre la guerre. Et lorsqu'il se découvrit que la vaillante Suède, loyale et dévouée, mais rustique et fanatique, ennuyait Christine, la Suède demeura étonnée et scandalisée. Christine a eu assez de torts de son côté pour qu'on insiste sur ce qui peut l'excuser. On l'avait élevée pour régner sur Florence, et il fallait régner sur Stockholm et ses toiles d'araignées. Ce ne fut pas tout à fait sa faute si cela lui sembla dur.

Oxenstiern avait été le vrai souverain de la Suède pendant la minorité. A lui revenait donc la meilleure part de tant d'imprudences, et ce fut aussi lui qui en recueillit les premiers fruits amers. Depuis huit ans, il passait tous les jours trois heures à enseigner la politique et les affaires à la reine, et, depuis huit ans, il trouvait en elle une élève docile et reconnaissante. Christine prit le pouvoir : adieu la soumission! Ce petit page en jupons avait ses idées sur le gouvernement, et ce n'étaient pas du tout celles qu'on lui avait professées. Oxenstiern l'avait nourrie de la plus pure tradition aristocratique, et elle avait des opinions qui sentaient le ruisseau. Elle soutenait que le mérite est tout et que la naissance n'est rien. « Il y a, disait-elle, des paysans qui naissent princes et des rois qui naissent paysans; et il y a une canaille de rois comme il y en a une de faquins. » Ayant découvert un Suédois de basse naissance qui avait des talents, elle le nomma ambassadeur et sénateur, et l'imposa au sénat avec ces mots qu'on dirait empruntés à Beaumarchais : « Salvius serait sans doute un homme capable s'il était de grande famille. »

Mêmes surprises en politique étrangère. On lui avait tant vanté son esprit supérieur, qu'elle était résolue à ne supporter aucun guide. Elle voulait la paix, en quoi il semble qu'elle n'eut pas si tort, et elle pressa le traité de Westphalie, malgré Oxenstiern. Le vieil homme d'État fut obligé de reconnaître qu'il avait trouvé son maître. Il avait affaire à une fille impérieuse et ne craignant pas la lutte. « Les passions, disait-elle encore, sont le sel de la vie; on n'est heureux ni malheureux qu'à proportion qu'on les a violentées. »

III

Il était clair qu'elle établissait son indépendance. Ce qu'elle comptait en faire fut bientôt non moins clair. Elle écrivait : « Il y a des gens auxquels tout est permis et tout sied bien ». Elle se rangea parmi ces gens, et se comporta en conséquence. Elle estimait qu'au fond, les sottises ont moins d'importance qu'on ne le croit. Les âmes faibles s'attardent seules au regret des fautes passées. Les âmes fortes n'oublient jamais « qu'il y a si peu de différence entre la sagesse et la folie, que cette différence ne mérite pas d'être considérée, vu le peu de temps que dure cette vie ». Qu'est-ce qui est sage et qu'est-ce qui est fou? Au lieu de perdre notre temps à regarder en arrière, regardons en avant : « Il faut compter pour rien tout le passé, et vivre toujours sur nouveaux frais ». Précepte commode, que la reine Christine a toujours pratiqué. Quel que fût le passé, elle liquidait avec sa conscience et vivait sur nouveaux frais. Elle y mettait même un air de bravade qui irritait la galerie et qui lui a valu des jugements sévères. On aurait voulu qu'elle parût quelquefois se souvenir de certaines choses.

On lui a aussi beaucoup reproché la dynastie de ses favoris, qu'elle inaugura à peine émancipée. On a prononcé à ce propos de très gros mots. Le sujet est délicat, et les pamphlets où il est ressassé ont laissé subsister, malgré tout, assez d'incertitudes, pour que la vertu de Christine ait trouvé quelques défenseurs [1]. Comment est-on jamais sûr de rien

---

1. Entre autres Arckenholtz et Grauert, qui conviennent ingénument qu'ils ont été influencés par le désir de prendre le contre-pied des écrivains français. Arckenholtz rapporte dans une note de son tome IV qu'un historien suédois de son temps, Giœrwell, lui a déclaré qu'il était seul à « prétendre que Christine n'avait pas franchi les bornes de la chasteté ».

dans de certaines choses? Qu'elle ait eu beaucoup de favoris et qu'elle les ait volontiers choisis parmi les hommes jeunes et aimables, voilà qui n'est pas niable, puisque cela se passait à la face du ciel. Que la plupart des contemporains en aient cru le témoignage des pamphlets ou celui de leurs propres yeux, voilà qui n'est pas moins acquis. Qu'il faille prendre au sérieux le passage de l'*Autobiographie* sur le précipice souvent côtoyé, toujours évité, voilà qui est déjà infiniment moins sûr. Que ses goûts virils lui aient été une protection, voilà qui ne l'est plus du tout. D'autre part, il est très vrai que les apparences ne signifient rien avec une femme comme Christine, qui s'habillait en homme, vivait avec des hommes et avait des valets pour femmes de chambre. Au surplus, chacun est libre d'en penser ce qu'il lui plaira.

Il est un reproche auquel Christine ne peut échapper dans aucun cas. Elle a dit quelque part : « L'amour des gens qu'on ne saurait aimer importune ». Il faut compléter sa pensée de la façon suivante : « L'amour des gens qu'on ne saurait *plus* aimer importune ». Elle le leur faisait bien voir et changeait par trop lestement de favori. Au début, elle les adorait, les comblait de dignités, d'honneurs, de largesses, témoin Magnus de la Gardie, premier de la série, qui avait vingt-deux ans, une jolie figure, « la mine haute », et qu'elle fit ambassadeur, colonel, sénateur, grand-maître de sa maison, grand trésorier. Au dénoûment, elle se débarrassait de ces pauvres garçons sans aucun ménagement, témoin le même Magnus de la Gardie quand la reine le remplaça par Pimentel, ambassadeur d'Espagne. Elle lui refusa une dernière audience et écrivit de sa main, en marge d'une histoire de son temps : « Le comte Magnus était un ivrogne et un menteur ». Dans aucune occasion elle n'appliquait plus rigoureusement sa maxime, de compter pour rien le passé et de vivre sur nouveaux frais. « Ceux qui profitent de tout, disait-elle, sont sages et heureux. » En matière de favoris, elle profitait de tout ce qui lui tombait sous la main.

Le règne de La Gardie fut aussi à Stockholm le règne de la politique française, de l'esprit français, de la littérature française, des modes françaises. Le traité d'alliance avec la France fut renouvelé (1651); La reine fit la part du lion à la France dans la foule de savants, de gens de lettres, d'artistes, dont elle composa sa fameuse et superbe cour. Naudé avait le soin de sa bibliothèque. Saumaise passa plus d'un an auprès d'elle, non sans s'être fait prier, car il était pénétré de son importance autant qu'écrivain du monde. Descartes se laissa attirer, pour son malheur et celui de la science. Christine le faisait venir à cinq heures du matin, en plein hiver, pour causer philosophie. En trois mois, Descartes fut mort. Bochart, l'orientaliste, amena son ami Huet, le futur évêque d'Avranches. Sébastien Bourdon, Nanteuil, François Parise, le graveur de médailles, l'architecte Simon de la Vallée, travaillaient en Suède pour Christine. Son secrétaire des commandements était Chevreau, qui fut depuis précepteur du duc du Maine. Ses quatre secrétaires ordinaires étaient français. Français le médecin et le chirurgien. Français une nuée d'hommes très divers par la naissance et le mérite : érudits, philosophes, grammairiens, fabricants d'odes et de distiques, cuistres, intrigants, beaux gentilshommes, charlatans en tout genre, valets de tout grade. Parmi ces derniers, une mention est due à Clairet Poissonnet, homme de génie s'il en fut, premier valet de chambre de la reine et dépositaire de ses secrets. Poissonnet ne savait ni lire ni écrire, et chaque fois que sa maîtresse avait quelque affaire difficile, elle l'en chargeait. Elle l'envoya au pape, à Mazarin. Il était célèbre pour tirer le secret des autres et ne jamais laisser échapper le sien, tout contraint qu'il fût de se faire lire ses lettres et de dicter les réponses. Mazarin, qui se connaissait en intrigants, était plein d'admiration pour Poissonnet.

Des savants et des écrivains suédois, allemands, hollandais, complétaient une cour véritablement unique, et dont Christine était l'âme. Les soins du gouvernement ne lui avaient pas fait retrancher une minute à l'étude. Les heures données aux affaires étaient remplacées par des heures prises sur le sommeil, la toilette, les repas. Elle en était arrivée, de retranchement en retranchement, à dormir trois heures, à dîner en ouragan, et à ne se peigner qu'une fois la semaine. Encore sautait-on souvent une semaine. A l'écolière tachée d'encre avait succédé une reine tachée d'encre, les mains sales, le linge déchiré, qui avait beaucoup lu Pétrone et Martial et tenait les propos les plus salés, mais tout à fait savante, éloquente, sachant discuter et raisonner. « Elle a tout vu, elle a tout lu, elle sait tout », écrivait Naudé à Gassendi (19 octobre 1652). Merveille des merveilles, elle n'était point pédante! Elle haïssait la pédanterie, dix fois haïssable chez la femme, et dont son esprit la sauvait presque toujours, même en dissertant avec des pédants sur des sujets pédants. Sa réputation se répandait en Europe d'une manière à remplir son peuple d'orgueil, si son peuple n'avait commencé à s'apercevoir que les reines trop brillantes ont des inconvénients.

Nous ne nous doutons plus de ce qu'était la dépense d'une cour pareille. De nos jours, on a les savants chez soi pour rien. Ils étaient moins idéalistes il y a deux siècles et demi. L'honneur de leur visite se payait à beaux deniers comptants, et Christine était libérale. C'était un sac d'écus, c'était une pension, c'était une chaîne d'or, et la reine ne se contentait pas de gorger les savants de sa cour. Ceux qu'elle ne pouvait voir, elle leur écrivait du moins, et c'étaient encore des pensions et des chaînes d'or. L'Europe était remplie de sangsues qui suçaient la Suède, et un profond mécontentement grondait dans le pays. Les Suédois ne pouvaient songer sans amertume à ce que devenait l'argent qu'ils avaient sué avec angoisse. Leur cœur se remplissait d'une juste colère à la vue de ces étrangers qui s'étaient abattus sur le pays comme sur une proie, et qui encourageaient chez la reine tous les goûts ruineux. Le peuple mourait de faim, et Christine dépensait des trésors en collections.

On lui a fait un grand mérite de ces collections, et il est vrai qu'elles étaient fort belles. Sa bibliothèque passait pour n'avoir point de rivale en Europe; les manuscrits, à eux seuls, étaient au nombre de plus de 8 000. Les œuvres de maîtres et les pièces rares abondaient dans le cabinet des tableaux, dans celui des médailles, parmi les statues, les ivoires et les curiosités. Cependant, l'amant des lettres et des arts ne tient aucun compte de ces merveilles à Christine, parce qu'elle avait formé ses collections en parvenue, à coup d'argent, sans patience et sans vraie tendresse. Sa bibliothèque et ses musées faisaient un peu partie du décor pour son rôle de femme extraordinaire. Elle avait payé deux manuscrits 160 000 écus[1], mais elle laissait voler les trois quarts de sa bibliothèque sans s'en apercevoir. Elle possédait onze Corrège et deux Raphaël, mais elle avait fait découper ses plus belles toiles pour coller

---

[1]. Pour l'instruction des bibliophiles, voici les titres de ces deux manuscrits, achetés pour le compte de Christine par Isaac Vossius. C'était l'*Histoire ecclésiastique* de Philostorge et les *Babyloniques* de Jamblique. Les deux manuscrits appartinrent après la mort de Christine à la bibliothèque du Vatican. Le second passait pour être l'œuvre d'un faussaire. On ne dit pas si le premier contenait le texte de Philostorge, ou l'extrait qu'en a donné Photius.

les têtes, les pieds et les mains dans les comparti ments de ses plafonds. Après cela, un collectionneu est classé.

On retrouve au fond de ses goûts les plus nobles ce besoin malsain de faire parler de soi qui l'a perdue. Ses admirateurs les plus fervents avouent qu'elle avait une vanité exorbitante. Cette philosophe adorait la flatterie et respirait avec béatitude tous les encens qu'on voulait bien lui offrir. Elle ne dédaignait point de tenir elle-même l'encensoir, et elle a fait frapper un nombre incroyable de médailles où elle est représentée en Minerve, en Diane domptant les fauves, en Victoire ailée se couronnant de lauriers, etc. Elle encourageait les faiseurs de panégyriques en prose et en vers. Elle constatait à ses propres yeux son importance en accablant d'avis indiscrets et importuns princes et politiques, Retz et Mazarin, Condé et Louis XIV, le roi de Pologne et le roi d'Espagne. On la recevait mal, elle recommençait. Sa tentative pour entrer en correspondance avec le roi d'Éthiopie est un amusant exemple de sa manie de célébrité.

En 1653 errait par l'Allemagne un malheureux noir qui cherchait quelque chose et ne pouvait expliquer quoi, puisque personne n'entendait son langage. Un savant d'Erfurt, Job Ludolf, auteur de travaux sur l'Éthiopie et la langue éthiopienne, se trouvait alors à Stockholm. Il assura à Christine que le noir était Éthiopien, et le cherchait sans doute pour le complimenter de ses travaux sur son pays.

Il ajouta que le voyageur devait se nommer Akalaktus. C'était une occasion unique de répandre sa gloire en Éthiopie. La reine écrivit une belle lettre en latin à son « très cher cousin et ami » le roi d'Éthiopie : *Consanguineo nostro carissimo, eadem gratia Æthiopum regi*, etc. Elle lui souhaitait toutes sortes de prospérités « à l'entrée de leur commerce de lettres », et recommandait Akalaktus à sa bienveillance [1]. Le paquet fut expédié au noir, en Allemagne. S'il le reçut et ce qu'il en fit, personne ne l'a jamais su. L'histoire dit seulement qu'après avoir couru l'Allemagne pendant plus d'un an, il partit découragé et ne revint jamais.

La Suède en était là, froissée par la préférence donnée aux étrangers, pressurée pour des dépenses qui lui paraissaient sottes, réduite à se consoler par la pensée que sa souveraine était forte en grec et commençait l'hébreu. Longtemps le pays avait pris patience en se disant que la reine se marierait, et que le mariage change les idées des filles; mais il avait fallu renoncer à cette branche de salut. Les prétendants n'avaient pas manqué. Il en était venu des quatre points cardinaux, de puissants et de modestes, de vieux et de jeunes. Christine les avait tous éconduits et se déclarait résolue à rester fille. Elle ne voulait pas avoir un maître, et la pensée de la maternité lui était odieuse. On avait trop réussi

---

1. La minute de cette lettre existait au siècle dernier dans les archives de Suède.

à lui ôter son sexe. Comme les ministres, le sénat et les états insistaient, elle leur déclara qu'elle abdiquait (25 octobre 1651). On la supplia de rester. Elle n'y consentit qu'à la condition qu'on ne lui parlât plus mariage. Trois mois après, Bourdelot entrait en scène, et la Suède n'avait plus qu'à se voiler la face.

IV

Bourdelot, dont les Suédois parlent encore avec colère, était fils d'un barbier de Sens. Il avait étudié pour être apothicaire, s'était mis à courir le monde et avait passé en Italie. Certaine petite affaire l'ayant obligé à rentrer en France précipitamment, il conta qu'il y perdait la pourpre; que le saint-père l'avait nommé son médecin et le voulait faire cardinal. Il exerça dès lors la médecine. Ses confrères le traitaient d'ignorant ignorantissime. On serait en peine de dire à quoi ils s'en apercevaient, dans l'état où était alors la science. Bourdelot baragouinait latin tout comme un autre. Il dissertait tout comme un autre sur l'âcreté des humeurs et les agitations de la bile. Il saignait et purgeait tout comme un autre. Nous en parlons savamment; nous avons sous les yeux une de ses consultations, en quatre pages in-quarto et en latin.

Les confrères eurent beau gloser, Bourdelot fit son chemin ; il avait les femmes pour lui. C'est le parfait modèle du médecin de dames au XVIIe siècle. Il était aimable et badin, fertile en bons mots et ami des divertissements. Il savait des secrets admirables pour les eaux de toilette, chantait la romance, jouait de la guitare et cuisinait joliment. Il était sans rival pour organiser une fête ou inventer une mystification. Du reste, un vrai Gil Blas, convaincu qu'il n'y a d'autre morale que de se pousser dans le monde et que les grands scrupules sont un luxe, malséant aux petits compagnons. Plein d'esprit et de drôlerie, malfaisant comme un singe, souple quand il le fallait, insolent quand il le pouvait, ne croyant à Dieu ni à diable, heureux de vivre, de rire et de mentir : voilà Bourdelot.

Il avait été recommandé à Christine par Saumaise. Depuis longtemps, la reine se sentait malade. La nature s'était révoltée contre ce régime barbare de dictionnaires et de gribouillages, sans autre délassement que d'écouter les professeurs d'Upsal disputer en latin. Christine était rongée d'abcès et minée par la fièvre. Elle ne dormait ni ne mangeait, s'évanouissait continuellement et se croyait perdue. Ses médecins ordinaires ne voyaient goutte à son mal. Elle manda Bourdelot, qui fit preuve de coup d'œil. Il ôta tous les livres, ordonna le repos et la distraction, et dissipa les regrets de sa malade en lui assurant qu'à la cour de France, les femmes savantes passaient pour des créatures ridicules.

Christine tâta du traitement et le trouva de son

goût. Elle se remettait à vue d'œil, et le remède était agréable. Elle s'amusa un peu, beaucoup, passionnément, envoya promener savants, ministres et sénateurs, jeta ses dictionnaires par-dessus les moulins et entreprit de rattraper le temps perdu. Elle avait vingt-cinq ans : c'était beaucoup de retard. Elle ne désespéra pas, et eut raison ; peu de femmes se sont autant amusées que la reine Christine. Le palais royal se transforma comme par un coup de baguette. C'était auparavant une Sorbonne ; Bourdelot en fit un petit Louvre, du temps où Louis XIV adolescent s'amusait éperdument avec les nièces de Mazarin. Christine passait les jours en parties de plaisir ! Christine dansait des ballets ! Christine se déguisait ! Christine bernait les savants ! Elle obligeait Bochart à jouer au volant, Naudé à danser les danses antiques sur lesquelles il avait écrit de savants mémoires, Meibom à chanter les airs grecs qu'il avait retrouvés, et elle riait aux éclats de la voix fausse de l'un, des postures grotesques ou de la maladresse de l'autre. Un jour, à Upsal, les professeurs voulurent disputer devant elle, selon l'usage. Christine courut se jeter dans son carrosse et s'enfuit. Voulait-on lui parler affaires ? Point ; plus d'affaires. Lui demander audience ? Impossible ; elle avait un pas de ballet à répéter. Lui proposait-on de présider le conseil ? Elle se sauvait à la campagne et fermait sa porte aux ministres. Chaque heure voyait croître sa fougue de plaisir, et Bourdelot l'excitait sans relâche. Il inventait sans cesse de nouveaux jeux, de nouvelles fêtes, de nouveaux tours à jouer aux savants. Il couronna ses méfaits en administrant une médecine à la reine le jour où Bochart devait lui lire en public des fragments de sa Géographie sacrée.

La Suède crut sa souveraine folle. Le bruit se répandit que l'esprit de Christine s'affaiblissait. Aucun de ses hommes d'État, pas plus Oxenstiern que les autres, n'avait prévu la réaction. Aucun ne s'était jamais dit qu'à moins d'être devenue imbécile à force d'excès de travail, il viendrait un moment où une fille jeune et ardente voudrait respirer et exister, où elle découvrirait qu'il y a autre chose dans la vie que d'être rat de bibliothèque, que la jeunesse nous a été donnée pour être joyeux et le soleil pour en profiter. Ils avaient cru que cela irait toujours ainsi; qu'après l'hébreu, elle apprendrait l'arabe, après l'arabe l'éthiopien, et qu'elle ne demanderait jamais d'autres plaisirs. Un dénoûment aussi facile à prévoir et aussi naturel les frappa de surprise autant que de douleur. Il y avait un mois que la reine n'avait tenu un conseil ou reçu un sénateur; elle avait répondu ballet à tous les discours de l'ambassadeur d'Angleterre sur une affaire; l'université d'Upsal boudait depuis l'aventure du carrosse. C'était profondément affligeant, mais encore plus incompréhensible.

Leur étonnement était comique; leur chagrin était fondé. Il n'est pas agréable pour un pays de tomber sous la férule d'un Bourdelot, et le fils du barbier de Sens régnait sans partage au palais. La reine ne voyait que par ses yeux. Elle lui disait tout. Elle le consultait sur tout. Bourdelot était devenu un personnage politique ! Il disposait de l'alliance de la Suède et était en train de l'ôter à la France, pour des raisons à lui connues, et de la donner à l'Espagne. Quiconque lui portait ombrage était écarté. On peut croire qu'il n'avait pas le triomphe modeste. Ses airs vainqueurs de dindon faisant la roue achevaient d'exaspérer les Suédois, mais il s'en moquait. Il se sentait solide, et il l'était en effet, car il amusait Christine, et Christine n'en demandait pas davantage pour le moment.

La consternation était au camp des savants. Pour la plupart d'entre eux, un souci égoïste était au fond des regrets. De grosses sommes d'argent étaient à présent dissipées en fêtes. Il était à présumer que la part des savants en serait diminuée. Les plus désintéressés ressentaient amèrement le dégoût d'être supplantés par un bouffon. Bochart écrivait à Vossius qu'il avait tant de chagrin « depuis le changement arrivé » à la cour de Suède, qu'il avait hâte de partir, de peur d'en mourir [1]. Le bon Huet était encore navré, soixante ans après [2], au souvenir de « ce désolant abandon des lettres ». La nouvelle fit promptement le tour de l'Europe. On se répétait que l'incomparable Christine avait quitté les études

---

Lettre du 26 avril 1653.
Mémoires. Huet a vécu quatre-vingt-onze ans.

sérieuses pour se livrer *ad ludicra et inania* sous l'influence d'un charlatan [1], et qu'elle reniait la philosophie pour adopter une horrible maxime : « Il importe plus de jouir que de connaître [2] ».

Ce fut vers ce temps que Benserade déclina une invitation de Christine, soit qu'il eût vent du grand changement, soit pour d'autres raisons. La réponse que lui fit la reine est une de ses meilleures lettres, sans être bien bonne. La plume à la main, Christine avait le badinage pesant et tortillé. — Elle écrivit à Benserade : « Louez-vous de votre bonne fortune qui vous empêche d'aller en Suède. Un esprit si délicat que le vôtre s'y fût morfondu, et vous seriez retourné enrumé spirituellement en votre cœur. On vous aimerait trop à Paris avec une barbe quarrée, une robbe de Lapon et la chaussure de même, revenu du païs des frimas ! Je m'imagine que cet équipage vous ferait triompher des vieilles. Non, je vous jure que vous n'avez rien à regretter. Qu'auriez-vous vu en Suède? Notre glace y est telle qu'elle serait chez vous, excepté qu'elle dure ici six mois de plus. Et notre été, quand il se met en fureur, est si violent, qu'il fait trembler les pauvres fleurs qui se mêlent de ressembler au jasmin. Un Benserade aïant l'esprit poli et galant, que peut-il souhaiter, étant dans la plus belle cour du monde, auprès d'un prince jeune qui donne de si hautes espérances de sa vertu?...

---

1. Lettre de l'historien Henri de Valois à Heinsius (1653).
2. *Maximes* de Christine.

Continuez à vous immortaliser au divertissement de cet aimable prince et donnez-vous de garde de mériter cet exil. Je voudrais pourtant que par quelque crime vous pussiez mériter un semblable châtiment, afin que notre Suède pût voir ce que la France a de plus galant et de plus spirituel [1].... »

Cependant la colère de la cour de Suède gagnait le pays, pour qui l'influence de Bourdelot se traduisait par un surcroît de misère. Christine était naturellement désordonnée, et la détresse financière n'avait cessé d'augmenter sous son règne. Les inventions galantes de Bourdelot portèrent le gaspillage au comble. Les coffres de l'État étaient vides, son crédit épuisé. La flotte n'était plus entretenue. Un ambassadeur faillit ne pas partir faute d'argent. On en était aux dettes criardes et aux expédients, même au palais; les domestiques n'avaient pas été payés de leurs gages depuis près de deux ans, et la reine n'avait pu se procurer une somme de 4 000 thalers, pour un voyage urgent, qu'en mettant sa vaisselle d'argent en gage. Cela sentait partout la ruine, et l'on n'en était que plus âpre à presser la rentrée de l'impôt; mais on avait beau tordre le paysan suédois, il n'en sortait plus rien. Voici qui est à la grande gloire de ce peuple. Quelque cuisante que fût sa misère, il en était moins touché que d'apprendre que sa jeune reine débitait à présent mille impiétés, à l'exemple de Bourdelot. C'en était trop.

[1]. De la fin de 1652.

Le langage des grands devint menaçant, et Bourdelot fut contraint de se faire escorter pour sortir dans les rues. Christine comprit qu'il était prudent de céder.

Peut-être en avait-elle assez du personnage. Quoi qu'il en soit, il s'en alla dans l'été de 1653, chargé de présents et recommandé à Mazarin, qui crut devoir à la politique de lui donner une abbaye. Il s'improvisa abbé comme il s'était improvisé docteur, et divertit Paris du spectacle de son importance. « Notre maître Bourdelot, écrivait Guy-Patin à un ami, se fait ici porter en chaise, suivi de quatre grands estafiers. Il n'en avait par ci-devant que trois, *sed e paucis diebus quartus accessit.* Il se vante d'avoir fait des miracles en Suède. » Christine demeura en correspondance avec lui tant qu'il vécut. Il lui donnait les nouvelles de Paris et elle le consultait sur sa santé.

Enfin il était parti, et le pays, débarrassé d'un joug honteux, reprenait haleine, lorsqu'un nouveau souci fondit sur lui. La reine faisait emballer ses meubles, ses livres, ses objets d'art. On ne fut pas longtemps dans l'incertitude sur ses projets. Le 11 février 1654, Christine réunit le sénat et lui annonça son intention de remettre la couronne à son cousin Charles-Gustave. Elle ajouta qu'il était inutile, cette fois, d'essayer de la dissuader de son dessein; « qu'elle ne se mettait point en peine de tout ce qu'on en pouvait dire; que c'était une résolution prise, dont elle ne se départirait pas; que pour cet effet elle ne demandait point leur avis, mais seulement leur concours ».

« Ce discours, dit un vieil historien, jeta un tel étonnement dans les esprits, que l'on ne savait que répondre à Sa Majesté. »

Notre siècle est accoutumé à voir le sort des trônes remis au caprice des peuples et des rois. Il ne s'étonne plus des révolutions ni des abdications, et le discours qu'on vient de lire passerait aujourd'hui pour un trait d'esprit. Il en allait tout autrement au XVII° siècle, où l'idée monarchique n'était pas encore énervée. On estimait alors qu'un souverain et une nation sont liés ensemble par un devoir mutuel, que ni l'un ni l'autre n'ont le droit de déserter. Il y a entre eux un contrat portant la signature solennelle de Dieu, puisque Dieu a choisi et façonné le prince auquel il donne le peuple. Charles-Quint avait abdiqué, et son exemple fut comparé à celui de Christine, mais leurs deux actions furent trouvées très différentes. Charles-Quint était âgé et infirme. Charles-Quint se retirait dans un couvent. Il n'était pas sûr, d'ailleurs, que Charles-Quint n'eût pas eu tort ; on racontait qu'il avait regretté la couronne. Christine était jeune et robuste. Elle ne songeait pas à s'ensevelir dans la retraite, et elle faisait sonner trop haut la beauté d'un acte auquel l'humilité sied mieux que la forfanterie. Dans ces conditions, l'abandon du trône devenait un désordre public.

Elle s'en doutait un peu et s'attendait au blâme.

Quelques jours après le coup de théâtre du 11 février, elle écrivait : « Je sais que la scène que j'ai représentée n'a pu être composée selon les lois communes du théâtre. Il est malaisé que ce qu'il y a de fort, de mâle et de vigoureux puisse plaire [1] ». Elle disait aussi : « Je ne m'inquiète point du *plaudite* ». Ce n'était pas vrai. Elle abdiqua en partie pour être applaudie du parterre. Elle avait trois autres motifs : elle n'avait plus le sou; son métier de reine l'ennuyait; la Suède et les Suédois l'ennuyaient.

L'opinion du parterre est résumée dans les deux fragments suivants : « Dans quel temps vivons-nous, bon Dieu, écrivait Vossius à son compatriote Heinsius! Les reines déposent le sceptre et veulent vivre en particulières, pour elles et pour les Muses. » On lit, d'autre part, dans les *Mémoires* de Montglat : « Il se passa dans l'Europe, cette année, une chose extraordinaire, qui fut la démission de la reine de Suède de son royaume. Cette princesse avait l'esprit fort léger, et elle s'était abandonnée à la lecture des poètes et des romans;... et pour faire une véritable vie de roman, elle résolut de renoncer à sa couronne. »

En Suède même, les sentiments furent ce qu'ils devaient être chez un peuple très bon, incapable d'oublier que Christine était la fille de Gustave-Adolphe. On fit des instances pour la retenir et on

---

[1] Lettre du 28 février 1654 à Chanut, ancien ambassadeur de France à Stockholm.

pleura à la cérémonie de l'abdication. On accueillit généreusement ses demandes d'argent, qui n'étaient pas petites ; Christine se faisait assurer les revenus de vastes domaines et de plusieurs villes, montant ensemble à environ 500 000 livres. On arma une flotte pour la transporter avec honneur où il lui plairait. Ces devoirs remplis, les cœurs commencèrent à se détacher de l'ingrate. Elle continuait à commander : on lui insinua qu'elle n'était plus la maîtresse. Elle témoignait une joie indécente de quitter la Suède : le peuple se mit à dire qu'il fallait l'obliger à dépenser ses revenus dans le pays. Christine apprit ces propos, et son impatience n'eut plus de bornes. On lui avait préparé une sortie de reine ; elle s'enfuit en aventurière.

Elle s'était fait précéder de ses collections et y avait joint sa vaisselle d'or et d'argent, les meubles et les pierreries de la couronne. On raconte que son successeur n'avait trouvé au palais que deux tapis et un vieux lit. Une fois loin de Stockholm, la reine de Suède renvoya sa suite, se coupa les cheveux, prit un habit d'homme, des bottes, un fusil, et annonça qu'elle allait en Flandre, à l'armée de Condé, « faire le coup de pistolet ». On n'eut plus d'elle que des nouvelles intermittentes. Tantôt on la perdait de vue ; tantôt elle signalait son passage par quelque extravagance qui la dénonçait. Arrivée à la limite de la Norvège, elle franchit la frontière d'un saut, avec des hurrahs de joie d'être enfin hors de Suède. Un peu plus loin, elle rencontra sans le savoir la reine de Danemark, qui la guettait dans une hôtellerie, déguisée en servante. Quand les grandes dames, en ce temps-là, daignaient mépriser l'étiquette, elles ne la méprisaient pas à demi. On sut enfin que Christine s'était embarquée dans un port, tandis que la flotte l'attendait dans un autre. Son intention était d'aller se montrer à l'Europe, afin de recueillir les applaudissements qu'elle était sûre de mériter de tant de manières.

V

Elle débarqua en Danemark, prit un faux nom, monta à cheval à la manière des hommes et piqua sur Hambourg, accompagnée de quatre gentilshommes et de quelques valets faisant l'office de femmes de chambre. « Elle alla comme une vagabonde, dit encore Montglat, de province en province, voyant toutes les cours de l'Europe. » On croirait assister à la tournée d'un cirque ambulant. Christine donnait çà et là une représentation. Elle improvisait pour ces occasions une suite royale, ramassée on ne sait où, revêtait un costume de gala et faisait une entrée solennelle dans une ville, recevant les honneurs dus à son rang avec une fierté qui charmait la foule. La population accourait, car elle était une des curiosités de la chrétienté. Elle répondait aux harangues officielles avec aisance et à-propos, à chacun dans sa langue, présidait en grande souveraine les fêtes qu'on lui offrait et entretenait les savants en confrères. « Elle parle de toutes les choses humaines, écrivait un auditeur, non en princesse, mais en philosophe e *Porticu* [1]. »

Elle coupait la pièce noble d'intermèdes comiques de sa façon. Tantôt elle se mettait à faire « diverses grimaces à la multitude qui la suivait pour la voir [2] ». Tantôt elle changeait de costume dans le carrosse même, avec l'adresse d'un clown, pour dérouter les badauds, qui ne s'y reconnaissaient plus. Tantôt elle lâchait quelque juron au moment le plus solennel, ou quelque plaisanterie graveleuse, digne d'une jeune personne qui savait Martial par cœur à vingt-trois ans. Tantôt elle prenait soudain une posture de cabaret et éclatait de rire au nez du grand personnage qui lui parlait. A Bruxelles, où elle s'attarda plusieurs mois, elle mena un tel carnaval, que la « puissante main » qui la retirait, à l'en croire, de tous les précipices, eut fort à faire. On n'ôta jamais de la tête de beaucoup de contemporains qu'à Bruxelles au moins, Dieu, occupé ailleurs, l'avait quelquefois laissée rouler au fond de l'abîme. Quoi qu'il en soit, la sottise faite elle reprenait ses grands airs de reine. Le parterre riait; les loges commençaient à siffler.

La pièce jouée et la toile baissée, le costume de

---

1. Lettre de Whitelocke, ambassadeur de Cromwell à la cour de Suède.
2. *Collection of the State Papers of John Thurloe esq.*, Secretary of Council of the State, etc. 7 vol., Londres, 1742.

gala rentrait dans son coffre, la suite de rencontre s'évanouissait, et il restait un jeune cavalier assez râpé, qui semait les joyaux de la couronne de Suède chez tous les usuriers du chemin, courait les hôtelleries en tapageur et se divertissait à dépister les curieux. On l'attendait à droite, il tournait à gauche. On croyait le tenir, il se dérobait pendant la nuit. Il paraissait, disparaissait, reparaissait, jusqu'au jour où il lui prenait fantaisie de remettre des jupes, de redevenir reine de Suède et de donner une autre représentation.

Elle en donna à Hambourg, à Anvers, à Bruxelles, à Inspruck, où elle renouvela brillamment l'affiche en abjurant le protestantisme. Elle l'avait déjà abjuré secrètement à Bruxelles, dans la nuit de Noël 1654. C'est à Inspruck, le 3 novembre 1655, qu'elle fit profession publique de catholicisme.

On a discuté à perte de vue, et non sans aigreur, sur les motifs de sa conversion. L'événement était d'une extrême importance pour l'Église romaine. De tous les néophytes que l'Église pouvait convoiter, il n'en était pas alors de plus enviable que la propre fille de Gustave-Adolphe. Il est naturel que Rome ait poursuivi la conversion de Christine avec un zèle particulier et toute l'habileté dont elle était capable. Il l'est également qu'ayant réussi, elle ait attribué son triomphe à la puissance de la vérité et présenté l'abjuration d'Inspruck comme un effet de la grâce divine, qui avait révélé la vraie foi à une hérétique. Il est encore naturel qu'après une victoire dont le bruit avait retenti dans toute l'Europe, remplissant d'allégresse le cœur des fidèles, le saint-siège ait jeté le manteau de Noé sur les faiblesses de sa néophyte et feint de croire à la sincérité de ses convictions. Il se fiait aux années, à l'habitude, à mille circonstances qu'il se chargeait de faire naître, pour achever l'œuvre ébauchée, et il obtint, en effet, avec le temps, un langage auquel on ne pourrait reprocher que d'être hyperbolique dans ses glorifications de l'Église et de la foi catholique [1]. Ce que Christine pensait au fond était chose secondaire, et il semble bien que le pape l'ait compris ainsi.

On conçoit également que les protestants irrités aient accusé Christine d'hypocrisie, plutôt que d'admettre la sincérité de sa conversion. Ils publièrent partout que, loin d'avoir été attirée dès sa première jeunesse par la religion romaine, ainsi que le prétendaient les catholiques, et d'avoir déposé la couronne pour être libre d'aller où la grâce l'appelait, Christine ne croyait à rien et n'avait abjuré que par calcul. A les entendre, la pompe d'Inspruck n'avait d'autre but que d'intéresser le pape et les rois catholiques à la reine de Suède, afin d'en tirer de l'argent aux heures de gêne.

A présent qu'on en juge sans passion, il faut convenir que les apparences donnent raison aux protestants. Christine changea de religion de l'air dont

1. Surtout dans les *Maximes.*

elle changeait d'habit, pour ébahir la foule. Après l'abjuration secrète de Bruxelles, elle écrivit en Suède, où l'on avait depuis longtemps des soupçons : « Mes occupations sont de bien manger et de bien dormir, étudier un peu, causer, rire et voir les comédies française, italienne et espagnole, et passer le temps agréablement. Enfin, *je n'écoute plus des sermons....* » Elle déclare ailleurs qu'elle s'est convertie pour ne plus entendre les pasteurs, qui l'ennuyaient trop. Les sermons étaient sa grosse objection théologique à la religion réformée. A Inspruck, on remarqua son indifférence pendant la cérémonie de l'abjuration. Le même jour, dans l'après-midi, on lui offrit la comédie; on prétend qu'elle s'écria : « Messieurs, il est bien juste que vous me donniez la comédie, après vous avoir donné la farce ». Le pape fut, sans aucun doute, très bien renseigné sur le prix de sa conquête au point de vue spirituel, mais il ne s'occupait pour l'instant que du point de vue terrestre. Au sortir d'Inspruck, Christine se dirigea vers Rome, où on lui préparait une entrée triomphale.

On voulait marquer par une réception éclatante que sa conversion était un grand événement politique et religieux. La congrégation des rites régla jusqu'aux derniers détails de la fête. Elle arrêta que les carrosses des cardinaux, prélats, ambassadeurs, nobles romains, iraient au-devant de la reine de Suède, attelés de six chevaux et accompagnés de suites nombreuses, en riches livrées; que le carrosse du gouverneur de Rome serait doublé d'or et d'argent, pour une valeur de 3.000 écus, et entouré de quarante personnes magnifiquement habillées; que chaque dame romaine aurait une suite de trente-six personnes, dont les costumes coûteraient de 500 à 600 écus chacun. La part de dépense du saint-père se monta à 1 300 000 écus. A l'arrivée de la reine de Suède, les tailleurs de Rome travaillaient depuis six mois à habiller le cortège.

Le 24 décembre 1655, Christine fut affermie à jamais dans la pensée qu'elle était le premier personnage de la chrétienté et la femme unique entre toutes les femmes. Le canon tonnait, les trompettes sonnaient, les troupes faisaient la haie, les boutiques étaient fermées, Rome en fête, l'air rempli d'acclamations. Un cortège d'une richesse inouïe se déroulait de la porte *del Popolo* à Saint-Pierre, et, en tête de ce cortège, le point de mire de tous les regards, l'objet de tous les empressements, une petite demi-bossue en « culotte chamarrée », montée à califourchon sur un cheval blanc et piaffant entre deux cardinaux. Elle gagna ainsi Saint-Pierre, où le haut clergé vint la recevoir à la porte et la conduisit au pape. Elle remercia le saint-père. « Il répondit que sa conversion était d'un si grand prix que dans le ciel il se célébrait là-dessus de plus grandes fêtes qu'elle n'en voyait sur la terre. » Le compliment était galant; il y avait de quoi tourner la tête de la plus humble, et Christine n'était pas humble.

Rome devint dès lors son séjour de prédilection. Elle y réunit ses collections, y habita de plus en plus, et sur la fin n'en bougea guère, protégée des papes, qui étaient résolus à ne pas s'en dédire et à se parer jusqu'au bout de la fille de Gustave-Adolphe. Elle exerça leur patience. Sa tenue était décidément déplorable. Le pape avait cru bien faire d'ordonner aux cardinaux de l'entourer. Les cardinaux ne lui en imposaient pas, et elle entraînait les cardinaux. Il ne se faisait pas de bruit dans Rome, il n'y avait pas un scandale, à la messe ou à la comédie, dans la rue ou sur la promenade, qu'on ne fût sûr d'apercevoir la reine Christine et son escadron de robes rouges. Les frasques se succédaient, et aussi les jeunes favoris. En même temps, elle était insolente avec la noblesse romaine, insatiable d'honneurs, toujours brouillée avec quelqu'un et oubliant alors qu'elle ne régnait plus. Un jour que le cardinal de Médicis lui avait déplu, elle braqua des canons sur la porte de son palais et tira elle-même à boulet. Les traces des boulets se voyaient encore au siècle dernier. « La patience, disait-elle, est une vertu de ceux qui manquent de courage et de force. » Elle se faisait un point d'honneur d'être sans patience.

Le saint-siège n'avait pas plus de satisfaction du côté de la religion. Elle criait sur les toits son aversion pour les entretiens pieux et les livres de dévotion. Le premier qui lui avait parlé de macérations avait été reçu de façon à n'oser jamais y revenir. Elle allait peu aux offices et y passait le temps à rire aux éclats avec ses cardinaux, en la présence même du pape. C'était intolérable. A l'issue d'une scène de ce genre, le pape lui remit un chapelet, en manière de doux reproche, et l'exhorta à s'en servir dans ses prières. Le dos à peine tourné, elle s'écria : « Je ne veux pas être une cafarde ! » Le saint-père se rabattit à solliciter de légères démonstrations de piété, pour la foule. On alla dire de sa part à Christine : « Un *Ave Maria* en public est plus méritoire qu'un chapelet dans le particulier. » Il ne la réduisit que lorsqu'elle n'eut plus le sol.

Les finances de Christine étaient encore un autre souci pour la cour de Rome. La Suède, outrée de l'abjuration, engagée d'ailleurs dans des guerres ou dans des difficultés intérieures, payait mal. Christine dépensait sans compter, sous prétexte « qu'il y a une manière de profusion qui est économie ». Elle avait un train royal. Elle rétablissait ses collections, fort entamées au départ de Suède par ses savants étrangers. La bibliothèque avait été honteusement pillée ; sur plus de 8 000 manuscrits, il n'en arriva que le quart à Rome. Nous possédons une lettre où Vossius mande à Heinsius, avec une désinvolture admirable, qu'il est en train de s'approprier *non paucos libellos rariores* de la bibliothèque de la *serenissimæ reginæ*. Il fallait de grosses sommes pour réparer ces pertes. Il en fallait d'infinies pour fournir à un désordre dont rien ne peut donner l'idée. Six mois après son entrée à Rome, Christine était harcelée par ses créanciers. Elle s'adressa au pape, qui paya et crut l'heure venue de la mater. Il lui offrit 2 000 écus par mois, à condition d'être sage. C'était trop tôt. Christine s'emporta, tempêta, envoya le reste de ses pierreries chez un prêteur sur gage, qui en donna 10 000 ducats, et s'embarqua pour Marseille. Elle se savait attendue avec impatience en France. Chacun était curieux de voir cette personne singulière, surnommée jadis la Sibylle du Septentrion et la dixième Muse, et qu'on appelait à présent, tout uniment, la « reine ambulante ». Le voyage de France fut le dernier grand succès de Christine.

VI

Mazarin avait ordonné de lui rendre de grands honneurs. Les magistrats lui présentaient les clés des villes, les prélats et gouverneurs la complimentaient, les poètes la haranguaient, les villes la traitaient magnifiquement, les habitants couraient voir la bête curieuse et s'émerveillaient de son chétif équipage d'étudiant en voyage. A Lyon, elle rencontra le duc de Guise, député pour la recevoir au nom du roi et l'amener à Compiègne, où se trouvait la cour. Le duc écrivit à un ami : « Je veux, dans le temps que je m'ennuie cruellement, penser à vous divertir, en vous envoyant le portrait de la reine que j'accompagne. Elle n'est pas grande, mais elle a la taille fournie et la croupe large, le bras beau, la main blanche et bien faite, mais plus d'homme que de femme; une épaule haute, dont elle cache si bien le défaut par la bizarrerie de son habit, sa démarche et ses actions, qu'on en ferait des gageures. »

Guise décrivait ici le visage bien connu de Christine, avec son nez aquilin et ses beaux yeux, sa perruque « fort bizarre », d'homme par devant, de femme par derrière, et il continuait : « Son corps lacé par derrière, de biais, est quasi fait comme nos pourpoints; sa chemise sortant tout autour au-dessus de sa jupe, qu'elle porte assez mal attachée et pas trop droite. Elle est toujours fort poudrée, avec force pommade, et ne met quasi jamais de gants. Elle est chaussée comme un homme, dont elle a la voix et quasi toutes les actions. Elle affecte fort de faire l'amazone. Elle a pour le moins autant de gloire et de fierté qu'en pouvait avoir le grand Gustave son père. Elle est fort civile et fort caressante, parle huit langues, et principalement la française, comme si elle était née à Paris. Elle sait plus que toute notre Académie jointe à la Sorbonne.... Enfin, c'est une personne tout à fait extraordinaire.... Elle porte quelquefois une épée avec un collet de buffle. »

Christine était « fort civile » quand elle le voulait, mais c'était au prix d'une contrainte qui lui pesait. Elle fut au bout de sa civilité devant que d'être à Compiègne. La grande Mademoiselle la visita en chemin et fut gagnée d'abord par ses flatteries et sa mine hautaine. Elles furent ensemble à la Comédie, et la grande Mademoiselle ouvrit tout à coup de grands yeux : « Elle jurait Dieu, raconte-t-elle, se couchait dans sa chaise, jetait ses jambes d'un côté et de l'autre, les passait sur les bras de sa chaise ; elle faisait des postures que je n'ai jamais vu faire qu'à Trivelin et à Jodelet, qui sont deux bouffons.... Elle répétait les vers qui lui plaisaient ; elle parla sur beaucoup de matières ; et ce qu'elle dit, elle le dit assez agréablement. Il lui prenait des rêveries profondes, elle faisait de grands soupirs, puis tout d'un coup elle revenait comme une personne qui s'éveille en sursaut : elle est tout à fait extraordinaire. »

Christine confia à Mlle de Montpensier qu'elle mourait d'envie d'être à une bataille, et « qu'elle ne serait pas contente que cela ne fût arrivé ». C'était une de ses marottes. Elle enviait les lauriers du prince de Condé et rêvait aux moyens d'être général d'armée.

Le 8 septembre 1656, elle fit son entrée dans Paris par le faubourg Saint-Antoine, escortée de plus de mille cavaliers. Elle portait un justaucorps d'écarlate, une jupe de femme, un chapeau à plumes, et elle était montée en homme sur un grand cheval blanc, des pistolets à l'arçon de sa selle et une canne à la main. La bourgeoisie avait pris les armes pour la recevoir, et le peuple formait autour d'elle une « presse furieuse », qui se renouvela chaque fois qu'elle sortit dans Paris. On la mena communier à Notre-Dame, où elle parla et remua tout le temps de la messe. Elle visita les monuments et les bibliothèques, reçut les savants et fit admirer sa connaissance des choses de la France. Elle savait le détail des familles et leurs armes, les intrigues et les galanteries de la cour et de la ville, les goûts, les travaux, les occupations de chacun. Elle partit enfin pour joindre la cour à Compiègne. Anne d'Autriche vint au-devant d'elle. Mme de Motteville, qui accompagnait la reine mère, nous a laissé le récit de la rencontre.

Christine descendit de carrosse au milieu d'une bousculade de curieux, qui obligea les deux reines à s'écarter. Louis XIV donna la main à l'étrangère et la mena dans une maison. Mme de Motteville les suivait, sans pouvoir détacher ses yeux de l'étrange figure conduite par le roi de France. « Les cheveux de sa perruque, écrit-elle, étaient ce jour-là défrisés : le vent, en descendant de carrosse, les enleva ; et comme le peu de soin qu'elle avait de son teint lui en faisait perdre la blancheur, elle me parut d'abord comme une Égyptienne dévergondée qui, par hasard, ne serait pas trop brune. En regardant cette princesse, tout ce qui dans cet instant remplit mes yeux me parut extraordinairement étrange, et plus capable d'effrayer que de plaire. » Mme de Motteville dépeint l'étrange attirail de la reine de Suède, habillée de travers, sa grosse épaule sortant « tout d'un côté », sa jupe trop courte découvrant ses souliers d'homme, et elle ajoute : « Après l'avoir regardée avec cette application que la curiosité inspire en de telles occasions, je commençai à m'accoutumer à son habit et à sa coiffure, à son visage…. Enfin, je m'aperçus avec étonnement qu'elle me plaisait, et d'un instant à un autre je me trouvai entièrement changée pour elle. Elle me parut plus grande qu'on nous l'avait dite, et moins bossue; mais ses mains, qui avaient été louées comme belles,… étaient si crasseuses, qu'il était impossible d'y apercevoir quelque beauté. »

Ces lignes sont un témoignage frappant de l'ascendant de cette fantasque créature. Quand elle voulait plaire, elle plaisait, en dépit de ses costumes ridicules, de ses allures masculines et de sa crasse. Seulement, ce n'était jamais pour longtemps; les sentiments qu'elle inspirait étaient mobiles comme son humeur. A Compiègne, elle effraya le premier quart d'heure, intéressa et amusa le second. Elle eut de l'esprit, des reparties gracieuses : on l'admira. Le soir n'était pas venu qu'on la redoutait à cause de ses impertinences. Elle emprunta les valets de chambre du roi pour la déshabiller et la servir « dans les heures les plus particulières », et cela choqua. Il y eut un retour en sa faveur le lendemain matin, quand elle reparut frisée et débarbouillée, vive et gaie. Elle divertissait extrêmement le jeune roi et était, malgré tout, en beau chemin de plaire, lorsqu'elle fut prise d'un de ses accès de jurons, impiétés et jambes en l'air. Il fallut s'accoutumer à des manières aussi nouvelles. La cour décida finalement que la reine de Suède lui représentait les héroïnes de romans de chevalerie, aux jours de la mauvaise fortune, quand Marfise et Bradamante ont leurs plumets défrisés et pendants, et ne mangent à leur faim que si quelque roi les invite à souper. L'air affamé avec lequel Christine s'était jetée en arrivant sur une collation, ajouté au mauvais état de ses nippes, autorisait ces comparaisons. Les suffrages hésitaient encore ou, plutôt, se divisaient; Christine se perdit par une maladresse. Son indiscrétion naturelle la poussa à conseiller Louis XIV sur une question délicate. Le roi était amoureux de Marie Mancini, et leur roman déplaisait à la reine mère. Christine engagea Louis XIV à en faire à sa tête, et à épouser celle qu'il aimait. Anne d'Autriche se hâta de congédier la reine de Suède, qui n'avait nulle envie de partir.

Il fallut obéir. Christine s'en alla voir Ninon de l'Enclos, qu'elle accabla de compliments. Elle parut faire plus de cas d'elle que d'aucune femme qu'elle eût encore vue, sans doute à cause de l'absence de préjugés dont la carrière de Ninon donnait la preuve. Christine voulut même lui persuader de l'accompagner chez le pape. Par bonheur, Ninon avait trop de monde pour se prêter à une démarche incongrue.

La reine reprit la route d'Italie. Elle coucha une nuit à Montargis, où la grande Mademoiselle eut la fantaisie de la revoir une dernière fois et se fit annoncer à dix heures du soir.... « On me vint dire, raconte Mlle de Montpensier, de monter seule. Je la **trouvai couchée dans un lit où mes femmes cou-**

chaient toutes les fois que je passais à Montargis, une chandelle sur la table, et elle avait une serviette autour de la tête comme un bonnet de nuit, et pas un cheveu : elle s'était fait raser il n'y avait pas longtemps; une chemise fermée sans collet, avec un gros nœud couleur de feu; ses draps ne venaient qu'à la moitié de son lit, avec une vilaine couverture verte. Elle ne me parut pas jolie en cet état. » Le lendemain, Mademoiselle mit Christine en voiture. La reine de Suède voyageait dans un carrosse de louage, que Louis XIV lui avait fait donner en y joignant l'argent pour le payer.

Elle trouva la peste à Rome, passa quelques mois dans le nord de l'Italie et revint en France, où on ne la désirait plus. La curiosité était satisfaite. Le bruit courait qu'elle était chargée par le pape de ménager la paix avec l'Espagne, et Mazarin n'aimait pas les donneurs d'avis. Elle arriva en octobre 1657 à Fontainebleau, où la cour n'était pas, logea au château, et fut priée de ne point passer plus avant jusqu'à nouvel ordre. Alors survint un événement mystérieux, qui nous jette brusquement, sans aucune préparation, de la comédie dans le drame. Une autre femme se découvre à nos yeux, que rien n'avait fait pressentir. La joyeuse Christine, prodigue et folle, la perle de la bohème, devient, en un jour fatal à sa mémoire, la sanglante Christine, implacable et féroce. Un sombre renom s'attache à cette figure pittoresque, qui n'appelait jusqu'ici que le sourire. Nous pouvons dire adieu à l'ancienne Christine; nous ne la reverrons plus.

VII

La reine de Suède avait amené à Fontainebleau deux jeunes seigneurs italiens, le marquis Monaldeschi, grand écuyer, favori de la veille, et le comte Sentinelli, capitaine des gardes, favori du jour. Monaldeschi était sottement jaloux de son successeur. Il se vengea par des lettres sur Christine, où il maltraitait la femme. Il avait aggravé sa faute en imitant l'écriture de Sentinelli. C'est du moins ce qui semble ressortir du peu qui perça. Le mystère n'a jamais été bien éclairci, car l'unique confident de la reine avait été le valet de chambre Poissonnet, et bien habile qui eût pénétré Poissonnet! Quoi qu'il en soit, le 6 novembre 1657, à neuf heures et un quart du matin, la reine de Suède envoya chercher un religieux de Fontainebleau, le père Le Bel, prieur des Trinitaires. Elle lui fit promettre le secret et lui remit un paquet cacheté, sans adresse, qu'elle se réservait de réclamer quand il lui plairait.

Le samedi suivant 10 novembre, à une heure après midi, la reine envoya chercher de nouveau le père Le Bel. Il prit à tout hasard le paquet cacheté et fut introduit dans la galerie des Cerfs, où il trouva la reine. Elle était vers le milieu de la galerie, causant de choses indifférentes avec Monaldeschi. Auprès d'eux se tenait debout Sentinelli, et un peu en arrière deux soldats italiens. Le père Le Bel avoue naïvement, dans la *Relation* qu'il a écrite de cette tragédie, qu'aussitôt entré il commença d'avoir peur, parce que le valet de chambre qui l'avait amené frappa bruyamment la porte derrière lui. Il s'approcha pourtant de la reine, qui changea de ton et de maintien en l'apercevant et lui réclama son paquet d'une voix haute. Il le lui remit. Elle l'ouvrit et en tira des lettres qu'elle tendit à Monaldeschi, en lui demandant avec violence s'il les reconnaissait. Monaldeschi pâlit, trembla, essaya de nier, finit par avouer que les lettres étaient de lui, et se jeta aux pieds de sa maîtresse en implorant son pardon. Au même instant, Sentinelli et ses deux soldats tirèrent leurs épées.

La scène qui suivit est effroyable. Il ne faut pas perdre de vue qu'elle dura deux heures et demie. Nous devons cette précision de renseignements au père Le Bel, à qui, par un phénomène assez fréquent, aucun détail n'échappait dans l'état d'horreur et de terreur où il était plongé.

A la vue des épées, Monaldeschi se leva et pourchassa la reine dans la galerie, parlant « sans relâche » pour se justifier, et même avec « importunité ». Christine ne témoignait ni ennui ni impatience. Le père Le Bel remarqua qu'elle s'appuyait en marchant « sur une canne d'ébène à pomme ronde ». Elle se laissa supplier un peu plus d'une heure, s'approcha alors du père Le Bel et lui dit avec tranquillité : « Mon père, je vous laisse cet homme entre les mains; disposez-le à la mort et ayez soin de son âme ». Le religieux, « aussi effrayé que si la sentence avait été portée contre lui-même », se jeta aux pieds de la reine, demandant grâce pour l'infortuné prosterné à ses côtés. Elle refusa froidement et passa dans son appartement, où elle se mit à causer et à rire, d'un air paisible et dégagé.

Monaldeschi ne pouvait croire que ce fût fini. Il se traînait à genoux, poussant des cris et suppliant ses bourreaux. Sentinelli en eut pitié. Il sortit, mais il revint tout triste et dit en pleurant : « Marquis, pense à Dieu et à ton âme; il faut mourir ». Monaldeschi, « hors de lui », envoya le père Le Bel, qui sanglotait et qui se prosterna devant Christine en la conjurant « par les plaies du Sauveur » d'avoir miséricorde. Elle, « le visage serein et sans altération,... lui témoigna combien elle était fâchée de ne pouvoir lui accorder sa demande. »

Cela dura une autre heure. Pendant une autre heure, le malheureux refusa de se résigner. Il commençait à se confesser, et puis l'angoisse était trop forte. Il criait, il suppliait qu'on retournât encore une fois intercéder pour lui. L'aumônier de la reine étant survenu, il se jeta sur lui comme sur un sauveur et l'expédia chez la reine. Ce fut ensuite Sentinelli, qui retourna implorer cette barbare. Christine se moquait du « poltron » qui avait peur de la mort, et elle congédia Sentinelli avec ces mots horribles : « Afin de l'obliger à se confesser, blessezle[1] ». Sentinelli rentra, « poussa » Monaldeschi « contre la muraille du bout de la galerie, où est la peinture Saint-Germain[2] », et lui porta un premier coup. Monaldeschi n'avait pas d'armes. Il para de la main, et trois doigts tombèrent sur le plancher. Le misérable reçut tout sanglant l'absolution, et une boucherie dégoûtante commença. Le marquis avait une cotte de mailles que les épées ne purent percer. Ses bourreaux le lardèrent au visage, au col, à la tête, où ils purent. Percé de coups et n'en pouvant plus, Monaldeschi entendit ouvrir une porte, aperçut l'aumônier et reprit espoir. Il se traîna jusqu'à lui en s'appuyant au mur et le renvoya encore demander sa grâce. Tandis que le prêtre sortait, Sentinelli acheva sa victime en lui perçant la gorge. Il était trois heures trois quarts.

L'effet produit sur le public fut irrémédiable. Les cœurs se soulevèrent d'horreur. Tant de cruauté froide, pour un homme qu'elle avait aimé, parut une chose sauvage. On ne se représentait pas sans une sorte d'épouvante cette jeune femme causant de futilités, à deux pas du lieu où son ami se débattait et agonisait, s'interrompant poliment pour refuser sa grâce et reprenant son discours avec sérénité. Que de fois, pendant le reste de sa vie, on lui jeta la mort de Monaldeschi à la face! Elle ne comprit jamais ce qu'on pouvait lui reprocher.

1. Motteville.
2. *Relation* du père Le Bel.

A la nouvelle du meurtre, Mazarin dépêcha Chanut à Fontainebleau pour engager la reine de Suède à ne point paraître à Paris, de peur du peuple. On a retrouvé, il n'y a pas longtemps [1], la réponse de Christine au cardinal. La lettre est de sa main, écrite de travers avec un air de furie, tachée d'encre et presque illisible :

« Mon cousin,

« M. Chanut, qui est un des meilleurs amis que je pense avoir, vous dira que tout ce qui me vient de votre part est reçu de moi avec estime; et, s'il a mal réussi dans les terreurs paniques qu'il a voulu susciter dans mon âme, ce n'est pas faute de les avoir représentées aussi effroyables que son éloquence est capable de les figurer. Mais, à dire vrai, nous autres gens du Nord sommes un peu farouches et naturellement peu craintifs. Vous excuserez donc si la communication n'a pas eu tout le succès que vous auriez désiré; et je vous prie de croire que je suis capable de tout faire pour vous plaire, hormis de craindre. Vous savez que tout homme qui a passé trente ans ne craint guère les sorciers. Et moi, je trouve beaucoup moins de difficulté à étrangler les gens qu'à les craindre. Pour l'action que j'ai faite avec Monaldeschi, je vous dis que, si je ne l'avais faite, que je

[1]. La lettre a été retrouvée aux archives du ministère des affaires étrangères par M. A. Geffroy, qui l'a publiée dans le *Recueil des instructions données aux ambassadeurs et ministres de France en Suède*. Paris, 1885.

ne me coucherais pas ce soir sans la faire ; et je n'ai nulle raison de m'en repentir. (*Ici, quelques mots illisibles.*) Voilà mes sentiments sur ce sujet ; s'ils vous plaisent, je serai aise ; si non, je ne laisserai pas de les avoir et serai toute ma vie votre affectionnée amie.

« Christine. »

Cette lettre ne raccommodait rien. On laissa Christine se morfondre trois mois à Fontainebleau. Elle envoya demander une invitation à Cromwell, que les tragédies effarouchaient peu d'ordinaire, et qui « feignit de ne pas comprendre ». Elle s'entêta à venir aux jours gras à Paris (février 1658), courut les lieux publics affublée en masque, fut traitée avec la dernière froideur par la reine mère et promptement éconduite. La veille de son départ, elle vint assister à une séance de l'Académie française [1]. L'Académie, prise au dépourvu, commença par épuiser la provision de petits vers de ses poètes : des madrigaux de M. l'abbé de Boisrobert ; un « sonnet sur la mort d'une dame », de M. l'abbé Tallemant ; une « petite ode d'amour » de M. Pellisson ; des vers du même « sur un saphir qu'il avait perdu et qu'il retrouva depuis ». On eut recours ensuite au dictionnaire pour achever de remplir la séance. On l'ouvrit au mot *jeu*, et « monseigneur le chancelier », se tournant vers la reine, dit d'un air aimable que le

1. *Mémoires* de Conrart.

mot « ne déplairait pas à Sa Majesté, et que sans doute le mot de *mélancolie* lui aurait été moins agréable ». On lut ensuite cet exemple : *Jeux de princes; qui ne plaisent qu'à ceux qui les font.* C'était un à-propos, le lendemain de la mort de Monaldeschi. Tous les yeux regardèrent Christine, qui rougit, perdit contenance et se força à rire, d'un rire contraint. Presque aussitôt, elle fit une révérence à la compagnie et s'en alla, reconduite avec force saluts par « monseigneur le chancelier » et tous les académiciens. Ce furent les adieux de Paris à Christine. Elle se remit en route le lendemain, avec de l'argent donné par Mazarin, et retourna à Rome faire enrager le pape.

VIII

C'en était fait de la brillante Christine. Il lui restait plus de trente ans à vivre, et ce long espace fut une longue chute. Elle gardait la passion d'étonner le monde, et elle avait lassé l'étonnement. Elle s'obstina à le réveiller, et se rendit insupportable. Le monde n'est pas tendre aux vieilles héroïnes. On commençait à traiter la reine de Suède de « pelée », à murmurer les noms d'aventurière et d'intrigante. On se demandait avec défiance pour quels services Mazarin lui avait donné 200 000 livres. On s'intéressait de moins en moins à cette vagabonde, qui frappait aux portes sans vergogne. Elle était toujours crainte, parce qu'elle était habile et sans scrupule; elle n'était plus estimée, et c'était justice. A son retour de France, elle commit une action plus criminelle encore, et plus basse, que le meurtre de Monaldeschi. Elle n'eut pas honte — elle l'ancienne souveraine de la Suède, elle qui n'avait jamais trouvé chez son peuple que dévouement et bonté, elle qui avait déserté son poste pour aller courir les grandes routes, — elle n'eut pas honte d'envoyer Sentinelli à l'empereur d'Allemagne avec le message que voici : « Que puisque Charles-Gustave, roi de Suède, ne lui payait pas la pension stipulée de 200 000 écus par an, et la laissait manquer de l'argent nécessaire, elle priait l'empereur de lui vouloir prêter 20 000 hommes sous la conduite du général Montecuculli, moyennant quoi elle espérait de conquérir la Poméranie (suédoise), où elle avait nombre de partisans. Elle s'en réservait les revenus sa vie durant, et, après sa mort, la Poméranie retournerait à l'empire. » Ainsi, elle offrait de faire la guerre à sa patrie, et de la démembrer, pour une question d'argent, parce que la Suède, qu'elle avait contribué à ruiner, ne la payait pas exactement! C'est d'une créature qui n'avait rien de royal dans l'âme. Elle appartenait à ce qu'elle-même appelait la « canaille de rois ».

La négociation n'eut pas de suites pour le moment, sans qu'on en sache bien la cause.

Le pape fit de son mieux pour remettre un peu de dignité dans cette existence dévoyée. Il donna à

Christine une pension de 12 000 écus, et y joignit un intendant pour tenir ses comptes et diriger sa maison. Le choix de Sa Sainteté était tombé sur un jeune cardinal, Dece Azzolini, « bel homme » d'une « physionomie heureuse », spirituel et instruit, habile, souple, intéressé, qui « passait la plupart du temps en des entretiens amoureux ». Le succès de l'intendant fut foudroyant. Il fut le *divin*, l'*incomparable*, l'*ange*. Christine le comparait à son héros de prédilection, Alexandre le Grand. Azzolini paya sa faveur par de réels services. Il réforma la maison de la reine, arrêta le coulage et le pillage, dégagea les pierreries et la vaisselle. Il ne put faire cependant que 12 000 écus fussent assez pour tenir une cour et acheter des raretés. Les tiraillements continuèrent avec la Suède, et les négociations avec les financiers, et les aigreurs à propos de choses d'argent. Les correspondances de Christine avec ses gens d'affaires laissent une impression de harassement. Toujours des expédients, des compromis, des habiletés. Jamais le ton de la bonne maison, dont les affaires sont claires et qui n'a besoin de personne.

C'est un grand malheur pour une princesse d'en être aux expédients. Christine avait un autre chagrin, que plus d'un lui avait prédit quand elle abdiqua : elle regrettait la couronne. Quand elle eut bien joui et abusé de sa liberté, rassasié les cours et la populace de la vue de son justaucorps, elle eut envie de quelque chose de nouveau. Que faire cependant? Quel coup de théâtre imaginer? Elle n'avait pas renoncé à être un grand général, mais il y avait peu d'apparence que les souverains lui confiassent leurs armées. Elle songea à redevenir reine, ou roi, au choix des peuples.

En 1660, elle apprit la mort de son cousin et successeur, Charles-Gustave. Il laissait un enfant de quatre ans, Charles XI, très débile au dire de Christine, très bien portant d'après les états de Suède. La reine partit pour Stockholm, sous prétexte de veiller à ses pensions, traversa rapidement l'Allemagne, entra à Hambourg le 18 août (1660) et fut suppliée par le gouvernement suédois de ne pas venir en Suède; quels que fussent ses projets, il était dans sa destinée de semer le vent et de récolter la tempête, et le gouvernement redoutait sa présence. Pour toute réponse, elle brusqua son débarquement. La régence lui rendit les plus grands honneurs et se mit sur ses gardes. Elle fut impérieuse, imprudente; elle froissa la nation en affichant son catholicisme. On fut dur, insolent, on démolit sa chapelle, on chassa son aumônier et ses domestiques italiens. Le clergé suédois lui vint faire des reproches, et ses yeux contemplèrent l'orgueilleuse Christine pleurant de rage. Elle envoya aux états une *Protestation*, où elle réservait ses droits au trône en cas de mort du petit Charles XI. Les états la lui renvoyèrent une heure après, et la sommèrent de signer une renonciation formelle, sous peine de perdre sa pension. On assure que la colère de Christine se voit dans sa signature. On la poussa enfin hors de Suède à force de tracasseries.

Une semblable réception l'aurait dégoûtée à jamais de la Suède, si elle n'avait su que la fille du grand Gustave y gardait, malgré tout, un parti. Ainsi s'explique sa seconde tentative de 1667, qui aboutit à un affront encore plus sanglant. Le sénat et la régence arrêtèrent : « de ne pas souffrir ni permettre à Sa Majesté la reine Christine de rentrer en ce royaume ou en quelqu'une de ses provinces, à l'exception de la Poméranie, de Brême et de Verden, encore moins qu'elle vienne à la cour de Sa Majesté ». On envoya au-devant d'elle, sur la route de Stockholm, un courrier qui la joignit à minuit passé. Il lui apportait des conditions si dures et offensantes qu'elle demanda des chevaux à l'instant et sortit de Suède pour n'y plus rentrer. D'après une lettre de Pierre de Groot, ambassadeur de Hollande en Suède, là aussi la mort de Monaldeschi pesait lourdement sur sa gloire.

Elle s'en fut passer au retour par le duché de Brême, où elle visita un camp suédois commandé par Wrangel, qui avait servi sous son père. Christine voulut leur montrer à tous ce qu'elle savait faire. Parée d'un fringant uniforme et montée sur un bon cheval, elle caracola à travers les rangs et commanda la manœuvre. Il va de soi qu'elle la commandait tout de travers. Le vieux Wrangel riait et réparait à mesure ses erreurs. Christine continuait sans se troubler, car rien ne lui paraissait plus sérieux que sa vocation de capitaine. Elle était justement en intrigue pour se faire nommer roi de

Pologne, et ses agents avaient ordre de faire valoir l'avantage de la posséder à la tête des armées. « Je proteste, écrivait-elle, que la seule espérance de cette satisfaction me fait souhaiter la couronne de Pologne. »

L'aventure de Pologne est la plus bizarre d'une existence tissue de bizarreries. Le chef-d'œuvre de la carrière de Christine est assurément d'avoir persuadé au pape d'appuyer sa candidature au trône laissé vacant par l'abdication de Jean-Casimir. Les pièces relatives à la négociation ont été publiées; jamais les auteurs de féeries n'ont inventé une diplomatie d'une fantaisie aussi superbe. Le pape ayant recommandé Christine à la diète polonaise par un bref où il vantait « sa piété, sa prudence et son intrépidité tout à fait mâle et héroïque », Christine écrivit au nonce : « Quant au point de la piété dont le pape fait mention dans son bref, il vous plaira que je vous dise que je ne pense pas à l'alléguer pour moi auprès de ces gens-là, car j'estime ne pas mériter cet éloge, surtout auprès d'eux ». La diète polonaise, effarée d'un prétendant aussi inattendu, se hâta de présenter pêle-mêle les objections qui lui vinrent à l'esprit; Christine eut réponse à tout. On lui opposait son sexe? Elle serait roi, et non pas reine, et commanderait l'armée; on ne pouvait pas exiger davantage. La mort de Monaldeschi? « Je ne suis pas d'humeur, répliqua-t-elle, à me justifier de la mort d'un Italien à messieurs les Polonais. » D'ailleurs elle lui avait fait « donner tous les sacrements dont il était capable, avant que de le faire mourir ». On craignait ses vivacités? « Pour les coups de bâton à un valet, quand je les aurais fait donner, je ne pense pas que ce fût un grand chef d'exclusion. Mais si cela suffit pour exclure les gens, je ne pense pas que les Polonais trouvent jamais de rois. » La diète ne fut pas persuadée, et la candidature de Christine resta sur le carreau.

L'entreprise de Pologne était un pas de clerc à ajouter à tant d'autres. Christine ne les craignait pas, convaincue que le monde est à ceux qui osent et qui hasardent. « La vie est un trafic, disait-elle; on ne saurait y faire de grands gains sans s'exposer à de grandes pertes. » Elle passa le trône de Pologne aux profits et pertes et n'y songea plus. Elle avait bien compté procéder de même pour l'affaire de Fontainebleau, mais elle se heurtait ici à un obstacle inattendu : la conscience publique. L'obstacle l'irritait sans la troubler. Elle s'étonnait de le retrouver partout. Après la France, la Suède. Après la Suède, la Pologne. Qu'est-ce qu'ils avaient donc tous à lui reprocher la mort de Monaldeschi? C'était pourtant bien simple. « Il faut, écrivait-elle, punir dans la forme de justice quand on peut; mais quand on ne peut pas, il faut toujours punir comme on peut. » Elle plaignait son siècle d'avoir des sentiments assez bas pour s'inquiéter de la mort d'un domestique, tué sur l'ordre d'une reine. De temps en temps elle éclatait, pour faire taire le murmure importun qui montait de toutes parts vers elle : « Écrivez à

Heinsius de ma part... que toutes les fariboles qu'il écrit au sujet de Monaldeschi me paraissent aussi ridicules et téméraires en lui qu'elles le sont en effet; et que je permets à toute la Westphalie de croire Monaldeschi innocent, si l'on veut : que tout ce qu'on en dira m'est fort indifférent. » Cette lettre est du 2 août 1682, vingt-cinq ans après le crime. Et le murmure ne se taisait pas. Il ne se tut jamais.

On a dit que l'ombre de Monaldeschi s'était assise au lit de mort de Christine, comme l'ombre de Banco au banquet de Macbeth. C'est pure invention d'esprit romanesque. Elle ne pensa même pas à cette vétille.

Le second voyage en Suède clôt les aventures de Christine à travers l'Europe. Non point qu'elle n'eût encore des démangeaisons d'aventures. En 1675, elle revint à la charge auprès de la cour de Vienne, afin d'obtenir des troupes pour arracher la Poméranie à la Suède et la donner à l'empire. Ses honteuses instances se prolongèrent plus d'une année. Repoussée par l'empereur, elle se tourna du côté de la France, à qui elle suggéra de profiter des embarras de la Suède pour l'obliger à abolir les lois contre la religion catholique. Suivait le prix auquel Sa Majesté Suédoise estimait ses renseignements et ses petits services. (Lettres et dépêches de 1676 et 1677.) N'ayant point réussi non plus avec la France, elle tâtait de nouveau la Suède, sur le bruit que

Charles XI s'était tué en tombant de cheval (1682), lorsqu'on apprit que Charles XI n'était pas mort. Plus tard encore, à soixante ans passés, Christine voulut quitter Rome parce qu'on y méconnaissait ses prérogatives royales. Elle s'était querellée à ce propos avec Innocent XI, pape fort économe, qui ne dépensait, d'après la légende, qu'un demi-écu par jour pour la table et le reste. Une pension de 12 000 écus à une reine aussi incommode lui parut un abus : il supprima la pension. Christine resta pourtant, faute de savoir où aller.

Le temps des cavalcades était passé. La voilà fixée, cette reine vagabonde, la voilà vieille, « fort grasse et fort grosse », le « menton double », les cheveux coupés courts et hérissés ». Elle porte toujours son justaucorps, sa jupe courte et ses gros souliers. « Une ceinture par-dessus le justaucorps, laquelle bride le bas du ventre et en fait amplement voir la rondeur [1]. » Il ne peut plus être question de culottes chamarrées. Ainsi tournée et accoutrée, elle a l'air encore plus petite et encore moins femme qu'autrefois. On s'explique l'embarras des Italiens, qui discutaient sur son sexe, ne pouvant se résoudre à en faire ni un homme ni une femme. Adieu l'amazone ! La savante a reparu ; il n'y a plus place que pour elle. Au moment de sa brouille avec le Saint-Siège, Christine avait encore eu une velléité guerrière et parlé de descendre dans la rue à la tête de ses

---

1. Misson, *Nouveau voyage d'Italie*, t. II.

gardes. Le pape lui épargna ce dernier ridicule en feignant d'ignorer ses bravades.

Il y aurait beaucoup à dire sur la savante. Elle était de ces philosophes qui croient aux almanachs, et s'occupait trop d'alchimie et d'astrologie pour un esprit qui voulait être viril. Elle ne concevait l'astronomie qu'assujettie à une censure religieuse, et voulait qu'on changeât les passages que Rome déclarait hérétiques. D'autre part, son impulsion fut peu favorable aux nombreuses académies qu'elle fonda ou patronna. Était-il bien utile de réunir des prélats, des moines et des érudits, pour proposer à leurs réflexions des sujets tels que ceux-ci : « On n'aime qu'une fois en sa vie. — L'amour exige de l'amour. — Il rend éloquents les gens non éloquents. — Il inspire la chasteté et la tempérance. — On peut aimer sans jalousie, mais jamais sans crainte. »

En 1688, elle enfla et eut un érésipèle. C'était un avertissement. Elle l'entendit et se hâta de mettre le temps à profit pour préparer sa dernière représentation. Le costume la préoccupait. Elle voulait qu'il fût neuf de forme, riche et singulier, afin d'étonner une dernière fois les spectateurs. Elle inventa une sorte d'habit qui tenait de la jupe et du manteau, et le fit faire « de brocart à fond blanc broché à fleurs et autres ouvrages d'or, garni d'agréments et de boutons à cannetilles d'or, avec une frange de même au bas ». Elle l'essaya devant sa cour, la veille de Noël, marchant dans la chambre pour juger de l'effet. Le costume allait bien; Dieu pouvait lever la toile et la faire mourir.

Le divin régisseur lui donna trois mois de répit pour songer que la comédie avait peut-être une suite dans l'autre monde, puis il frappa les trois coups. On était au mois d'avril 1689. Christine s'affaiblissait rapidement. Quand elle fut hors d'état de discuter, le cardinal Azzolini, son intendant, lui présenta un testament à signer, l'assurant « qu'il était avantageux pour la maison de Sa Majesté ». Christine signa sans lire. Le testament instituait Azzolini légataire universel. Les meubles et les collections valaient des millions. Elle expira peu après, le 19 avril 1689. Si les morts voient, elle dut être contente; l'apothéose du cinquième acte fut éblouissante.

On lui mit le bel habit de brocart à cannetilles d'or, une couronne royale sur la tête, un sceptre dans sa main de cadavre, et on la mena dans son carrosse de gala jusqu'à l'église Sainte-Dorothée, sa paroisse, où on l'étendit sur un lit de parade. Trois cents flambeaux de cire blanche inondaient la nef de lumière. L'église était toute tendue de deuil, ornée d'écussons et de bas-reliefs en faux marbre blanc, « qui faisaient allusion à la vanité de la vie et à la certitude de la mort ». Vers le soir, des hommes chargèrent le lit de parade sur leurs épaules et l'on se mit en route pour Saint-Pierre. Les savants et les artistes ouvraient la marche. Venaient ensuite 16 confréries, 17 ordres religieux, 500 autres frères portant des cierges, les clergés de Sainte-Dorothée et de Saint-Pierre, la maison de Christine en habits de deuil, Christine elle-même sur son lit de parade, encore plus belle que dans l'église : on lui avait ajouté un manteau royal, violet et bordé d'hermine. Derrière le lit, une pompe éclatante : grands seigneurs et cardinaux, officiers et archevêques, écuyers et valets, carrosses dorés et chevaux caparaçonnés, un chatoiement d'étoffes et de broderies, un ondoiement de plumes, un fouillis de livrées galonnées, d'uniformes brodés et d'ornements d'église. C'était aussi beau que le jour de l'entrée de Christine à Rome. Le peuple s'étouffait de même pour la voir, et le costume de brocart faisait décidément très bien ; il cachait la taille énorme et l'épaule trop haute. C'était un enterrement tout à fait réussi : *Plaudite, cives!*

Ce fut son cri jusque dans la mort, et elle n'en avait pas eu d'autre dans la vie. L'*Autobiographie* réclame déjà les applaudissements pour Christine au maillot, qui ne pleurait pas aux visages nouveaux et ne s'endormait pas aux harangues : *Plaudite, cives!* Applaudissez l'écolière de génie, la cavalière incomparable, la savante unique au monde, le monarque sans rival, à la fois mâle et femelle, grand politique, grand diplomate, grand général et grande amoureuse. Applaudissez le joyeux étudiant, bonnet sur l'oreille, l'aventurière hardie et adroite, la reine tragique qui tue comme au beau temps des royautés, la huitième merveille du monde, le grand prodige de son siècle : *Plaudite, cives!*

La pièce marcha très bien jusqu'à Saint-Pierre. Là, on mit la morte dans une bière, qu'on descendit dans un caveau, et Christine attendit ce que dirait a postérité.

Les suffrages se partagèrent très inégalement. Quelques-uns la défendirent, éblouis par tant de qualités éclatantes. La plupart la condamnèrent, indignés de sa férocité, de ses mœurs indécentes et de ses lâches trahisons pour de l'argent. Aujourd'hui, en remuant la poussière des vieux documents où est enfouie l'existence de la reine Christine, on ne voit plus ses yeux brillants, la joie de son sourire et son geste gamin. On n'entend plus ses ripostes spirituelles et effrontées. On ne subit plus l'attrait de sa grâce équivoque de cavalier femme. Et l'on a devant les yeux la Relation du père Le Bel, la correspondance avec Montecuculli et l'empereur, les propositions de 1676-1677 à la France, les âpres discussions d'intérêt avec la Suède. Ni les talents de Christine, ni son intelligence supérieure, ni sa science, ni son courage, ne peuvent alors la sauver d'un jugement terrible : elle est en dehors de l'humanité consciente et responsable. Ce corps dévié renfermait une âme contrefaite, ne discernant pas le bien et le mal. La brillante Christine, qui eut presque du génie, était un monstre au moral.

MÉMOIRES

D'UNE

PRINCESSE ARABE

La vie de la femme arabe nous est mal connue, et nous en sommes réduits à deviner ses sentiments et ses idées. Il est vite fait de dire qu'elle ne compte pas, n'étant rien qu'un petit animal sensuel qu'on mène par la crainte. Il est vite fait de lui accorder beaucoup de compassion, avec un peu de mépris, et de croire qu'il n'est pas une princesse d'Arabie ou d'Afrique qui ne consentît avec joie à être balayeuse chez nous. Peu de princesses ayant eu jusqu'ici l'occasion d'en faire l'épreuve, et aucune ne nous ayant raconté ses impressions, nous étions libres d'en croire ce qu'il nous plaisait.

Voici qu'une d'entre elles s'est mise à nous faire ses confessions [1]. Une fille de sultan, après avoir vécu vingt ans en altesse musulmane, s'est fait

---

1. *Memoiren einer arabischen Prinzessin*, par Emilie Ruete, 2 vol. Berlin.

enlever par un marchand de Hambourg, et a mené vingt autres années la vie d'une brave ménagère allemande. Elle a appris dans ce nouveau milieu à analyser tant bien que mal ses sensations, et elle a publié des *Mémoires*. L'objet de son récit candide est justement de comparer la première partie de sa vie à la seconde, la famille arabe à la famille chrétienne. Si les volumes de la transfuge qui s'appelle aujourd'hui, de son nom de chrétienne, Mme Émilie Ruete, tombent jamais, d'aventure, sous les yeux d'un de ses compatriotes, il la blâmera en son cœur d'avoir raconté ce qui devait être tu, d'avoir ouvert à tous les regards le harem de son propre père et dévoilé les secrets de la vie domestique dans la maison qui fut la sienne. Pour nous, qui n'avons pas les mêmes raisons d'être choqués, ces pages sincères ont d'autant plus de prix, qu'elles sont écrites avec la conviction de bouleverser nos idées. Nous allons retracer le tableau de la jeunesse de Mme Ruete, tel qu'elle-même nous le présente. Le lecteur décidera ensuite jusqu'à quel point sa confiance était sage et juste.

I

Elle était née dans un palais de l'île de Zanzibar, elle s'appelait Salmé, et elle était couleur chocolat. Son père était le glorieux Sejjid-Saïd, iman de Mascate en Arabie, sultan de Zanzibar par droit de conquête depuis 1784. Il semble qu'elle soit venue au monde vers 1844, alors que son père avait au moins quatre-vingts ans, mais elle ne prononce aucun chiffre, peut-être parce qu'elle-même ne sait qu'à peu près la date de sa naissance. Les dates et les nombres existaient à peine dans le milieu où elle a grandi. On y était à l'abri de la manie de calculer qui donne de la sécheresse à notre vie, en lui ôtant beaucoup d'imprévu. Les événements du passé flottaient au hasard dans les mémoires. On flottait soi-même dans le temps, sans autre mesure de la vie que la vie elle-même. La petite princesse Salmé voyait bien que son père avait la barbe blanche, que plusieurs de ses sœurs auraient pu être ses grand'mères, qu'un de ses neveux était presque un vieillard et que beaucoup de générations de femmes s'étaient succédé dans le harem : la chronologie de tous ces personnages lui échappait, comme aussi leur compte exact. Combien avait-elle eu de frères et de sœurs ? Combien son père avait-il eu d'épouses légitimes ? Combien d'épouses illégitimes, de *sarari* [1] ? Elle l'ignorait, et cette ignorance était poétique. Il entrait dans ses affections de famille une part de mystère et d'inconnu qui avait un grand charme. Elle éprouva des émotions délicieuses en pénétrant pour la première fois dans le harem de ville de son père, où elle allait trouver une légion de frères et de sœurs qu'elle n'avait jamais vus. Elle

1. Au singulier, *surie*.

marcha tout un jour de découverte en découverte, et elle trouva cela très intéressant.

Elle-même avait passé sa première enfance dans le harem de campagne de Sejjid-Saïd, proche la ville de Zanzibar. L'endroit se nommait Bet-il-Mtoni, et c'était le plus bruyant et le plus compliqué des palais. Bet-il-Mtoni se composait à l'origine d'une cour immense, entourée de bâtiments. A mesure que la famille s'était accrue, on avait ajouté une aile, une galerie, un pavillon, collés les uns aux autres dans un vaste et pittoresque fouillis. Depuis si longtemps que cela durait, le palais était devenu une petite ville d'un millier d'habitants. Il y avait un nombre si prodigieux de chambres, de portes, de corridors et d'escaliers; un tel enchevêtrement de constructions de toutes formes et de toutes grandeurs, qu'il fallait une longue habitude pour s'y reconnaître. D'un bout à l'autre de ce labyrinthe bruissait une cohue bariolée et chatoyante de femmes brunes, noires et blanches, d'enfants clairs ou foncés, d'eunuques grondeurs et d'esclaves des deux sexes : porteurs d'eau, cuisiniers, nègres coureurs, masseuses, nourrices, brodeuses, enfin l'interminable domesticité des pays d'Orient. Les couleurs vives se heurtaient dans les costumes, les bijoux étincelaient aux bras des femmes, à leurs oreilles, à leur cou, à leurs jambes, sur leur tête. Les mendiantes mêmes, dit la princesse Salmé, avaient des bijoux; on n'est pas une femme, à Zanzibar, si l'on n'a des anneaux de jambes et des bracelets. Des nuées de perroquets et de pigeons, voletant, jacassant et roucoulant dans les galeries ouvertes, ajoutaient au papillotage et au vacarme de cette foule remuante, qui s'interpellait dans une douzaine de langues et de patois. Les eunuques querellaient les esclaves et les renvoyaient à leur ouvrage avec des coups. Les enfants criaient et se bousculaient. Les sandales de bois des femmes claquaient sur les dalles de marbre, et les pendeloques d'or de leurs chevilles nues tintaient délicatement.

La cour était le grand passage, la grande salle de jeux, le grand refuge des oisifs et des paresseux, la grande ménagerie et la grande basse-cour. Des multitudes de canards, d'oies, de pintades, de paons et de flamants, des gazelles apprivoisées et des autruches y vivaient en liberté. Les habitants des diverses parties du palais la traversaient en se rendant les uns chez les autres. Les gens du dehors, messagers, porteurs de fardeaux, artisans, fournisseurs, s'y croisaient dans un pêle-mêle affairé. A l'une des extrémités, une douzaine de larges bassins, entourés de galeries couvertes, recevaient jour et nuit des centaines de baigneurs et de baigneuses. On y arrivait en passant sous des orangers énormes, aux branches peuplées et bruyantes, car elles servaient d'asile ordinaire à tous les enfants qui avaient mérité le fouet. Enfin c'était dans la grande cour que les jeunes princes et leurs sœurs apprenaient des eunuques à monter les pur-sang de l'Oman et les grands ânes blancs de Mascate. Matin et soir, ils prenaient leurs leçons, évoluaient et galopaient, juchés sur de hautes selles brodées. Les lamelles d'or et d'argent des harnais faisaient un cliquetis sonore, et des bandes d'oiseaux effarés fuyaient devant les pieds des bêtes. Mouvement, bruit, lumière, couleur, tout était intense à Bet-il-Mtoni, tout frappait avec vivacité les yeux et les oreilles.

Il n'y avait dans tout le palais qu'un coin tranquille et silencieux : c'était l'appartement du maître de tant de biens, le vieux Sejjid-Saïd à la barbe de neige. Il habitait une aile donnant sur la mer, et ses fenêtres ouvraient sur une vaste terrasse ronde, surmontée d'un toit pointu, en bois peint, et fermée par des balustrades également en bois peint. Cet édifice inspirait une admiration sans bornes à la princesse Salmé, qui le compare à un gigantesque établissement de chevaux de bois, sans les chevaux de bois. Quand le vieux sultan n'était pas occupé à donner des audiences ou à faire ses prières, il s'en allait seul sur sa terrasse, et on le voyait se promener de long en large pendant des heures, la démarche boiteuse à cause d'une ancienne blessure, la tête penchée en avant, l'air absorbé et soucieux. Qui saurait dire quels ennuis courbaient cette tête blanchie ? Il en est de communs à tous les monarques, sous toutes les latitudes, mais Sejjid-Saïd en avait d'autres qui nous échappent. Il nous est impossible de nous imaginer ses réflexions lorsqu'un de ses enfants, ou l'une de ses *sarari*, venait lui adresser une prière, et qu'il était obligé de les renvoyer à leur tyran commun, l'épouse légitime, l'impérieuse *bibi* Azzé.

Bibi est un mot souali signifiant *celle qui donne des ordres*, et qui s'emploie à Zanzibar dans les cas où nous disons *Son Altesse*. Il convenait admirablement au tout petit bout de femme, sans jeunesse et sans beauté, privée d'enfants, qui tenait Bet-il-Mtoni sous sa férule et décidait souvent des affaires de l'État. Elle était la dernière des *bibis* de Sejjid-Saïd, la seule survivante, et elle avait appesanti sur lui un joug plus lourd que celui du plus opprimé des maris chrétiens. C'est en vain que le Coran a dit : « Les hommes sont supérieurs aux femmes.... Les maris ont le pas sur leurs femmes. » Bibi Azzé laissait dire le Coran et dictait ses volontés. C'est en vain que Sejjid-Saïd s'était attaché à énerver l'influence inévitable de l'épouse en la fractionnant, qu'il avait ajouté les jeunes Persanes aux jeunes Arabes, les jeunes Abyssines aux jeunes Circassiennes, jusqu'à ce que Bet-il-Mtoni devînt une ruche colossale, que Bet-il-Sahel, son palais de ville, fût comble, qu'un troisième et un quatrième palais regorgeassent à leur tour. Il n'en obéissait pas moins avec docilité à la terrible Azzé, et il n'y gagnait que d'être pris entre deux feux. D'une part, le troupeau de ses *sarari*, qui avaient toujours quelque chose à demander; de l'autre, une créature despotique, à qui il soumettait jusqu'aux caprices innocents ou baroques des jeunes favorites. Les impressions d'enfance les plus vives de la princesse Salmé se rapportent à cette belle-mère redoutée. Il lui semble encore la voir passer suivie de son cortège, l'air hautain, très raide dans toute sa petite personne. Chacun demeurait pétrifié à son aspect. Sa belle-fille est obligée d'emprunter une comparaison à l'armée prussienne, où le sentiment de la hiérarchie est si vif, pour nous faire comprendre à quel point on avait la conscience de son néant devant bibi Azzé. — « Tous ceux, dit-elle, qui la rencontraient dans la maison, étaient anéantis de respect comme un conscrit d'ici devant un général. » — Il ne se peut rien dire de plus fort.

La vieille sultane ne sortait guère de son palais blanc, enseveli dans les grands cocotiers. Sejjid-Saïd portait sa chaîne auprès d'elle pendant quatre jours de la semaine. Il allait passer les trois autres à Zanzibar, dans l'heureux Bet-il-Sahel, où il n'y avait pas de *bibi* et où personne ne connaissait la contrainte. Lui-même prenait alors une autre physionomie. On lisait sur son visage qu'il était en congé. Les trois jours écoulés, il revenait subir les caprices d'Azzé et tourner en rond sur sa terrasse. Comment l'avait-elle réduit là ? Par quels liens mystérieux le tenait-elle ? Soit ignorance, soit discrétion, la princesse Salmé garde le silence sur cette énigme. Elle se borne à constater à plusieurs reprises « le pouvoir incroyable » que sa belle-mère exerçait sur son père.

Sejjid-Saïd n'avait pas toujours été dompté. Il avait eu jadis des colères de fauve. On se contait tout bas dans le harem qu'il s'était jeté un jour, le sabre à la main, sur une bibi qui avait eu des torts, et qu'il l'aurait tuée sans l'intervention d'un eunuque. L'âge avait eu raison de sa vivacité, et le bouillant conquérant de 1784 avait pris l'air débonnaire d'un roi de féerie. On en abusait un peu à Bet-il-Sahel, où les sarari et leurs filles en faisaient à leur tête. La princesse Salmé, qui y passa la plus grande partie de son temps à dater de sa septième ou huitième année, ne nous déguise rien de cet intérieur extravagant.

C'est la première fois que nous sommes initiés par un écrivain très bien renseigné, et tout à fait digne de foi, aux soucis d'un homme en possession de cent femmes ou davantage. Ses tribulations surpassent encore ce que nous imaginions. Il est vrai que Sejjid-Saïd prenait plaisir à braver les difficultés. Presque centenaire, il continuait à faire venir d'Asie et d'Afrique de jolies filles dont les jeunes passions agitaient ses palais. Les Abyssines se distinguaient entre toutes par leur cœur orageux. Jalouses et vindicatives, elles étaient promptes à la colère et tenaces dans leurs rancunes. Les Circassiennes, plus calmes, n'en étaient pas plus faciles à gouverner. Elles avaient conscience de leur supériorité de race et se montraient arrogantes. L'une d'elles, nommée Courschit, déjà sur le retour, était la seule personne dans tout le royaume qui fût capable de tenir bibi Azzé en échec. Elle avait un fils qu'elle dominait entièrement et par lequel elle avait une main dans les affaires publiques. D'une force de volonté peu commune, elle s'était fait une place à part à Bet-il-Sahel, où chacun la consultait avec déférence. Sa haute taille et son regard pénétrant, auquel rien n'échappait, faisaient peur aux petits enfants. Chacun admirait son intelligence, mais on ne l'aimait pas.

Aucune de ces créatures primitives n'avait la moindre notion d'une discipline morale. La nature les avait faites bonnes ou mauvaises. Les mœurs leur imposaient l'observance de certaines règles extérieures. L'idée de se vaincre soi-même leur était aussi étrangère que l'idée de la précession des équinoxes. Tant mieux si leurs instincts étaient bons; s'ils étaient mauvais, la crainte du châtiment était pour elles le commencement, le milieu et la fin de la sagesse, et cette sagesse telle quelle leur était rendue plus difficile encore par les rivalités de races. On se groupait par nations et par couleurs, et il naissait de ces alliances des inimitiés et des amitiés également furieuses. Les harems de Sejjid-Saïd étaient des fournaises de haine et d'amour. Les passions y avaient une violence grandiose, inconnue à nos sociétés policées où chacun est dressé de longue main à se maîtriser. La princesse Salmé fut frappée du contraste à son arrivée en Europe. Elle crut que nos sentiments étaient pâles et froids comme notre ciel, et elle nous plaignit, car elle est bonne. Depuis vingt ans, elle cherche une Allemande qui sache le sens des mots *aimer* et *haïr* comme le savait la dernière de ces filles incultes, que nous méprisons dans notre orgueil de civilisés, et elle ne l'a pas trouvée. Elle ne la trouvera jamais, et ne comprendra jamais pourquoi. Dès qu'elle parle de ces sortes de choses, il éclate aux yeux que l'Arabe et l'Européen sont deux frères ennemis, aussi inintelligibles l'un à l'autre qu'ils sont irréconciliables.

Vingt ans d'éducation chrétienne et allemande ont passé sur la princesse Salmé, et elle demeure aussi incapable que le premier jour de s'assimiler nos manières de sentir et nos idées. Elle garde l'impression persistante d'une diminution de vie, qui date du jour où elle a quitté son pays. Si elle savait manier les idées abstraites, elle nous dirait : « C'est vous qui prenez pour la vie ce qui n'en est que le fantôme, qui vous amusez de jouets puérils, tels que des chemins de fer et des observatoires. Rien ne compte pour l'homme que ce qu'il a senti, et l'on sentait plus en une semaine à Bet-il-Sahel qu'à Berlin en une année. Mon père, le grand Sejjid-Saïd, en savait plus long sur les passions qu'un philosophe allemand. Il était le vrai sage. Vous vous figurez que l'Oriental, parce qu'il est grave et réservé, dort sa vie, et je vous déclare, moi fille d'esclave, qui ai goûté aux deux coupes, que c'est la vôtre qui est insipide. »

Je vois bien ce que nous pourrions lui répondre. Je vois non moins clairement que cela serait tout à fait inutile. La fille de Sejjid-Saïd, épouse chrétienne d'un honnête Allemand, n'a pas un seul mot contre les harems dans ses deux volumes de *Mémoires*, et elle ne tait rien de ce que le respect filial l'aurait obligée de taire, si elle avait pénétré l'ignominie du sort maternel. Pliée dès le berceau aux usages musulmans, elle les préfère aux nôtres dans le fond de son cœur. Peu s'en faut qu'elle ne proclame, au nom de son expérience, la faillite du mariage chrétien; on sent que, si elle ne le fait pas, c'est surtout parce qu'elle n'ose pas. Elle se plaît à rapprocher la gaîté insouciante de ses amies de jeunesse, la satisfaction que leur inspirait leur destinée, des sourires de commande d'une Berlinoise dont le ménage est profondément troublé sous ses dehors corrects. — « Je puis déclarer en bonne conscience, écrit-elle avec un plaisir ingénu, que j'ai entendu parler plus souvent ici que dans ma patrie d'aimables maris qui rossent leur femme; un Arabe croirait se déshonorer lui-même. » Sa naissance la destinait à être une bibi, et bibi elle serait si elle avait encore le choix; il n'y a pas d'indiscrétion à le dire, puisque M. Ruete est mort depuis longtemps. Sa veuve ne se doute pas qu'il suffit du contact avec les *sarari*, de la lutte contre leur influence, pour avilir misérablement l'épouse musulmane.

Rendons justice à sa franchise; elle ne dissimule pas qu'elle nous juge au travers de rancunes. Mme Ruete, princesse de Zanzibar, a eu à se plaindre de nos usages. Nous avons perdu le sens de l'aristocratie, et cela paraît insupportable aux races qui en ont gardé la tradition. Nous avons fait souffrir cette altesse déclassée, et elle gémit doucement sur de petites choses puériles, qui nous font sourire malgré son air piteux. On dirait un de ces petits oiseaux des tropiques, gros comme une émeraude, que nous avons la cruauté de mettre en cage et qui se roulent en boule avec des attitudes frileuses, cachant leur tête dans leurs plumes hérissées pour ne pas voir leur maussade prison sans soleil, sans lumière et sans fleurs. L'un de ses gros chagrins est d'avoir été traitée par les commerçants de Hambourg en femme de commerçant hambourgeois, et non en fille de grand monarque. Elle n'était pour eux que Mme Ruete, épouse un peu noire de M. Ruete, négociant en cotonnades ou en quincaillerie, qui avait fait un mariage bizarre pendant un voyage d'affaires en Afrique. — « Je ne trouvai pas, écrit-elle avec mélancolie, les égards auxquels je croyais avoir droit. » — Elle ressentit profondément sa déchéance, et lorsqu'on lui assurait que la condition de la femme était très supérieure chez les chrétiens; que la dignité humaine était plus respectée chez une laveuse de vaisselle allemande que chez une bibi de sultan, elle songeait combien son sort eût été différent, combien glorieux et chevaleresque, si elle s'était éprise d'un des beaux esclaves qui marchaient en avant avec un fracas d'armes, quand elle sortait dans les rues de Zanzibar. Chez son peuple, la jeune fille garde en se mariant le nom, le rang, le titre qu'elle tient de ses parents, et il en résulte des aventures adorables, auxquelles la princesse Salmé rêvait sans doute quand elle se fit enlever.

Son peuple en conclut qu'il n'y a pas d'unions inégales. Ni l'opinion ni la coutume ne s'opposent chez elle à ce qu'un prince épouse une bergère. Il n'y a aucun inconvénient à cela, puisque la bergère ne devient pas princesse et reste pour tous « une telle, fille d'un tel ». En Arabie, où la force et le courage n'ont rien perdu de leur prix, il n'est pas rare qu'un chef donne sa sœur ou sa fille à un esclave qu'il a distingué pour sa valeur. Celui-ci est alors affranchi de droit, mais rien de plus. Il demeure le serviteur de sa femme et lui parle humblement. Il l'appelle « Maîtresse » ou « Altesse ». Il observe le soir de ses noces une étiquette spéciale.

Ce soir-là, l'épousée d'un rang supérieur ne se lève pas à l'entrée de l'époux. Elle reste assise sur ses talons, immobile et muette, chargée de bijoux, ses riches habits inondés d'eaux de senteur, le visage couvert d'un masque de satin noir garni de dentelles d'or et d'argent, toute semblable, dans sa pose rigide, à quelque magnifique idole fraîchement encensée, qui garde encore un parfum d'aromates. L'époux s'approche : elle se tait. Il doit parler le premier, et c'est l'aveu de son servage. Il lui adresse des paroles d'hommage : elle répond, mais n'ôte pas son masque; il faut qu'il s'abaisse plus bas encore avant d'être admis à la contempler. Alors il s'incline devant sa souveraine et dépose à ses pieds son tribut. Riche, il offre un trésor. S'il est pauvre, s'il ne possède d'autres biens que son bras et son fusil, il place devant elle deux ou trois monnaies de cuivre.

La princesse Salmé est convaincue que les distances survivent au mariage, et que le respect d'un ancien esclave, devenu gendre d'un grand de la terre, est impérissable comme la majesté de sa compagne. Jamais il ne la fait souvenir que Mahomet a défini la femme : « un être qui grandit dans les ornements et les parures et qui est toujours à disputer sans raison ». Il ose encore moins garder dans sa mémoire le passage du Coran où il est dit : « Les hommes sont supérieurs aux femmes à cause des qualités par lesquelles Dieu a élevé ceux-là au-dessus de celles-ci.... Les femmes vertueuses sont obéissantes et soumises.... Vous réprimanderez celles dont vous aurez à craindre la désobéissance;... vous les battrez. » L'ancien esclave est serviteur avant d'être époux, et la fille de roi reste fille de roi sous la tente d'un affranchi. C'est un roman, direz-vous. Assurément. Quelle jeune fille n'a le sien? Le roman de la jeune Arabe est naïf et simple. La fille de prince rêve d'un mari qui la saluera poliment et ne lui donnera pas de coups de bâton.

Il est aisé d'imaginer les peines amères d'une pauvre *kibibi* [1], qui ignorait tout de l'Europe, en se réveillant un beau matin bourgeoise allemande. Nous la plaignons de toute notre âme. Nous ne sau-

---

1. Petite altesse, petite bibi.

rions aller plus loin et nous représenter une bourgeoise allemande, anglaise ou française, heureuse du bonheur des *kibibi* et jouant avec contentement le rôle d'ingénue des *Mille et une Nuits*. La princesse Salmé consacre tout un chapitre à nous démontrer que le sort de ses sœurs d'Orient est aussi digne et plus enviable que celui de l'Européenne, soumise au travail servile et durement préoccupée. En lisant ce plaidoyer, je songeais à un groupe aperçu au cours d'un voyage. C'était un soir d'automne, sur une route d'Anatolie. Devant nous marchait un couple très inégal de taille et divers d'aspect. A gauche, un cavalier à la barbe grisonnante, monté sur un cheval léger couvert de chaînettes d'argent. L'homme avait une culotte flottante de couleur sombre, beaucoup d'armes à la ceinture, le haut du corps noyé dans un manteau de fine laine blanche qui encapuchonnait son turban. Grandi par sa haute selle à dossier, il avait des contours d'une élégance exquise et hautaine. Sa personne exhalait l'habitude paisible du commandement.

A sa droite trottait menu un tout petit âne, harnaché d'un mauvais bât et d'un licou de corde. Une femme empaquetée dans une ample cotonnade bleue était à califourchon sur le bât. Son corps rondelet et affaissé balottait doucement sur sa monture, et l'on avait l'impression de quelque chose de très humble, qui ne comptait pas.

Il y avait un contraste risible entre ces deux silhouettes, et lorsqu'elles disparurent à un détour du chemin, l'un de nous dit : « Le résumé de la question de la femme en Orient ». Les arguments de la princesse Salmé sont impuissants contre le souvenir de ce petit paquet informe, cheminant dans l'ombre de ce beau cavalier.

II

Les souffrances qu'elle a endurées en Europe ont été pour elle sans compensation. Elle n'a rien trouvé dans notre monde qui la dédommageât de ce qu'elle avait perdu en quittant le sien. L'éducation musulmane l'avait marquée de sa forte empreinte, et elle était vouée à l'immobilité intellectuelle de ceux de sa religion et de sa race. Elle a acquis en Allemagne de l'instruction, elle a lu et travaillé, mais sa pensée ne se meut pas. Condamnée à perdre rarement une idée, à n'en acquérir jamais, elle a vieilli parmi nous sans nous comprendre ni nous aimer. Le sens de notre civilisation lui échappe; il y a un mur entre son esprit et le nôtre.

On s'en explique les causes en lisant la partie des *Mémoires* où elle décrit l'éducation que garçons et filles recevaient en commun dans les palais de sa famille. On imaginerait difficilement un système plus propre à couler les esprits dans un moule définitif, et à consommer ainsi la séparation entre l'Arabe et l'Européen. Il y a là des pages d'un vif intérêt dans leur gaucherie littéraire. Personne n'ignorait l'enfantine simplicité des moyens par lesquels l'Islam gouverne absolument les intelligences et les cœurs de cent millions d'êtres humains, mais les occasions d'observer ces moyens à l'œuvre, autrement que du dehors, avaient été rares. Le mahométan est un des hommes du monde qui se communiquent le moins. Il fallait les indiscrétions d'une renégate pour que nous sussions avec certitude comment se forme cette âme revêche et fermée, à quelles influences elle est soumise au foyer paternel et quels enseignements elle y reçoit. Nous devons à la princesse Salmé d'assister à son développement, depuis l'heure de la naissance jusqu'au plein épanouissement de l'individu.

La première enfance est livrée à la mère, quelle qu'elle soit, bibi ou sarari, d'où une infériorité pour les fils de la classe riche, la seule qui puisse posséder des harems. Ce que sont les sarari, on le sait. Ce que peut être leur direction morale, on le devine, même dans les cas d'exception où une invincible bonté native a servi de contre-poison à la pernicieuse atmosphère d'un pareil lieu. La princesse Salmé avait été du nombre des privilégiées, et aussi bien élevée qu'il était possible de l'être à Bet-il-Mtoni ou à Bet-il-Sahel. Sa mère était une robuste Circassienne, laide et douce, dont l'histoire tient en quelques lignes. Elle était fille de cultivateurs qui avaient trois enfants. Vers six ou sept ans, elle avait été enlevée par des cavaliers qui avaient massacré le père et la mère et emporté les petits pour les vendre. Elle avait toujours gardé dans l'oreille les cris déchirants de sa petite sœur, qui avait appelé leur mère toute la journée. Les cavaliers se séparèrent avant la nuit, et elle n'entendit plus jamais parler des siens. Les hasards des marchés d'esclaves l'amenèrent à Zanzibar, où le sultan la donna à ses filles pour les amuser, en attendant le moment de prendre le joujou pour soi. Elle grandit, vécut et mourut dans le harem, résignée et inoffensive, pensant peu et brodant beaucoup. Sa fille l'aimait tendrement.

Quand celle-ci vint au monde, dans une des innombrables chambres de Bet-il-Mtoni, ses yeux avaient à peine vu la lumière que deux mains noires la saisirent, la saupoudrèrent de parfums violents et l'emmaillotèrent avec une longue bandelette à la façon des momies d'Égypte, les jambes allongées, les bras collés au corps. Elle demeura ainsi, droite et raide, pendant quarante jours, afin de garantir à jamais sa taille des déviations. Au bout de la première semaine, Sejjid-Saïd fit une visite à sa mère et lui remit les bijoux du nouveau-né : de lourds anneaux d'or pour les oreilles, des anneaux de jambe et des bracelets. Après son départ, les esclaves percèrent six trous dans chacune des oreilles de l'enfant et y passèrent des fils de soie rouge.

Le quarantième jour, le chef des eunuques se présenta chez l'accouchée. Il rasa la tête du nourrisson selon certains rites, au milieu des fumées odorantes des brûle-parfums. La petite princesse fut alors déficelée. On chargea de joyaux ses bras et ses jambes, on lui attacha au cou un fil d'amulettes, on la coiffa d'un bonnet de drap d'or, et l'on remplaça les fils de soie rouge par les pendants massifs que la coutume du pays l'obligeait à ne plus quitter jusqu'à la mort. Une chemise de soie, imbibée d'eau de senteur, complétait sa toilette. On la posa dans un berceau où le jasmin, le musc, l'ambre et la rose mêlaient leurs odeurs pénétrantes, et on la présenta aux amies et voisines qui eurent la curiosité de la voir. Un nouveau-né, fût-il l'enfant d'un maçon, est toujours un objet intéressant pour toutes les femmes. Une naissance était un événement dans les harems du vieux sultan, malgré la grande habitude qu'on en possédait; Sejjid-Saïd avait encore, dans les derniers temps, cinq ou six enfants par an.

La princesse Salmé, qui a élevé plusieurs enfants dans les brumes et les neiges du nord de l'Allemagne, se rappelle avec envie les joyeuses layettes de sa patrie, composées d'un écrin et d'un lambeau de soie rose ou bleu. Elle compare le lot de la ménagère allemande, ce lot devenu le sien, à celui des femmes de sa famille arabe, et elle soupire. Ève chassée du Paradis terrestre pleurait ainsi les doux loisirs et l'absence de soucis de son beau jardin. Là-bas, à Zanzibar, pas de bas à raccommoder, pas de gants de laine troués au bout des doigts, pas de « grandes lessives ». Oh! les grandes lessives allemandes! comme elles doivent symboliser la loi de malédiction du travail pour une fille de sultan que ses esclaves endormaient en l'éventant, et qui ne songeait pas plus à travailler que les perruches perchées sous sa fenêtre. Elle ignorait jadis jusqu'au nom des fers à repasser. Aujourd'hui, elle plie peut-être des draps et elle empile des torchons.

Ses premières années se passèrent à trotter pieds nus et en chemise dans Bet-il-Mtoni avec les autres altesses de son âge. Dès que ces marmots étaient capables d'associer deux idées, ils épousaient les querelles de leurs mères et se groupaient de même par races. Les fils et filles de Circassiennes apprenaient de bonne heure que leurs mères avaient coûté plus cher que les sarari noires, et ils méprisaient dans leur cœur les frères et sœurs nés d'Abyssines. Les enfants d'Abyssines les payaient en haine. Ils ne pouvaient voir sans colère leur peau claire ou blanche, et ils les appelaient d'un nom injurieux : « Fils de chat », parce que quelques-uns d'entre eux avaient les yeux bleus. On se subdivisait encore entre altesses de même nuance. Il arrivait aussi que des amitiés éclataient d'un camp à l'autre sans souci de l'esprit de caste. Chacun se choisissait une famille dans cette famille monstrueuse. Chaque frère avait une sœur favorite, sa confidente et son alliée, et tous deux avaient leurs belles-mères préférées. Or ceux qu'on ne préférait pas, dans ces gynécées farouches, on les tenait en grande défiance, ayant des raisons de croire que quiconque n'était pas avec vous était contre vous.

La princesse Salmé n'est point choquée de ces détails. Ils ne jettent aucune ombre, ils ne répandent aucune amertume sur le souvenir brillant et doux de la maison paternelle, objet de ses éternels regrets. C'est avec une inconscience entière de la férocité des siens qu'elle décrit les tressaillements de joie des habitantes de Bet-il-Sahel, à l'apparition de la phtisie chez une de leurs compagnes. On comptait sur cet hôte familier pour faire de la place dans le palais encombré et obtenir une meilleure chambre. La moindre toux entendue à travers les cloisons était aussitôt guettée par de tendres amies, agitées de la crainte que le symptôme ne fût trompeur, et embellissant déjà en imagination leur nouveau logis : « Ces pensées étaient assurément coupables, ajoute la princesse Salmé ; mais l'entassement était par trop grand. » N'est-ce pas que le ton paisible et dégagé de cette réflexion donne le frisson?

Il faut convenir que les relations de famille sont trop étendues, dans ces immenses harems, pour que les liens du sang y aient beaucoup de force. On est tout surpris d'apprendre que la piété filiale y conserve une grande vivacité. C'est merveille avec les épreuves auxquelles elle est soumise. On enseignait sur toutes choses, aux princes et princesses du sang, à respecter et honorer leur père et bibi Azzé. A Bet-il-Mtoni, le premier devoir de la journée, après la prière et le bain, était d'aller saluer ces deux grandes puissances et leur baiser la main. Sejjid-Saïd recevait gracieusement les hommages, s'assurait que les bijoux des petits étaient au complet, leurs cheveux en ordre, et distribuait des bon-

bons français. Bibi Azzé tendait sa petite main sèche à baiser avec une expression glaciale, et il est vrai que ces filles qui n'étaient pas son sang, ces garçons qui prenaient la place de ceux qu'elle aurait dû avoir, devaient la laisser indifférente, sinon impatiente et irritée. Les compliments terminés, la famille allait déjeuner, et les enfants des sarari pouvaient comparer leur grandeur au néant de celles qui leur avaient donné l'être.

La table était mise dans une galerie ou dans quelque grande salle. Elle était haute de moins d'un demi-pied et assez longue pour contenir les fils, les petits-fils et leurs descendants; les filles, les petites-filles et leurs descendants. Le sultan prenait place au haut bout, assis à l'orientale sur un tapis, et sa superbe lignée s'étageait des deux côtés par rang d'âge, les sexes mêlés. Les princes établis et mariés au dehors amenaient leurs fils. Bibi Azzé venait quand il lui plaisait de venir, la sœur de Sejjid-Saïd de même. Pas une surié, fût-ce la mère de l'héritier du trône, n'était jamais admise à manger à la table royale. Dans la hiérarchie immuable du palais, elles étaient pour ainsi dire les mères illégitimes et honteuses des enfants légitimes et glorieux du maître.

Il n'est pas davantage question d'elles dans le tableau des réunions du soir. Après le dîner, qui répétait la scène du déjeuner, Sejjid-Saïd sortait devant son logis et s'asseyait sur un siège à l'européenne. Sa prodigieuse postérité se rangeait à droite et à gauche, les jeunes enfants debout par respect, les autres sur des chaises. Un peu en arrière, les eunuques en grande tenue se tenaient adossés au palais. Lorsque tous étaient à leur place, les plaisirs de la soirée commençaient. On versait le café et les sirops, et l'on amenait un orgue de Barbarie colossal, si grand que la princesse Salmé n'a jamais vu son pareil en Europe. Un esclave tournait la manivelle, et le sultan écoutait d'un air sévère. Une boîte à musique alternait quelquefois avec l'orgue, ou bien une aveugle chantait des airs arabes. Au bout d'une heure et demie, Sejjid-Saïd se levait et rentrait. C'était le signal de la dispersion. La soirée du lendemain était semblable à celle de la veille, et il n'y avait point de différence d'une année à l'autre, ni dans le programme des divertissements, ni dans l'étiquette inflexible qui décidait des admissions.

Ainsi tout contribuait à enfoncer dans l'esprit des enfants des sarari que leurs mères étaient des êtres inférieurs, qui leur devaient un semblant d'existence et le perdraient en les perdant. Ils savaient que la surie dont l'enfant était mort pouvait être revendue, et que les maris arabes « de cœur étroit » usaient de leur droit, lorsqu'ils étaient las d'une de ces malheureuses. Ils savaient aussi qu'après leur veuvage, elles dépendraient entièrement d'eux, l'usage n'étant point d'assurer leur sort, au moins à Zanzibar. Celle que son fils ou sa fille rejetait n'avait plus qu'à tendre la main, si quelque âme charitable ne la recueillait. Une nièce de la princesse Salmé, appelée Farschu, avait pour mère une Abyssine sauvage et emportée. Farschu perdit son père, dont elle hérita, se querella avec sa mère et l'abandonna. La vieille surie essaya en vain de gagner son pain en travaillant et serait morte de faim, si l'une de ses anciennes belles-sœurs, émue de compassion, ne l'avait prise chez elle.

Ces cas d'ingratitude filiale étaient extrêmement rares, et cela est assurément à la louange des Arabes. Ils voyaient infliger des traitements humiliants à leurs mères, sans que leur respect en fût altéré. Ils assistaient à leur vie sensuelle et oisive, à leurs méchantes intrigues, sans que leur tendresse en fût effleurée. Les princes du sang de la famille de Sejjid-Saïd emmenaient presque tous leur mère lorsqu'eux-mêmes, à leur majorité, quittaient le palais paternel pour fonder un foyer. Ils la gardaient jusqu'à sa mort et donnaient à sa vieillesse, par leurs soins, la dignité qui avait manqué si cruellement à sa jeunesse. La maternité est la revanche du mariage pour la surie. — « Ses rapports avec ses enfants, dit la princesse Salmé, la dédommagent amplement des désavantages qui résultent pour elle de la polygamie et lui créent, à elle aussi, une vie de famille heureuse et satisfaite. » Ce sont là des paroles bien honorables pour le peuple qui les a méritées. Elles prouvent chez lui une âme noble. Toutefois, un Occidental a de la peine à concevoir que les sentiments de respect et d'amour inspirés par la mère ne rejaillissent pas, dans une mesure quelconque, sur le sexe tout entier. Il est embarrassé et froissé par l'illogisme qui enferme les sarari de ces fils modèles dans leur rôle séculaire de femelles.

Sejjid-Saïd s'occupait des siens autant qu'on peut raisonnablement l'exiger d'un *pater familias* de pareille envergure. J'ai recherché avec curiosité les passages des *Mémoires* de nature à nous éclairer sur les sentiments d'un père qui a compté ses enfants par centaines, et j'ai vu que le cœur du juste est un océan de tendresse. Le vieux sultan s'était réjoui à un nombre fabuleux de naissances. La petite vérole, la phtisie, le choléra et le typhus avaient fauché sans relâche dans ses palais, de sorte qu'à sa mort il ne laissa que dix-huit fils et autant de filles, faibles débris d'une famille dont la nature ne se hâtait plus assez, sur la fin, de réparer les pertes rapides. Tant de joies et tant de deuils auraient émoussé par l'accoutumance une sensibilité sans profondeur. La sienne résista à tant d'assauts, et sa fille se rappelle avec attendrissement l'avoir vu pleurer et prier au chevet d'un fils malade, lui très vieux et ayant encore « plus de quarante enfants ».

Il semble vraiment qu'il les connaissait tous. On a déjà vu qu'il inspectait leur toilette. Il veillait à ce qu'ils allassent à l'école et recommandait de sa propre bouche à la maîtresse de ne pas leur ménager les coups de bâton. Il emmenait les garçons à la promenade et faisait fouetter les maîtres d'équitation dont les élèves avaient commis quelque faute. C'était juste et sage, puisque les maîtres avaient carte blanche pour punir leurs élèves : « Mon père posait en principe qu'en dépit de leurs instructions, ils avaient été trop indulgents envers les princes ». On lui amenait les polissons pris en faute, et il les semonçait. Un frère « très arrogant » avait lancé une flèche à la petite Salmé et l'avait blessée au flanc. « Mon père me dit : « Salmé, va, et appelle-moi Hamdân. » J'étais à peine entrée avec mon frère, que celui-ci entendit des paroles effroyables, dont il dut se souvenir longtemps. » Il donnait des étrennes à ses enfants, des dots quand le temps était venu, et s'astreignait à écouter en leur compagnie, une heure et demie par jour, le grand orgue de Barbarie et les boîtes à musique. Combien de parents chrétiens n'en font pas davantage sans avoir les mêmes excuses. Combien se contentent de faire la police extérieure des âmes dont ils ont la charge, et ne se sont jamais enquis d'une seule des pensées de leur enfant, d'un seul de ses désirs et de ses secrets tourments.

La part de l'instruction était à peu près nulle dans ces éducations, et son importance était pourtant extrême. A défaut de science, elle inculquait la méthode; elle donnait des habitudes d'esprit que rien ne pouvait plus détruire. Détail frappant dans un pays d'aristocratie : les études étaient les mêmes pour le successeur éventuel du souverain et pour l'esclave que son maître jugeait profitable de dégrossir. Il n'y avait qu'une seule école pour tous, et qu'une seule classe, étrangement mêlée et plus étrangement tenue. Elle était installée dans une des galeries ouvertes du palais. Les oiseaux de la cour l'envahissaient insolemment. Une natte en composait le mobilier. Un peuple accroupi d'écoliers et d'écolières y ployait l'échine sous le bâton d'une triste édentée, qui distribuait la science et les coups dans un esprit de rigide égalité, sans distinction d'âge ni de rang. La même leçon servait à l'altesse et à son groom noir, et les mêmes corrections pleuvaient, administrées avec fureur par une barbare que les injonctions menaçantes du sultan talonnaient. Un seul livre était admis dans la classe : le Coran. Ce n'est pas assez de dire qu'il régnait sur l'école : il était toute l'école.

Les commençants apprenaient à lire dans le Coran. Dès qu'ils savaient épeler, on les exerçait à lire des versets en chœur, d'une voix très haute, et à les réciter de mémoire. Ils allaient ainsi jusqu'au bout du Coran et recommençaient, une fois, deux fois, trois fois, ne recevant jamais une explication, comprenant ce qu'ils pouvaient du texte sacré et redoutant d'y arrêter leur esprit, car ils savaient qu'il est « impie et défendu de réfléchir au livre saint; l'homme doit croire avec simplicité ce qui lui est enseigné et l'on observait sévèrement ce précepte » à Zanzibar. Le premier devoir du maître était d'empêcher ses élèves de penser à leur leçon, d'avoir une idée ou de se poser une question, afin que l'habitude de la récitation mécanique s'enracinât pour toujours dans leurs jeunes cerveaux. Ceux d'entre eux qui avaient une mémoire heureuse savaient par cœur environ la moitié du Coran au bout de la première année. D'autres passaient deux ou trois ans à nasiller les *sourates*, avant d'en retenir une quantité convenable. De loin en loin, un adolescent très hardi ou très saint osait comprendre et prétendait expliquer, mais cela était rare. « Il y en a tout au plus un sur plusieurs milliers », dit la princesse Salmé.

On leur donnait quelques notions très légères de grammaire et d'orthographe, et on leur enseignait à compter jusqu'à mille, jamais plus : « Ce qui est au delà, dit la sagesse musulmane, vient de Satan ». L'éducation des filles n'allait pas plus loin; il était malséant pour une femme de savoir écrire. Les garçons apprenaient l'écriture en copiant des versets du Coran, après quoi leurs études étaient terminées. On ne connaissait même pas de nom, à Bet-il-Mtoni, la géographie et l'histoire. Quant aux sciences naturelles, la princesse Salmé fait observer que leur enseignement blesserait au plus profond de son âme l'Arabe pieux, puisqu'il ne saurait être question pour lui de lois de la nature. Soit dit en passant, il n'en a pas toujours été ainsi, et il existe encore de nos jours des Arabes pieux qui croient pouvoir apprendre la physique et l'astronomie sans manquer de respect à Allah ; mais la princesse Salmé ne peut parler que de l'état d'esprit qui règne chez son peuple et qu'elle a connu. L'Arabe de Zanzibar estime que c'est blasphémer son Dieu que de supposer des règles et des forces à côté de sa volonté, même émanant d'elle et lui étant assujetties. Il n'a pas été gâté, comme le Turc, par notre contact (vous voyez, ajoute la princesse Salmé, si le Turc s'en trouve bien), et il repousse avec horreur la seule pensée de lois de la nature : « On ébranlerait tout son être en lui en parlant, on causerait au dedans de lui un affreux déchirement ». Les classes modèles de Bet-il-Mtoni et de Bet-il-Sahel, où venaient du dehors les enfants de sang royal, faisaient de parfaits musulmans, ainsi entendus. L'enseignement qu'on y recevait bouchait une à une les issues par lesquelles l'esprit aurait pu s'échapper à la conquête du doute, ce grand titre de noblesse de l'humanité. L'enfant sortait de l'école la tête farcie de préceptes dont l'examen lui était interdit comme irréligieux, en dehors desquels il eût été abominable de chercher une explication du monde et de la vie, et que son devoir était d'appliquer, sans plus raisonner que lorsqu'il les psalmodiait en fausset avec ses camarades. Quant à suspecter leur origine divine, il aurait plutôt nié la lumière du soleil. Depuis qu'il existait, il entendait dire à son père, à sa mère, à ses maîtres, à ses esclaves, qu'il n'y a d'autre Dieu qu'Allah, et que Mahomet est son prophète. Ces deux idées étaient devenues, si l'on me passe l'expression, partie de sa chair. Il ne songeait pas plus à les mettre en question qu'à se dépouiller de son corps. Des pratiques minutieuses achevaient l'œuvre de routine ; dans les palais de Sejjid-Saïd, les cinq prières quotidiennes prenaient plus de trois heures aux fidèles scrupuleux qui accomplissaient avec soin les rites musulmans.

Rien n'égale l'étroitesse du système, si ce n'est sa puissance. Il façonne depuis plus de dix siècles des cerveaux qui sont comme des forteresses imprenables, des peuples qu'on anéantirait plutôt que d'en obtenir l'abandon d'une parcelle d'eux-mêmes. Il réussit à enfermer la pensée humaine dans des limites précises et sacrées, au delà desquelles la princesse Salmé a constaté chez nous qu'il n'y a qu'impiété, mauvaise foi, mécontentement de tout ce qui existe. Elle a reconnu que l'abus de l'instruction est le grand malheur des civilisés, plus que l'âpre climat, plus que l'accablant labeur des pays du Nord, plus que la sécheresse désolante des cœurs européens. Comment se peut-il que nous ne nous en apercevions pas? « On prise par-dessus tout l'instruction et la science. Et puis l'on s'étonne de voir disparaître la piété, le sentiment de la vénération, la droiture, le contentement, pour faire place à des luttes sans merci, à un athéisme effrayant, au mépris de toutes les institutions divines et humaines!... On ferait mieux d'enseigner davantage la parole de Dieu et ses saints commandements, et de perdre moins de temps à subtiliser sur la force et la matière. » Pour sa part, elle n'a jamais été plus trompée, plus exploitée, plus en proie aux fourbes et aux charlatans, que depuis qu'elle a fait des études et qu'elle est une personne « éclairée », vivant dans une société « éclairée ». C'était l'âge d'or à Zanzibar; c'est l'âge de fer à Berlin. « O gens heureux de mon pays!

s'écrie-t-elle, vous ne vous doutez pas de tout ce qui est lié à la sainte civilisation ! » Il fait beau, vraiment, nous entendre parler sur un ton de pitié des barbares et des sauvages. Nous sommes par trop outrecuidants d'aller « éclairer de force » des gens qui nous valent bien et qui nous méprisent de tout leur cœur.

Un musulman ne peut point ne pas nous mépriser. L'idéal qui lui a été proposé par sa religion était peu élevé, et il l'a atteint facilement. Il ne mesure pas la hauteur du nôtre, puisqu'il est incapable de sortir de ses propres idées, et il voit nos vains efforts pour l'atteindre, nos chutes répétées et honteuses. Il est forcé de nous condamner. C'est l'histoire de la fille de Sejjid-Saïd. Dans son apprentissage de civilisée, elle n'a remarqué que les pierres et les boues du chemin, jamais le but où il tendait. Elle ne voit pas que nos défaites sont les accidents d'une lutte ennoblissante pour monter plus haut, que le cri de ralliement de nos foules souffrantes, et souvent coupables, demeure malgré tout, à travers leurs plaintes et leurs fautes : *Sursum corda!* Elle sait seulement que nous faisons le mal que nous ne voudrions pas, que nous ne faisons pas le bien que nous voudrions, et elle constate, cette fois sans les réticences des pages sur le mariage, la banqueroute morale de la civilisation chrétienne. Un reste de prudence l'empêchant d'en rendre notre religion responsable, elle s'en prend à l'instruction, ce qui revient au même dans sa pensée, puisque c'est accuser nos Églises de ne pas avoir su garder, comme la sienne, la direction des esprits et le gouvernement des âmes. Elle accuse notre vaine science d'être la mère de la plupart des maux dans notre société aigrie et corrompue, et elle oppose à nos misères et à nos discordes le riant tableau de la vie d'une femme arabe à Zanzibar, de cet être qui passe chez nous pour l'un des plus dégradés et des plus maltraités de la création.

III

On connaît déjà le cadre de ce grand bonheur. Il est brillant et gai, un peu criard. Les hautes pièces de Bet-il-Mtoni et de Bet-il-Sahel étaient uniformément blanchies à la chaux et sans rideaux. Elles n'avaient rien des exquises douceurs de ton et des intimités de la chambre d'Haouâ, la belle Mauresque aux bras aussi froids que le marbre, qu'Eugène Fromentin connut à Blidah et dont il a raconté la mort tragique dans *Une Année dans le Sahel*. Une lumière plus vive y éclairait des couleurs plus crues, un décor plus riche et plus barbare. Les murailles étaient divisées en panneaux par des niches montant jusqu'au plafond. Des rayons de bois peints en vert formaient étagères dans les niches et recevaient les vases et les assiettes en porcelaine peinte, les verres et les flacons en cristal taillé et gravé, bibelots favoris des Arabes de ces contrées, qui les achètent à tout prix. Entre les étagères couraient des divans bas, au-dessus desquels étaient placées des glaces de fabrique européenne, surmontées et flanquées de pendules de toutes les formes et de tous les styles, autre luxe favori de Zanzibar, où certaines maisons riches ressemblent à un magasin d'horlogerie.

La place de la maîtresse du logis est marquée par le *meddé*, sorte de matelas recouvert du drap d'or le plus fin et garni de coussins, dont le chevet est appuyé à la muraille. Dans un coin est le grand lit des Indes, aux incrustations curieuses, si haut perché qu'on y monte à la façon d'une amazone se mettant en selle, en posant son pied dans la main d'une esclave, qui vous enlève. Çà et là, des coffres en bois de rose, garnis de milliers de petits clous à tête de cuivre et contenant la garde-robe, les bijoux, la parfumerie. Des portes et des fenêtres grandes ouvertes, dans l'espoir d'avoir un peu d'air; une odeur enivrante, composée de tous les parfums violents qui existent; une immense rumeur de pas et de voix, de rires et de querelles, montant des cours et des escaliers, arrivant des corridors et des galeries; quelque chose de voyant et de tumultueux, de baroque et de pittoresque, de joyeux et d'inquiétant : tels sont ces intérieurs qu'on a peine à envier, mais qui doivent, en effet, demeurer inoubliables.

Les vêtements des femmes sont d'un goût sauvage. C'est un costume à la fois étriqué et lâche, qui ne drape pas et laisse pourtant les lignes du corps indécises. Il ôte à la femme tout ce qu'il peut lui ôter de son sexe; je ne vois pas de reproche plus grave à faire à un costume.

Il se compose d'un pantalon presque collant, en soie de couleur vive, qui rejoint les anneaux de jambe par des lignes de broderies et des bouffants, et d'une chemise montante, aux manches étroites et demi-courtes, qui retombe par-dessus le pantalon et tranche sur sa couleur : vert émeraude sur cerise, azur sur jaune, rose sur orange, or sur pourpre, argent sur violet. Cette chemise se taille dans des étoffes coûteuses et éclatantes, brocarts d'or et d'argent, satins brochés et damassés, à ramages et à fleurs multicolores, velours pesants de Lyon, soies molles de la Chine. En été, les chaleurs accablantes des tropiques font préférer aux soieries les toiles peintes, les cotonnades bigarrées, les mousselines de l'Inde. Quel qu'en soit le tissu, la chemise se brode et rebrode, se passemente, se galonne, se chamarre, se garnit de dentelles, de petits glands, de petites houppes en fil d'or et d'argent, de pompons de soie, de boutons de métal, de pendeloques d'orfèvrerie, de verroteries, enfin de cent petits ornements qui tremblotent, dansent et chatoient à chaque mouvement. Plusieurs rangs de colliers s'étagent sur la poitrine. Les bras sont chargés de bracelets jusqu'au coude; les mains portent des bagues énormes. La tête est entourée de mouchoirs de soie bariolés, qui cachent le front jusqu'aux sourcils et s'enchevêtrent d'énormes pompons, de lourdes franges encadrant le visage, de longs rubans flottant dans le dos et auxquels sont cousues des pièces de monnaie ou des plaques d'or ornées de pierres précieuses.

La princesse Salmé a placé sa photographie en tête de ses *Mémoires*. Elle avait choisi pour poser une toilette relativement simple. Sa petite figure brune est néanmoins écrasée par cet attirail. On distingue deux yeux noirs très perçants, une grande bouche au pli mélancolique et deux petits pieds nus, potelés et charmants. Le reste est comme enseveli sous cet amas d'ornements.

Il n'était rien moins que facile de se procurer ces costumes somptueux. En ce temps-là, il y avait peu de magasins à Zanzibar et nulle industrie. Les esclaves cousaient et enjolivaient les vêtements. Quelques-unes de leurs maîtresses ne dédaignaient pas de travailler avec elles aux broderies et aux dentelles. Des artisans hindous établis dans l'île fabriquaient une partie de l'orfèvrerie. Le reste des bijoux et tous les matériaux du costume étaient apportés du dehors, et de très loin. A Sejjid-Saïd revenait le soin laborieux de pourvoir d'objets de toilette les harems de la famille : les siens d'abord, avec leurs enfants et leurs esclaves; ceux des fils, petits-fils et arrière-petits-fils, des gendres, petits-gendres et arrière-petits-gendres établis à Zanzibar, avec leurs enfants et leurs esclaves. Il envoyait aussi des présents aux familles de ses nombreux descendants mariés dans l'Oman et à la foule des parents pauvres de l'Arabie. Soit plusieurs centaines de femmes à contenter, et quelles femmes! sans autre occupation au monde que leur toilette. La question des pommades prenait l'importance d'une affaire d'État, car les mécontentements d'un harem ne sont pas à mépriser. Les complots naissent derrière ses fenêtres grillées ailleurs que dans les tragédies ; on en verra un exemple au cours de ce récit.

Le vieux sultan aurait déjà eu fort à faire s'il s'était borné à distribuer en gros et au hasard le nécessaire et le superflu à toutes ces femmes, mais les sarari et leurs filles ne le tenaient pas quitte à si bon marché. Elles comptaient sur lui pour procurer l'étoffe nouvelle, la nuance à la mode, l'objet étrange, et peut-être fabuleux, rêvé par une imagination d'Abyssine. Cet homme extraordinaire venait à bout d'accomplir le miracle. Chaque année, une flotte partait de Zanzibar, chargée de produits africains. Dès que les navires avaient gagné la pleine mer, ils orientaient leurs voiles vers les points les plus divers de l'horizon. Les uns gagnaient Marseille ou l'Angleterre, les autres le golfe Persique, les ports de l'Inde et de la Chine. Chaque capitaine emportait une liste minutieuse de commissions, où toutes les fantaisies s'étaient donné carrière et qu'il devait exécuter avec l'argent de sa cargaison. Malheur à celui qui ne savait pas trouver l'introuvable!

Le retour de la flotte était l'événement mémorable de l'année. C'était l'heure des grandes convoitises, des rivalités sans merci et des jalousies amères. Dès que les navires étaient rentrés au port et déchargés, les eunuques assortissaient les lots sous la direction des filles aînées du sultan. La princesse du conte de fées, condamnée à démêler une chambrée d'écheveaux de fil, n'avait pas une tâche plus immense. On en jugera par un chiffre. Une Arabe de qualité consomme annuellement pour 500 dollars de parfumerie. On se fatiguerait à calculer ce qu'une pareille somme, multipliée par les bibi, les sarari et les kibibi de la famille impériale, représentait de petits pots, de flacons et de sachets, d'essences, de poudres, d'huiles et de pommades, à l'ambre, au musc, au benjoin, au basilic, au jasmin, au géranium, à la rose, à la verveine, au réséda, à la vanille, à la lavande, et c'était cette provision qu'il s'agissait de partager sans léser ni favoriser personne. Venaient ensuite les étoffes, qui se distribuaient par pièces ; les dentelles et tout ce qu'une femme peut inventer de coudre sur ses vêtements pour les embellir ; les bijoux et les mille colifichets qui donnent à une Arabe parée l'aspect d'une madone de Naples ou de Séville en costume de fête ; les joujoux des enfants, les bibelots, les riens singuliers chers à la fantaisie orientale, les objets utiles commandés par les personnes prévoyantes, l'argent destiné aux menues dépenses : cadeaux, aumônes, honoraires de la diseuse de bonne aventure, de la sorcière, des voyants et des voyantes, du magicien qui conjure les maladies et de la magicienne qui exorcise les possédés.

C'était prêt enfin ! La portion des marchandises

réservée pour d'autres occasions avait été portée dans les chambres du trésor. Le premier jour de la distribution — elle en durait trois ou quatre — était fixé et annoncé. L'impatience, la joie et l'angoisse étaient au comble dans les harems, et l'aube tant désirée éclairait maint visage tempétueux. A Bet-il-Sahel, elle se levait sur un palais déjà en mouvement, dont l'entrée était assiégée par les femmes de la famille qui habitaient au dehors. L'étiquette arabe leur interdisait de se montrer dans les rues en plein jour, et elles s'étaient mises en route de bon matin. Le soleil levant revêtait de rose et d'or leurs groupes brillants, qui s'engouffraient dans la grande porte pour ne la repasser qu'à la nuit. Elles y étaient reçues par le plus grognon des esclaves du sultan, Saïd le Nubien, à la barbe grise. Sejjid-Saïd aimait ce vieux serviteur, fidèle et soumis. Les enfants l'avaient en aversion et leurs mères ne l'aimaient guère, parce qu'il les accueillait mal. Ces visites dès l'aurore l'exaspéraient. On l'entendait grommeler dans sa barbe, tout en prenant ses grosses clés, « qu'il y avait une heure qu'il était debout sur ses mauvaises jambes, toujours pour ouvrir à des dames! » Les enfants se vengeaient en lui cachant son trousseau de clés. Le bonhomme les cherchait en grondant dans les quelques centaines de chambres où elles pouvaient se trouver, et cela ne le mettait pas de meilleure humeur.

Il finissait par ouvrir, et l'on entrait dans la grande cour du palais de ville, auprès de laquelle celle de

Bet-il-Mtoni était le temple de la paix et du silence. La princesse Salmé a vu en Allemagne une opérette dont un tableau lui a rappelé, « en petit », la cour de Bet-il-Sahel dans la journée. Ce rapprochement est glorieux pour les théâtres d'opérette allemands, car il n'est pas aisé de reproduire, même « en petit », un tohu-bohu aussi intense. L'un des angles servait d'abattoir. Les bouchers égorgeaient les bêtes selon le rite musulman, en accompagnant chaque coup de la formule : « Au nom de Dieu, le Miséricordieux ». La veille des fêtes et des festins, le sang des victimes s'étendait comme une nappe rouge, à l'inexprimable horreur des Hindous mandés pour affaires. Un peu plus loin était le coin des petits enfants, occupés à écouter leurs bonnes, négresses pour la plupart, raconter de ces histoires effroyables qui donnent le cauchemar. Plus loin encore, la cuisine, installée en plein air au pied d'une colonne, et l'endroit du palais où il s'administrait le plus de gifles. On s'y bousculait, on s'y chamaillait, on s'y battait, et il en sortait des repas auprès desquels les noces de Gamache n'étaient qu'un dîner de poupée. Des bœufs, des vaches, des moutons, des chèvres et des gazelles y rôtissaient tout entiers. « On y voyait souvent des poissons d'une telle grosseur, qu'il fallait deux nègres vigoureux pour les porter. Les petits poissons n'étaient acceptés que par paniers, et la volaille par douzaines. La farine, le riz et le sucre ne se comptaient aussi qu'en gros, au sac, et le beurre, qu'on faisait venir du Nord à l'état liquide, ne se comptait que par cruches d'environ un quintal. » De longues files de porteurs déchargeaient brutalement sur le sol leurs paniers de fruits, dont la moitié était écrasée du coup. On se heurtait un peu partout à des barbiers en plein air, à des porteurs d'eau, à des eunuques affairés. Les arrivants se frayaient un passage comme ils pouvaient et gagnaient les deux grands escaliers, mais la cohue y était si intense qu'on mettait souvent une demi-heure à atteindre le premier palier.

L'heure solennelle qui décide des toilettes d'une année a enfin sonné. Une nuée d'eunuques courent chercher les paquets, et les dernières minutes d'attente paraissent éternelles. Le grand moment arrive pourtant, comme tous les moments de ce monde, désirés ou redoutés; il est venu, il est passé. On crie, on pleure, on rit; on développe et on déplie; on interpelle et on se précipite; l'agitation devient folle, car il s'agit à présent d'échanger des morceaux de ses pièces d'étoffes, de ses franges, de ses dentelles, contre d'autres morceaux, afin de varier ses ressources et de panacher ses costumes. Le sol est couvert d'étoffes déployées, de brimborions, de femmes accroupies, armées de ciseaux et coupant avec tant d'ardeur, qu'elles entaillent parfois leurs vêtements. Les ressentiments et les désespoirs s'exhalent dans le même temps en paroles peu mesurées. Il s'écoule deux semaines avant que le harem ait repris sa physionomie accoutumée.

Le sultan achevait de vider ses magasins à la fin du grand jeûne. On sait que le ramadan dure trente jours, pendant lesquels il est défendu d'avaler quoi que ce soit, aussi longtemps que le soleil est sur l'horizon. « Il vous est permis de boire et de manger, dit le Coran, jusqu'au moment où vous pourrez distinguer un fil blanc d'un fil noir. A partir de ce moment, observez strictement le jeûne jusqu'à la nuit. » Dans la ville de Zanzibar, un coup de canon avertit le matin les fidèles que l'on distingue un fil blanc d'un fil noir. « Celui qui est en train de manger, ajoutent les *Mémoires*, cesse sur-le-champ. Celui qui a saisi un verre, afin d'étancher une dernière fois sa soif, le pose sans y avoir goûté. » Jusqu'au soir, le bon musulman « ne doit même pas avaler exprès sa salive ». Sous ce ciel enflammé, la privation d'eau pendant quatorze ou quinze heures n'est pas une petite pénitence.

Il en est du jeûne des mahométans comme du carême des chrétiens. Le riche fait avec le ciel des accommodements, et, pour la haute société de Zanzibar, le ramadan était un carnaval. Les esclaves et le petit monde jeûnaient et travaillaient; on n'aurait pas souffert qu'un malheureux nègre sans aucune religion, suant depuis l'aube sous le bâton, donnât le scandale d'avaler une gorgée d'eau. Les grands de la terre se souvenaient que le Prophète a dit à propos du jeûne : « Dieu veut votre aise, il ne veut pas votre gêne ». Ils dormaient le jour et festoyaient la nuit. Les harems de Sejjid-Saïd n'avaient aucun motif d'être austères; les nuits du ramadan s'y passaient dans les délices.

On y rompait le jeûne avec une collation de fruits, suivie aussitôt d'un dîner copieux, qui n'était lui-même qu'une façon de prélude à une bonne chère prolongée jusqu'à l'aube. Des chanteuses venaient dire leurs airs traînants, et des récitatrices déclamer, devant un auditoire excité qui ne cessait pas un instant de boire et de manger. A minuit, un nouveau coup de canon réveillait l'armée des cuisiniers et des marmitons, les feux se rallumaient dans la cour, et des odeurs de cuisine se répandaient dans les galeries, éclairées par des milliers de lanternes de couleur. Entre trois et quatre heures du matin, on servait le souper, ou *suhur*. Les nourrices éveillaient les petits enfants endormis çà et là sur les nattes et les divans, et l'on se remettait à table jusqu'à ce que le canon de l'aurore arrêtât le dernier morceau dans la main en route vers la bouche. Le harem repu et content se couchait tout habillé, selon l'usage arabe, et dormait pendant la chaleur du jour.

Malgré de tels adoucissements, la fin du grand jeûne était attendue avec la même impatience par le riche et par le pauvre, car elle amenait les étrennes, une distribution d'aumônes et des réjouissances générales. Le ramadan se termine au moment où l'on aperçoit la nouvelle lune, moment très fugitif, puisque l'astre naissant se couche avec le soleil. Dès que le jour baissait, tous les yeux de

Zanzibar cherchaient le mince croissant sur l'horizon crépusculaire. On envoyait des esclaves monter sur les plus grands cocotiers des environs. Les possesseurs de longues-vues étaient assiégés d'emprunteurs. Lorsque le ramadan, qui avance chaque année de onze jours, tombait sur le ciel obstinément couvert de la saison des pluies, on se contentait sans doute de voir la lune avec les yeux de la foi. Quoi qu'il en soit, un dernier coup de canon saluait la libératrice, et une immense allégresse montait de la ville vers les cieux, emplissant l'air de joyeuses clameurs. Des cavaliers se dispersaient au galop pour porter aux campagnes la bonne nouvelle. On se cherchait dans les maisons et dans les rues pour se féliciter, échanger des vœux et se réconcilier.

La nuit qui suivait était très agitée dans les harems. Chaque créature féminine avait préparé dans le plus grand mystère trois toilettes neuves, pour les trois jours de la fête, et les impatientes n'attendaient pas que les ténèbres fussent dissipées pour se parer. A quatre heures du matin, elles étaient sous les armes. La plante de leurs pieds et la paume de leurs mains, fraîchement teintes avec le henné, brillaient d'une belle couleur orangée. Toute leur personne était parfumée à donner des vertiges. « Une Occidentale, dit la princesse Salmé, aurait autant de peine à croire ce qui se consomme de parfumerie dans l'espace de ces trois jours, qu'une Orientale ce qui se boit de bière à Berlin pendant les fêtes de la

Pentecôte. » Sarari et kibibi sortaient dans les corridors et couraient les unes chez les autres, pour jouir de la surprise, de l'admiration et de la rage des amies et des rivales. On se représente les regards qu'elles échangeaient en s'apercevant. Il n'était pas sept heures que le palais tout entier « ressemblait à une salle de bal » gigantesque, où la foule pressée circule avec peine.

Sejjid-Saïd allait faire ses dévotions à la mosquée. Il offrait au retour sa main à baiser et se dirigeait vers les chambres du trésor, suivi de sa fille favorite, la belle Cholé, et du géant Djohar, chef des eunuques.

Cholé, surnommée l'Étoile du matin, était la merveille de Zanzibar, la perle des palais impériaux, la prunelle des yeux paternels. Sa beauté était parfaite, sa grâce d'une déesse, son humeur douce et enjouée. Le sultan l'idolâtrait et lui confiait, par un privilège unique, la clé du trésor. Une si haute faveur, des charmes si éclatants ne pouvaient rester impunis; l'innocente Cholé était en butte à des inimitiés féroces. Une imprudence de son père combla la mesure. Sejjid-Saïd voulut lui témoigner sa tendresse d'une façon éclatante et lui fit don d'un diadème de diamants. Après sa mort, Cholé périt empoisonnée. Mais nous n'en sommes pas encore là.

Ils entraient donc tous trois dans le trésor, suivis par des regards envieux. Le monarque vénérable, dans sa mansuétude, avait pris la peine de demander aux sarari et aux princesses ce que chacune d'elles désirait. Chole, incapable de rancune, aidait sa mémoire, et Djohar inscrivait les noms sur les objets. Assurément un musulman surpasse autant un chrétien en patience qu'en gravité et en discrétion. Les esclaves chargés de porter les présents les rapportaient souvent, accompagnés d'audacieuses paroles de refus. Sejjid-Saïd reprenait ses étrennes et les changeait. « Et voici, on obtenait presque toujours ce qu'on réclamait. » Le sultan avait pourtant ce jour-là bien autre chose en tête que ses harems. Il donnait aussi des étrennes aux mâles de sa famille; « à tous les grands chefs asiatiques et africains qui se trouvaient à Zanzibar; à tous les fonctionnaires de l'État; à tous les soldats et leurs officiers; à tous les matelots et leurs capitaines; aux régisseurs de ses quarante-cinq plantations; et finalement à tous ses esclaves, dont le nombre s'élevait à plus de 6 000 ou 8 000. Naturellement, les cadeaux étaient proportionnés au rang des destinataires; les esclaves, par exemple, recevaient des étoffes communes. » N'est-ce pas merveilleux? Peut-on se lasser d'admirer l'intelligence, l'ordre et la prévoyance du patriarche qui se procurait des étrennes variées pour 15 000 personnes en troquant des dents d'éléphant, des clous de girofle, de la gomme de copal et des graines de sésame? « Preuve que notre père était un fameux homme d'affaires », ajoute sa fille avec un juste orgueil.

D'un bout de l'année à l'autre, son indulgence faisait à ses harems une vie douce et peu recluse.

Après le déjeuner de famille, il descendait donner ses audiences dans la grande salle du rez-de-chaussée. Les fenêtres du palais se peuplaient aussitôt de têtes de femmes, qui regardaient arriver les hommes et guettaient les signes d'intelligence « visibles pour elles seules ». Les masques et les jalousies ne sont que vanité, quand une femme veut être vue. L'histoire suivante en fait foi.

La foule des hommes massés devant le palais remarqua un jour un jeune chef de l'Oman, qui se tenait debout dans l'attitude extatique que les peintres prêtent aux martyrs. Sa main portait une lance renversée, dont le fer traversait son pied, et son visage levé vers le ciel exprimait la béatitude. La divinité qu'il adorait était toute terrestre. C'était Chole, qui regardait par une fenêtre, et dont l'éblouissante beauté l'avait éperdu. On dut l'avertir qu'il était blessé. Il avait donc vu, et bien vu.

Deux ou trois heures s'écoulaient ainsi à faire des remarques sur les passants, et c'était passionnant. Rien n'a pu rendre à l'exilée ces séances savoureuses. La princesse Salmé a connu bien des docteurs allemands. Leur entretien était un désert aride auprès des « conversations souverainement amusantes et fécondes » des fenêtres de Bet-il-Sahel. Les Occidentaux se figurent à tort qu'une Orientale perd son temps dans une oisiveté insipide. Leur erreur est née de ce que notre monde de philistins confond les nobles loisirs d'une aristocratie et la coupable fainéantise de la plèbe. Il y a d'autres occupations sur la terre, plus intéressantes et plus raffinées, que les sordides travaux de la ménagère allemande. La princesse Salmé est excédée de s'entendre demander par les Berlinoises ou les Hambourgeoises « comment les gens peuvent exister, dans son pays, sans rien faire? ». Cette question prouve que l'Allemagne du Nord, malgré ses prétentions et ses hobereaux, a complètement perdu l'intelligence de la vie aristocratique. Une dame arabe a des esclaves qui travaillent pour elle et à qui elle fait donner des coups de bâton lorsqu'ils sont fainéants. Elle-même regarde par la fenêtre en échangeant des réflexions acérées avec ses amies, et elle n'appelle point cela « être à rien faire », pas plus que la reine Éléonore de Guyenne ou la belle Laure de Noves ne s'imaginaient « être à rien faire » quand elles présidaient leurs cours d'amour. L'activité laborieuse d'un bourgeois de Brême est chose estimable, mais chose qui ne convient ni à tous les sangs, ni à toutes les âmes. Dieu a créé l'Européen avide de lucre et le nègre méprisable, pour que l'Arabe puisse dormir à l'ombre quand il ne va pas à la guerre.

Les mères prudentes redoutaient les fenêtres du harem et dissuadaient leurs filles d'y paraître. Elles savaient que peu d'époux musulmans supportent un semblable relâchement avec l'indulgence sereine que l'âge avait donnée au sage Sejjid-Saïd. Elles-mêmes les évitaient et s'occupaient à se visiter d'une chambre à l'autre, ou à broder. Les savantes du palais lisaient des romans. Il aurait été infiniment intéressant de savoir quels romans, de quel temps et de quels pays, et ce que les altesses de Zanzibar en comprenaient. Les *Mémoires* sont muets sur tous ces points.

Vers une heure, chacun se retirait pour passer la grosse chaleur dans un frais repos. Le harem se couchait et coulait un temps exquis à grignoter des gâteaux et des fruits, à bavarder et à dormir. Au réveil, il se mettait en grande toilette, et les kibibi allaient dîner avec le sultan. Elles écoutaient le grand orgue de Barbarie, et des plaisirs plus vifs commençaient avec la nuit. Il arrivait de nombreuses visiteuses. On babillait, on jouait aux cartes, on mangeait des friandises, on entendait de la musique nègre, enfin c'était à peu près comme nos soirées, sauf qu'on ne parlait jamais de la pluie et du beau temps ; la princesse Salmé déclare qu'elle ignorait ce sujet de conversation avant de venir en Europe, et elle nous raille agréablement de la place qu'il tient dans nos réunions mondaines. Quiconque ne recevait pas sortait. Les sarari et les altesses allaient en visite, accompagnées de cortèges resplendissants.

D'abord, les esclaves porteurs de lanternes. On reconnaissait les personnes de qualité au nombre et aux dimensions de leurs lanternes. Les plus grandes mesuraient deux mètres de tour et comptaient cinq coupoles « dans le style d'une église russe », garnies de verres de couleur. Une grande dame en avait six, portées au bout de longs bâtons par six hommes choisis pour leur force. Venaient ensuite, deux à deux, vingt esclaves richement vêtus, couverts d'armes incrustées d'or et d'argent. Ils écartaient les passants, que le savoir-vivre obligeait à disparaître dans les boutiques, dans les rues latérales, dans les maisons. La populace de Zanzibar, mal élevée comme toutes les populaces, jugeait cet usage oppressif et se dérangeait mal volontiers pour d'autres que les esclaves redoutés du palais impérial. Après les gardes en armes marchait leur maîtresse, enveloppée jusqu'aux yeux dans la pièce de soie noire, à la bordure d'or ou de couleur, appelé le *schele*, les pieds chaussés de souliers de maroquin rouge à fines broderies et à hauts talons. Une femme arabe de condition moindre l'accompagnait, et la marche était fermée par une bande d'esclaves femelles, parées de leurs plus beaux atours. La troupe brillante cheminait avec dignité par les rues tortueuses et obscures, jusqu'au moment où elle rencontrait le cortège d'une amie, en route vers le même but. On s'abordait et on se mêlait; le babil et les apostrophes dominaient le cliquetis des armes; les habitants allongeaient des têtes curieuses par les fentes des portes, par les fenêtres, par-dessus le rebord des toits en terrasse, et c'était à travers une ville émue qu'on arrivait à la maison de l'hôtesse. « On aurait pu nous suivre à la trace, disent les *Mémoires*, longtemps après notre passage, aux parfums pénétrants et tenaces dont les rues demeuraient pleines. » A minuit, chacun était rentré chez soi, et l'on se couchait avec la conscience d'avoir bien et utilement employé sa journée. « On voit, ajoute triomphalement la princesse Salmé, combien il est faux que les Orientales de distinction ne fassent rien. » En effet.

De temps en temps, on tourmentait le pacifique Sejjid-Saïd pour qu'il permît à une portion du harem d'aller en vacances dans une de ses plantations. Le bonhomme cédait. Filles et femmes partaient au point du jour, grimpées sur les grands ânes blancs et enveloppées d'une nuée de coureurs, de porte-parasol, d'eunuques à cheval, de soldats semblables à des panoplies vivantes, ayant chacun une lance, un fusil, un bouclier, un sabre et un poignard. A peine hors de la ville, les coureurs excitaient les ânes, et toute cette foule s'élançait en désordre, sans souci des glapissements des eunuques. C'était un tourbillon, un ouragan, un éparpillement, et l'on arrivait à la plantation par petits groupes, au mépris de toutes les lois de l'étiquette. Nul ne sait ce que peut être notre vie terrestre, s'il n'a goûté de l'existence enchantée qui attendait le harem à la campagne. On se donnait des indigestions du matin au soir. On était assailli de visites. On s'amusait en liberté dans les bois. Ce n'était que jeux, ris et festins, que feux d'artifice et concerts. Une partie des nuits se passait dehors, dans l'air tiède et parfumé. De grands cercles de femmes, dont les yeux et les pierreries brillaient dans l'ombre, se formaient sous les arbres géants, autour d'une clairière où des nègres et des Hindous en vêtements blancs dansaient au clair de lune. Ces nuits divines sont caractérisées par la princesse Salmé d'un mot bien européen, bien littéraire, qui produit un effet singulier sous la plume d'une ancienne kibibi : « De pareilles soirées, dit-elle, sont des plus romantiques ».

Comme son pauvre cœur se serre en nous contant ces choses! Reléguée par son imprudence dans un monde dur et trompeur, avide et hypocrite, elle ne reprend des forces pour supporter le présent qu'en se replongeant par l'esprit dans le passé. Contre les soucis qui l'accablent, contre les épines dont les civilisés « ont semé si abondamment le sentier de sa vie », l'infortunée n'a qu'une seule défense : « le souvenir sacré des siens et de sa patrie ». Elle s'écrie éloquemment : « Je m'y ensoleille à peu près chaque jour ». Il nous reste à raconter comment son grand malheur lui est arrivé.

IV

Sejjid-Saïd faisait de loin en loin un voyage à Mascate, afin de mettre ordre aux affaires de son royaume de l'Oman. Salmé, déjà grandelette, le vit partir pour une de ces expéditions. Il emmenait quelques-unes de ses filles et deux sarari favorites. La surveillance de ses harems et le gouvernement de

Zanzibar demeurèrent confiés, selon son usage lorsqu'il s'absentait, à l'un de ses fils, appelé Chalid, excellent musulman dont le premier soin était de rétablir la discipline parmi les troupeaux féminins remis à sa garde. Adieu les complaisances et les faiblesses! Chalid ne connaissait que la loi. On l'avait bien vu lors de l'incendie de Bet-il-Sahel.

C'était pendant une de ses régences. Le feu prit au palais dans la journée, à l'heure où une dame arabe ne doit pas être aperçue hors de sa maison. La nombreuse population de Bet-il-Sahel, affolée de terreur et fuyant les flammes, s'étouffa aux portes pour fuir. Elle trouva les issues fermées et gardées par la troupe. Chalid n'avait eu qu'une pensée en apprenant l'incendie : sauver la règle et empêcher ses sœurs et ses belles-mères d'être vues dehors en plein jour. On réussit à éteindre le feu, et ce fut tant mieux pour elles. On n'eût pas réussi que c'eût été tant pis pour elles. Périsse le harem plutôt qu'un principe! Chalid ne fut pas récompensé de sa fidélité aux préceptes du Coran. Ses deux filles devinrent les chefs du parti de l'émancipation de la femme à Zanzibar.

La semaine qui avait précédé le départ du vieux sultan avait été laborieuse pour les femmes de ses palais. Elles avaient profité de l'occasion pour donner de leurs nouvelles à leurs parents de l'Oman, et rien n'égale la difficulté d'écrire une lettre, quand on ne sait pas écrire, qu'on ne peut pas voir l'homme qui tient la plume en votre nom, et qu'on a un nègre pour intermédiaire. Il fallait d'abord faire la leçon au nègre, qui allait la répéter au scribe, lequel avait déjà dans la tête la matière d'une douzaine de lettres. Le nègre embrouillait, le scribe embrouillait, et ce n'était pas du tout ce qu'on avait voulu dire. La maîtresse du nègre le renvoyait chez un autre écrivain public, chez un troisième, chez un quatrième, sans avoir meilleure fortune. Au moment du départ de la flotte, il ne lui restait d'autre ressource que de choisir entre les différents textes celui qui s'éloignait le moins de sa pensée.

Un lourd ennui succéda à ces fatigues. Trois années se passèrent sans ramener la flotte. Elle parut enfin, mais elle ne rapportait qu'un cadavre; Séjjid-Saïd était mort pendant la traversée. Ses fils et ses filles se partagèrent ses plantations et ses trésors. Les sarari sans enfants reçurent de quoi vivre, ainsi qu'il l'avait ordonné dans son testament, et chacun s'en alla de son côté, cédant la place au harem de Madjid, le nouveau sultan.

Ce qui arriva ensuite découragea décidément de la polygamie, quoi que puisse dire la princesse Salmé. Dès que le chef de la famille eut disparu, ses enfants se liguèrent les uns contre les autres et se déchirèrent avec la même fureur qui avait animé dans les harems leurs mères les sarari. Le frère devint odieux au frère, la sœur à la sœur. Une folie d'espionnage et de délation s'empara d'eux, sans en excepter la douce Salmé, et des haines impies aboutirent à de vilaines actions, à des tracasseries sans fin ni trêve. Le seul qui eût échappé à la contagion était Madjid, le successeur de Sejjid-Saïd. Il n'y gagna qu'un complot, dont une de ses sœurs fut l'âme. La princesse Salmé s'y laissa entraîner, et deux jeunes filles cloîtrées préparèrent une révolution, afin de détrôner le sultan au profit d'un de ses frères. Les conjurés furent découverts, le prétendant assiégé dans son palais, pris et banni. Le sultan pardonna aux femmes, mais il ne leur rendit pas les esclaves armés contre ses soldats et tués dans le combat. Elles en furent appauvries; c'était une perte de capital, une vraie catastrophe financière. D'autre part, l'opinion publique, plus sévère que le monarque outragé, mit au ban le logis des deux sœurs. Plus de visites, plus de réunions joyeuses, plus de fêtes, plus d'invitations; jusqu'aux marchands de bibelots qui refusaient de franchir le seuil de leur porte! La vie était devenue intolérable. Dégoûtée et repentante, la princesse Salmé s'en fut passer quelque temps à la campagne. A son retour, M. Ruete parut.

Il était jeune, et il venait au bon moment. Leurs maisons étaient mitoyennes. On se voyait d'une terrasse à l'autre, on s'intéressait mutuellement; on s'aima. Nous avons dit que M. Ruete représentait une maison de commerce de Hambourg. Il y avait peu d'espoir que le sultan de Zanzibar vît ce beau-frère de bon œil. Les amoureux recoururent à l'enlèvement classique. Une première tentative manqua. L'Angleterre intervint fort à propos pour en protéger une seconde. La politique britannique a de ces mystères insondables. Il lui convenait qu'un négociant allemans scandalisât le royaume en épousant une princesse musulmane, une fille du vénéré Sejjid-Saïd. Ses agents s'en mêlèrent, et un capitaine de vaisseau de la marine royale, transformé pour la circonstance en Figaro, enleva de nuit la brune Rosine. Il la mena à son bord, et le bateau partit sur-le-champ pour Aden, où la princesse Salmé, dûment baptisée et mariée, devint pour le reste de ses jours cette infortunée Mme Émilie Ruete.

Elle n'a pas eu à se plaindre de son époux, loin de là; mais M. Ruete se fit écraser par un tramway après trois ans de mariage, et elle resta seule, dans une sorte d'effarement et d'épouvante, en face d'une existence trop compliquée et trop difficile pour elle. L'habitude nous empêche de sentir le poids de la civilisation. Elle nous donne le change sur les effets véritables des organisations savantes et des inventions ingénieuses accumulées autour de nous par les siècles. Nous nous imaginons que le progrès allège notre vie et brise une à une les chaînes dont notre ignorance et notre simplicité nous avaient chargés à l'origine. La réalité est très différente. Chaque découverte accroît nos besoins, chaque idée nouvelle augmente le trouble et la fatigue de notre esprit, chaque pas en avant ajoute au fardeau de notre labeur. Nous n'avons pas le droit de nous en plaindre; la peine est en raison du but; mais nous devons comprendre l'effroi d'une créature primitive, pour la quelle nos aspirations sont lettre close, en se sentant prise tout à coup dans l'engrenage de cette puissante machine : une nation civilisée. L'ancienne princesse Salmé eut l'impression d'être broyée. Dans sa souffrance, elle se demanda si elle avait fait un bon marché en échangeant sa demi-barbarie contre la glorieuse civilisation germanique. Elle fit la balance entre les deux existences, compara les arrangements sociaux, la vie matérielle, les deux morales, se compara elle-même à la kibibi ignorante d'autrefois, et nous avons donné à mesure ses conclusions, qui peuvent se résumer ainsi : à Zanzibar, le bonheur, parce qu'il n'y a point de mensonges, ni dans les institutions, ni dans les sentiments; en Europe, des trompe-l'œil partout et une foule de désespérés, qui se plaignent d'avoir été leurrés par de fausses promesses de justice, de vertu et de bien-être.

Il faut remarquer encore une fois à son honneur qu'elle aurait pu essayer de nous tromper. Elle pouvait peindre les compagnes de sa jeunesse avec des couleurs de convention, et les proposer à notre admiration. Nous ne l'aurions pas crue, mais nous aurions hésité dans nos jugements, et c'est déjà beaucoup Elle n'en a rien fait. Mme Ruete a voilé les côtés scabreux de son sujet en personne délicate et bien élevée; ses *Mémoires* ne parlent point du tout de vices, et le ciel sait pourtant si le vice chôme dans les harems. Elle a été assez franche sur le reste pour que l'Éden qu'elle vante nous semble un abominable enfer, et elle sait à merveille ce que nous en pensons;

mais elle entreprend de nous prouver que nous avons tort, et que c'est là le vrai bonheur. Elle est très brave, cette petite Arabe. Les énormités ne l'effrayent jamais. Ainsi, elle n'ignore pas que l'esclavage est mal vu, en ce moment, par l'Europe. Elle insinue même que la philanthropie y est pour peu de chose, la politique pour beaucoup, ce qui est possible. Quoi qu'il en soit, elle défend énergiquement l'esclavage par des raisons sans artifice, et d'autant plus fortes, car ce sont les vraies, les bonnes raisons, toutes pratiques et franchement égoïstes.

Puisque l'Arabe ne travaille pas, il faut bien que quelqu'un travaille pour lui, et qui serait-ce, si ce n'est le nègre ? Celui-ci est d'ailleurs très heureux avec son maître musulman, fort supérieur au maître chrétien. Il est battu, cela est vrai ; mais c'est sa faute, sa très grande faute : pourquoi est-il paresseux ? Un nègre n'a pas le droit aristocratique de ne rien faire, et il est insensible à tout autre raisonnement que le bâton. On est bien obligé de le fouetter, et ce n'est pas, après tout, une si grande affaire. Les Européens établis là-bas s'imaginent qu'il se passe des drames, parce qu'ils entendent des hurlements. La vérité, la voici : « Les nègres sont des poltrons qui ne savent pas supporter la douleur tranquillement ». Ils font « un tapage effroyable » pour quelques coups de bâton ; les consuls étrangers interviennent, et les vraies victimes sont les Arabes, qu'on est en train de ruiner, et « qui rappellent de tous leurs vœux les temps bienheureux où ils étaient encore à l'abri des idées subversives des Européens ». Les esclaves de Zanzibar sont très contents au fond. Les consuls étrangers se gardent bien de parler de leur air riant dans les moments où ils ne sont pas battus, de la bonté avec laquelle on les encourage à avoir beaucoup d'enfants, ces « dividendes du propriétaire », des soins touchants que l'on prend des négrillons. Les consuls, et aussi les négociants européens, ne racontent que le mal. Eux, cependant, achètent des femmes jaunes ou noires, dont ils ont des petits, et liquident toute la famille quand ils quittent le pays. Un musulman ne ferait jamais cela.

Les souffrances des convois d'esclaves sont réelles. Il est certain qu'il meurt quantité de ces pauvres diables en route. Mme Ruete comprend la pitié qu'ils nous inspirent. Elle la partage, s'attendrit avec nous, et tout à coup déroute le lecteur par un point de vue entièrement nouveau. Elle demande que les bonnes dames des sociétés anti-esclavagistes, qui tricotent avec tant de zèle des bas de laine pour des peuples qui vont tout nus, réservent un peu de leur compassion, devinez pour qui? Je vous le donne en cent, je vous le donne en mille : pour les conducteurs des convois. Voilà d'honnêtes marchands qui ont peut-être mis toute leur fortune dans une caravane d'esclaves, qui partagent ses fatigues, qui ont chaud et soif avec elle, qui sont ruinés si elle crève, et personne ne pense à eux que pour les vilipender. Le chrétien n'a vraiment

14

pas le sens de la justice, et comme il a perdu, d'autre part, le sens de la honte du travail, il est inutile d'attendre de lui un jugement équitable sur l'esclave. Qu'il consente du moins à ne le supprimer que peu à peu; qu'il laisse à l'Arabe le temps de chercher un autre expédient; qu'il renonce surtout à l'idée grotesque de faire accepter la loi du travail par les rois de l'humanité. Ce n'est pas la princesse Salmé qui conseillerait aux siens de courber la tête sous cette loi exécrable. Elle en a trop pâti depuis que, ruinée par les gens d'affaires allemands, elle traîne une existence mesquine et humiliée.

Elle songea à retourner dans son pays et n'osa pas. Il lui revint une lueur d'espoir au printemps de 1875, en lisant dans le journal que son frère Sejjid-Bargasch, sultan de Zanzibar par la mort de Madjid, se préparait à visiter l'Angleterre. C'était pour lui qu'elle avait conspiré jadis, pour lui qu'elle avait fait tuer ses meilleurs esclaves et bravé la disgrâce : il était impossible qu'il la repoussât lorsqu'elle viendrait à lui en suppliante. Puis, le gouvernement anglais, qui avait si obligeamment dérangé un bateau de guerre pour dénouer son petit roman, le gouvernement anglais ne pouvait l'avoir oubliée. Elle courut à Londres et vit qu'en effet elle n'était pas oubliée. Il convenait à présent à la politique britannique d'effacer le souvenir d'un incident équivoque, pénible pour l'amour-propre d'un souverain ami. On n'avait pas besoin de se gêner avec Mme Ruete. Sir Bartle-Frere lui signifia brutalement que son gouvernement n'entendait pas « qu'on ennuyât leur hôte avec des affaires désagréables ». Il lui promettait au surplus monts et merveilles pour ses enfants, à condition qu'elle retournât en Allemagne sans essayer de voir son frère. Elle le crut, se rembarqua, ne reçut rien et perdit du coup « la foi et la confiance aux hommes ». Privée désormais d'espérance, accablée sous le sentiment de son impuissance et de la méchanceté humaine, abîmée définitivement dans « des situations que le plus cruel ne souhaiterait pas à son ennemi », la pauvre kibibi, que la nature avait créée pour regarder en l'air et manger des confitures, reprit sa chaîne avec un morne désespoir. « J'étais, dit-elle, plus semblable à un automate qu'à une créature pensante. » Ce fut alors qu'elle écrivit ses *Mémoires* pour ses enfants. Ils étaient peut-être destinés à souffrir aussi, et il ne fallait pas leur laisser croire que le monde était partout laid et ennuyeux, de peur qu'ils ne devinssent de ces impies que les civilisés nomment pessimistes, qui regimbent sous la main de Dieu et blasphèment son œuvre. Leur mère leur devait de leur parler de la terre chaude et généreuse de sa belle jeunesse, des hommes justes qui l'habitaient et du bonheur qu'on y respirait.

Elle avait terminé sa tâche. Elle a repris la plume pour raconter un dernier événement qui l'a transportée de joie et dont le résultat, en dernière analyse, a été d'achever son effondrement moral. En 1885, on lui apporta la nouvelle extraordinaire que le gouvernement germanique, informé de son désir ardent de revoir sa patrie, dérangeait à son tour un bateau de guerre pour procurer une jouissance sentimentale à une pauvre veuve. Il va de soi que la politique était de nouveau de la partie. L'Allemagne tournait les yeux vers l'Afrique orientale, et elle était bien aise de montrer aux indigènes qu'elle possédait une fille de sultan, tandis que les Anglais n'en avaient pas. Le ministère des affaires étrangères expédia la princesse Salmé à l'escadre de Zanzibar, qui s'en servit en guise d'enseigne. Les officiers allemands l'exhibèrent à la population, qui la fêta. Le consul anglais sentit le coup et se plaignit à Sejjid-Bargasch. Celui-ci traita l'enthousiasme populaire à grands coups de fouet et ne réussit qu'à échauffer les têtes. Mme Ruete ne vit ni parents ni amis; elle ne toucha pas un sou de seize héritages auxquels elle avait droit; mais elle fut acclamée, et les Allemands la remballèrent pour Berlin grisée de soleil et de vivats, le cœur débordant de reconnaissance envers ses bienfaiteurs berlinois, qui lui avaient procuré un tel bonheur.

Rentrée à son foyer du Nord, elle se hâta d'ajouter à ses *Mémoires* ce *post-scriptum* éblouissant, et voici qu'au milieu de l'hymne de joie un sentiment amer se fait jour. En revoyant sa patrie avec ses yeux de transfuge et de renégate, elle ne l'a plus trouvée parfaite. Des choses qu'elle n'avait pas remarquées autrefois l'ont frappée et choquée. D'autres l'ont indignée parce qu'elle en avait perdu l'habitude

Quoi de plus naturel, pour un monarque oriental, que de s'approprier un bien dont il a envie? Sejjid-Bargasch se conformait à l'usage, et sa sœur le lui impute à crime. Quoi de plus louable, pour un chef de famille arabe, que de maintenir l'ordre et la soumission dans sa famille? Sejjid-Bargasch avait donné de sa main cinquante coups de bâton à une sœur soupçonnée d'aimer sans sa permission, et Mme Ruete le traite de tyran brutal. Quel devoir plus impérieux, pour un bon disciple du Prophète, que de faire respecter par son harem les lois de la décence musulmane? Sejjid-Bargasch avait surpris sa favorite à la fenêtre, échangeant un salut avec un Européen. Il l'avait tant fouettée qu'elle en était morte, et Mme Ruete pousse des cris d'aigle. — « Il faisait prier ensuite sur les tombes de ses victimes! » s'écrie-t-elle avec horreur. Assurément, et c'était très bien de sa part; après que justice était faite, il tâchait de sauver les âmes. Mme Ruete n'a plus du tout le sens du monde africain, et elle ne peut pas acquérir le sens du nôtre. C'est à cette constatation désolante qu'a abouti le voyage triomphal de 1885. « J'avais quitté ma patrie, écrit-elle, Arabe des pieds à la tête et bonne musulmane. Que suis-je aujourd'hui? Une mauvaise chrétienne et à peine une demi-Allemande. »

L'expérience est faite en ce qui la concerne, et confirme ce que nous savions déjà. Il y a incompatibilité d'humeur entre nous et l'Arabe. Ni le temps, ni la politique, ni les missionnaires n'y peuvent rien changer. Qu'on en accuse la race ou la religion, il n'importe guère. L'antipathie est là, et elle subsistera aux siècles des siècles, car elle ne peut pas ne pas être. La princesse Salmé s'est fatiguée vingt ans à chercher pourquoi elle ne nous aimait pas, elle le cherche encore, et chaque page de ses *Mémoires* lui crie pourtant le mot de l'énigme. Nous sommes des irréconciliables, son peuple et nous, parce que nous avons des manières trop diverses de comprendre des termes aussi essentiels que ceux de dignité humaine et de sentiment moral; parce qu'il y a un désaccord trop profond entre nos conceptions de la tâche de l'humanité et de sa fin sur la terre; parce que nos mots d'ordre sont trop différents. Le mot d'ordre de l'Arabe est : *Immobilité*; le nôtre : *En avant!* Il n'y a rien de commun entre nous.

LA DUCHESSE DU MAINE

Il n'y a pas un siècle et demi que la duchesse du Maine est morte. Nos arrière-grands-pères ont pu la connaître, faire des bouts-rimés avec elle et danser des pas de ballet sur son théâtre de Sceaux. Il semble pourtant, lorsqu'on la regarde vivre, que nous soyons séparés d'elle par des centaines d'années. C'est un monde différent. Les princes et les princesses y sont de tout autres personnages que de notre temps, soit dans l'opinion du public, soit dans leur propre opinion. Ils sont plus fiers d'être ce qu'ils sont, plus satisfaits d'eux-mêmes La duchesse du Maine s'y distingue entre tous par l'orgueil du sang et le contentement de soi. Elle mérite par là d'être choisie pour donner l'idée de ce que pouvaient être une âme de princesse et une existence semi-royale au siècle dernier. D'ailleurs, nous sommes abondamment renseignés sur tout ce qui la touche. Elle occupait beaucoup ses contemporains, et il n'est guère de *Mémoires* et de *Correspondances* du temps où il ne soit question d'elle.

I

Anne-Louise-Bénédicte de Bourbon, née en 1676, était la petite-fille de « M. le Prince le héros », comme on disait en ce temps-là, c'est-à-dire du grand Condé. Son père, M. le Prince tout court, était un petit homme très maigre, avec des yeux de feu qui l'éclairaient tout. Il avait autant d'esprit qu'on en peut avoir, beaucoup de valeur naturelle et d'envie de se distinguer, un savoir étendu, une politesse exquise et des grâces infinies quand il était en société et qu'il se contraignait. Un grain d'extravagance rendait ces beaux dons inutiles. C'était l'homme des caprices et des emportements. Il changeait d'idée à chaque minute, et il fallait que toute sa maison en changeât avec lui. On voulait et on ne voulait plus; on partait et on ne partait plus; on communiait et on ne communiait plus; on croyait souper à Ecouen et on soupait à Paris; on avait chaque jour quatre dîners prêts, dans quatre villes différentes, et l'on ne savait jamais, le matin, lequel des quatre on mangerait. Il arriva à M. le Prince de se mettre en route quinze jours de suite pour Fontainebleau avec sa femme, et de se raviser quinze jours de suite avant d'être au bout de la rue.

En revanche, il la faisait monter en carrosse au moment qu'elle s'y attendait le moins et l'emmenait en voyage sans crier gare.

Sa lésinerie est demeurée célèbre et, cependant, aucun homme ne fut plus magnifique à l'occasion. Il dînait de la moitié d'un poulet, dont l'autre moitié servait pour le lendemain, mais il dépensait des millions en fantaisies et en galanteries, à embellir Chantilly et à éblouir les belles dames. Amoureux — et il le fut souvent, — c'était une pluie d'or et un héros de comédie. Rien n'était trop cher, et il surpassait Scapin en fertilité d'imagination. Il se déguisait en laquais ou en marchande à la toilette. Il louait et meublait tout un côté d'une rue, afin de percer les murailles à l'intérieur et de gagner sans être vu la maison qui l'intéressait. Rentré chez lui, où il n'était pas amoureux, c'était un être insupportable, un tyran fantasque et avare. Saint-Simon prétend qu'il battait sa femme. En tout cas, il la maltraitait très fort en paroles et l'opprimait cruellement.

Nous avons dû nous arrêter un peu longuement à M. le Prince, parce que sa fille Anne-Louise tenait beaucoup de lui. Elle n'avait au contraire rien de sa mère. M. le Prince avait épousé une fille d'Édouard de Bavière, prince palatin du Rhin, et de cette Anne de Gonzague-Clèves qui joua un rôle pendant la Fronde. Mme la Princesse était une malheureuse créature sans défense, petite et laide, un peu bossue, un peu tortue, d'une douceur et d'une patience d'ange, sans esprit, mais de beaucoup de vertu et de piété. Son mari en avait fait une sorte de marionnette. Il tirait le fil et Mme la Princesse entrait ou sortait, se levait ou s'asseyait, prenait une figure triste ou gaie, sans savoir pourquoi et sans oser le demander.

Ce petit couple avait eu dix enfants, dont la moitié moururent en bas âge. Des cinq qui survécurent, un seul consentit à grandir un peu; c'était Marie-Thérèse, la future princesse de Conti. Le reste demeura si petit, si petit, que c'était une famille de pygmées. Le grand Condé disait que « si sa race allait toujours ainsi en diminuant, elle viendrait à rien », et le fait est qu'il ne s'en fallait plus guère que l'hôtel de Condé ne fût le royaume de Lilliput, un Lilliput triste, gouverné par un ogre. Le terrible M. le Prince était l'ogre. Il avait toujours l'air de chercher la chair fraîche, et il était la terreur de ses enfants, qui ne rêvaient qu'aux moyens de lui échapper. Les filles séchaient d'impatience de se marier, d'autant plus que leur père ne se pressait nullement de les pourvoir. L'aînée, celle qui avait grandi, comptait déjà vingt-deux ans quand elle épousa son cousin, le prince de Conti. Les trois cadettes frémirent de joie et d'anxiété en apprenant que le duc du Maine songeait à elles et que M. le Prince désirait cette alliance.

Le fiancé convoité avec tant d'ardeur n'était pourtant pas un parti glorieux pour les petites-filles du grand Condé. Il était le second des neuf enfants que Louis XIV avait eus de Mme de Montespan et qu'on avait d'abord cachés, puis montrés peu à peu à la cour, puis légitimés, et autorisés enfin, en 1680, à porter le nom de Bourbon. Leur élévation rapide, et qui promettait une suite, avait scandalisé la France dans un temps où tout ce que faisait le roi était admirable et sacré. M. le Prince ne voulut voir que les avantages solides des alliances avec les « légitimés ». Il avait déjà marié son fils, M. le Duc, avec une sœur du duc du Maine. Lorsqu'il sut que celui-ci cherchait femme, il offrit ses filles.

On sait que le duc du Maine était un pauvre pied-bot qui avait passé son enfance à être malade. Son frère aîné était mort à trois ans. Lui-même n'échappa que grâce au dévouement de Mme de Maintenon, alors simple gouvernante chez Mme de Montespan. Mme de Maintenon aima ce petit infirme en raison des peines qu'il lui coûtait. Selon l'expression de Saint-Simon, elle avait pour M. du Maine « le faible de nourrice ». Elle disait en parlant de lui : « la tendresse de mon cœur ». Il n'y eut médecin qu'elle ne consultât, jusqu'à faire incognito le voyage d'Anvers pour montrer son nourrisson à un homme en réputation. C'était en 1674. L'enfant avait quatre ans, et une jambe plus courte que l'autre. A en croire Mme de Caylus, nièce de Mme de Maintenon, le traitement d'Anvers eut pour résultat de rendre la jambe trop courte plus longue que l'autre, de sorte que le jeune prince aurait boité de l'autre pied s'il avait marché ; mais il ne marchait pas. Barèges le mit enfin debout, sans pouvoir l'empêcher de clopiner. Sa boiterie et sa chétiverie contribuèrent à le rendre extraordinairement timide de corps et d'esprit.

Il avait été pétri d'intelligence et de malice dès le bas âge. Il eut en grandissant l'esprit vif, facile et studieux. A sept ans, on le citait comme une manière de prodige et l'on imprimait ses thèmes et ses lettres sous ce titre : *OEuvres diverses d'un auteur de sept ans.* Le volume était précédé d'une épître à la louange du roi et de Mme de Montespan, composée par Racine. A la mort du grand Corneille, M. du Maine — il avait alors quatorze ans — songea à le remplacer à l'Académie. Le roi refusa son consentement, non que les *OEuvres diverses* lui parussent un titre insuffisant, mais parce qu'il trouvait l'auteur un peu jeune. Avec les années, M. du Maine s'enfonça de plus en plus dans les livres. Il aurait été rat de bibliothèque, et parfaitement heureux, sans le hasard de sa naissance, qui le condamnait à faire des choses grandes et héroïques.

Ce n'était pas du tout son fait. Sa timidité demeurait insurmontable. Il ne put jamais prendre sur lui d'être un foudre de guerre ou de tenir tête à un contradicteur. Le roi et Mme de Maintenon saisirent en vain toutes les occasions de mettre leur favori en lumière. Ils ne purent rien contre la nature, qui avait destiné le jeune prince aux œuvres pacifiques, et n'aboutirent qu'à le rendre dissimulé. Les ennemis de M. du Maine l'accusaient hautement d'hypocrisie. Une amie de sa maison a dit en termes beaucoup plus doux quelque chose qui y ressemble : « Le fond de son cœur ne se découvrait pas ; la défiance en défendait l'entrée, et peu de sentiments faisaient effort pour en sortir[1]. »

Ses immenses richesses compensaient bien des choses. A la suite d'événements que nous n'avons pas à rappeler ici, il était devenu l'héritier des biens de la Grande Mademoiselle. Naissance à part, M. du Maine était un des beaux partis de France.

Quand il parla de s'établir, Louis XIV commença par l'en détourner. Quelque cher que lui fût ce fils, il voyait bien qu'il était mal bâti. Il sentait, d'autre part, l'inconvénient de prolonger les branches bâtardes dans la maison royale. Il dit crûment au jeune prince « que ce n'était point à des espèces comme lui à faire lignée ». Mme de Maintenon était devenue toute-puissante. Elle plaida la cause de son élève : « Ces gens-là, lui répondit Louis XIV, ne se devraient jamais marier. » Elle insista, l'emporta et chercha autour d'elle une princesse. Les filles de M. le Prince lui semblaient par trop petites. La plus grande était de la taille d'une enfant de dix ans, et les trois sœurs avaient l'air de joujoux. Leur belle-sœur, la duchesse de Bourbon, les avait surnommées les « poupées du sang » ; et ce surnom leur allait à merveille. Mme de Maintenon écrivit à son amie l'abbesse de Fontevrault : « Le duc du Maine désire de l'être

---

[1]. *Mémoires de Mme de Staal.*

(marié), et on ne sait qui lui donner. Le roi penche plus à une particulière qu'à une princesse étrangère ;... les filles de M. le Prince sont naines; en connaissez-vous d'autres ? » (Lettre du 27 septembre 1691.)

Mme de Maintenon cherchait bien inutilement, car M. du Maine était décidé. L'idée d'entrer dans la maison de Condé lui souriait trop pour écouter aucune objection. On passa au choix.

Des trois filles de M. le Prince qui restaient à marier, l'aînée, Mlle de Condé, était jolie et pleine de raison. Une ligne de plus lui fit préférer la seconde, Anne-Louise. Mlle de Condé eut un tel crève-cœur de rester avec son père qu'elle tomba malade de la poitrine, languit quelques années et mourut.

La fiancée marchait sur les nues. Elle avait quinze ans et demi, le fiancé vingt-deux. Louis XIV leur fit des noces royales. Le mardi 18 mars 1692, il y eut « appartement » à Trianon. L'appartement était une grande soirée où l'on ne dansait point, qui commençait à sept heures et finissait à dix. Il y avait de la musique dans un des salons, des rafraîchissements dans un second. Les autres pièces étaient garnies de tables, préparées pour toutes sortes de jeux. Une entière liberté régnait dans ces réunions, que nous sommes disposés à nous figurer guindées. Aucune étiquette. Chacun faisait ce qu'il lui plaisait; jouait avec qui il voulait, donnait des ordres aux laquais s'il manquait une table ou un siège. Le roi ne venait que des instants, et il cessa même tout à fait de paraître aux appartements sous le règne de Mme de Maintenon. En 1692, il y avait longtemps qu'on ne l'y voyait qu'aux grandes occasions. Sa présence en était d'autant plus remarquée.

Il vint à celui de Trianon, y demeura longtemps et présida une des tables du souper. Le lendemain 19 mars, un peu avant midi, la noce alla le prendre dans son cabinet du château de Versailles. On se rendit en cortège à la chapelle, où le mariage fut célébré. On se mit à table en sortant de l'église, puis il y eut grande musique, grand jeu, grand souper, grand coucher des mariés, qu'on ne laissa enfin tranquilles qu'après douze heures de cérémonies, de révérences et de compliments.

Le jeudi 20, la nouvelle duchesse revêtit un habit de gala et s'étendit sur son lit. Elle reçut en cette posture la cour tout entière. Le vendredi et les jours suivants se passèrent en fêtes. Mme de Maintenon finit par s'alarmer pour la petite poupée, qui avait l'air si fragile. Elle écrivait le mardi 25 à Mme de Brinon, religieuse ursuline, qui s'était mêlée du mariage :

« ... Passons à... Mme du Maine, dont le roi est très content, aussi bien que monsieur son mari. Voilà ce mariage que vous trouviez si raisonnable à faire : j'étais fort de cet avis; Dieu veuille qu'ils en soient aussi satisfaits que je le suis jusqu'à cette heure! On m'a dit qu'elle irait passer la semaine sainte à Montbuisson; reposez-la bien; on la tue ici par les contraintes et les fatigues de la cour; elle succombe sous l'or et les pierreries, et sa coiffure pèse plus que toute sa personne. On l'empêchera de croître et d'avoir de la santé; elle est plus jolie sans bonnet qu'avec toutes leurs parures; elle ne mange guère, elle ne dort peut-être pas assez, et je meurs de peur qu'on ne l'ait trop tôt mariée. Je voudrais la tenir à Saint-Cyr, vêtue comme l'une des vertes [1], et courant d'aussi bon cœur dans les jardins. Il n'y a point d'austérités pareilles à celles du monde. »

La première semaine fut ainsi un enchantement général. Mme de Maintenon jouissait avec délices de la lune de miel de son cher élève et augurait merveille de la nouvelle duchesse, qu'elle ne doutait pas de gouverner à sa guise. Sur ce dernier point, il fallut vite en rabattre. A peine Mme du Maine eut-elle vu de près ce qu'était l'existence à la cour, ce que le roi exigeait de complaisance des femmes qui l'approchaient, que son parti fut pris de se révolter. Il est certain que c'était un lourd esclavage.

Une grande dame appartenant à la cour devait toujours être là, et toujours prête à avoir envie de ce qui plairait au roi. Elle avait faim et soif, chaud et froid, selon le bon plaisir de Sa Majesté. Malade ou bien portante, même enceinte ou relevant de couches, il lui fallait être en grand habit de cour, décolletée et tête nue; voyager dans cet appareil

---

[1] Les « vertes » étaient les élèves d'une des petites classes.

et recevoir d'un air riant le soleil, le vent et la poussière; danser, veiller, souper de bon appétit, être gaie et avoir bonne mine, le tout aux jours et heures marqués par le roi, sans déranger rien d'une minute. Les voyages étaient l'épreuve la plus rude. Louis XIV s'amusait à remplir son vaste carrosse de femmes parées et de mangeaille. Toutes les glaces étaient baissées et les rideaux ouverts, quels que fussent le temps et la saison, parce qu'il aimait l'air. A peine en route, il faisait manger les dames, « et manger à crever », dit Saint-Simon. Cela durait toute la journée, sans qu'il fût question pour d'autres que le Roi de descendre de voiture, et l'on soupait en arrivant comme si de rien n'était. Quelques-unes pensèrent mourir en route et ne durent d'arriver en vie qu'aux forces surnaturelles que donne le sentiment monarchique. Plusieurs s'évanouirent et furent disgraciées sans espoir de retour; c'était un crime sans rémission.

Mme du Maine jura qu'on ne l'y prendrait pas, et elle tint parole. Elle avait supporté quinze ans la cruelle contrainte de l'hôtel de Condé, et elle en avait assez. Elle était bien décidée à ne plus jamais se gêner, pour personne au monde, et elle envoya promener l'étiquette, les soirées officielles, les conversations morales chez Mme de Maintenon, les voyages en toilette de gala et les dînettes dans le carrosse du roi. Elle fit pis encore : elle se donna congé des longs offices et des exercices de piété qui étaient de mode depuis que Louis XIV devenaît austère. Le 27 août 1693, Mme de Maintenon récrivait à Mme de Brinon, d'un ton aigre-doux cette fois : « J'ai un chapitre à traiter avec vous, qui est celui de Mme du Maine. Vous m'avez trompée sur son esprit dans l'article principal, qui est celui de la piété : elle n'a veine qui y tende, et veut faire en tout comme les autres. Je n'ose rien dire à une jeune princesse élevée par la vertu même; je ne voudrais pas la faire dévote de profession; mais je vous avoue que j'aurais bien voulu la voir régulière et prendre un train de vie qui serait agréable à Dieu, au Roi et à M. le duc du Maine, qui a assez de bon sens pour vouloir sa femme plus sage que certaines autres. »

Mme de Maintenon se plaignait ensuite du peu de soumission de la duchesse et ajoutait pour corriger l'amertume de ses reproches : « Du reste, elle est telle que vous me l'avez dépeinte : jolie, aimable, gaie, spirituelle, et par-dessus tout cela aime fort son mari, qui de son côté l'aime passionnément, et la gâtera plutôt que de lui faire la moindre peine. Si celle-là m'échappe encore, me voilà en repos, et persuadée qu'il n'est pas possible que le Roi en trouve une dans sa famille qui se tourne à bien. »

Mme de Maintenon fut promptement « en repos ». Mme du Maine lui avait déjà échappé, et c'était par un reste d'illusion qu'elle se flattait encore de la retenir. Elle avait échappé à tout le monde, à M. le Prince le premier, qui était abasourdi de la manière dont elle se moquait de ses observations. Elle avertit ses belles-sœurs d'avoir à ne pas se mêler de ses affaires, en prenant pour emblème une « mouche à miel » entourée de la devise : *Piccola si, ma fa pur gravi le feri te. Elle est petite, mais elle pique bien.* Quant à M. du Maine, elle le terrorisa et le mit à la chaîne. Il n'osait souffler ni broncher devant sa femme. Elle avait l'air si pénétrée de l'honneur qu'elle lui avait fait en l'épousant, que la timidité du pauvre homme en redoublait. Et puis elle lui faisait des scènes au moindre mot, et c'était une chose dont il avait une frayeur mortelle. Il prit le parti de ne jamais la contrarier et de lui obéir en tout. Restait le Roi, dont un seul regard faisait rentrer sous terre les autres princesses. Louis XIV craignit sans doute de se commettre avec cette fougueuse petite personne. Il adressa prudemment ses représentations au duc du Maine, qui lui répondit n'en pouvoir mais. « Ainsi, dit Mme de Caylus, s'étant rendue bientôt incorrigible, on la laissa en liberté faire tout ce qu'elle voulut. » C'était ce qu'elle demandait.

La poupée se trouvait être un démon. Personne ne s'en était douté, à cause de la bonne discipline que M. le Prince maintenait dans sa maison, et chacun s'étonnait de découvrir dans le Petit Poucet des princesses la femme la plus entreprenante, la plus audacieuse qui fût jamais, pleine d'esprit, vive comme la poudre. Et quel caractère! « Son humeur est impétueuse et inégale, écrivait Mme de

Staal ; elle se courrouce et s'afflige, s'emporte et s'apaise vingt fois en un quart d'heure. Souvent elle sort de la plus profonde tristesse par des accès de gaieté où elle devient fort aimable. » Elle parlait avec éloquence, véhémence et surabondance; il n'y avait qu'à se taire devant elle; du reste elle n'écoutait jamais les autres. Passionnée jusqu'à la déraison, c'était par-dessus le marché un petit monstre d'égoïsme et un petit prodige d'amour-propre : « Elle croit en elle de la même manière qu'elle croit en Dieu et en Descartes, sans examen et sans discussion ».

Elle y croyait, premièrement parce que c'était elle, et ensuite parce qu'elle était sûre que Dieu fabrique les princes avec une boue à part. Ils ont l'air de n'être que des hommes, mais c'est une apparence. Ce sont des demi-dieux, et Mme du Maine, par une faveur spéciale de la Providence, était plus qu'à demi déesse. Elle pouvait par conséquent tout se permettre, et elle se permit en effet à peu près tout. Elle se devait, d'autre part, de conquérir une situation digne de sa divinité, et elle entreprit de pousser son boiteux, puisqu'il était trop pusillanime pour se pousser lui-même.

Par un mélange bizarre, Mme du Maine, avec tant d'orgueil et de hauteur, était née bergère d'opéra-comique. On n'est pas impunément la fille d'un prince qui se déguise en marchande à la toilette. La petite duchesse adorait les pompons, ceux de l'esprit comme ceux des robes, les fêtes galantes et les petits vers. Il lui fallait des plaisirs romanesques, une vie mythologique, un Parnasse de carton où elle pût régner, déguisée en nymphe, sur de beaux esprits en bergers d'Arcadie. Cette héroïne brillante et dangereuse était à ses heures parfaitement ridicule.

On a vu que Mme de Maintenon la trouvait jolie. Mme du Maine était pour sa part très contente de son visage. Le public en était moins satisfait, et Mme de Staal s'est plu à constater ce désaccord dans un passage malicieux : « Son miroir n'a pu l'entretenir dans le moindre doute sur les agréments de sa figure. Le témoignage de ses yeux lui est plus suspect que le jugement de ceux qui ont décidé qu'elle était belle et bien faite. » A en juger d'après les portraits de l'époque, c'était le public qui avait raison, et Mme du Maine avait peu de beauté. Les portraits de sa première jeunesse nous montrent de beaux yeux, des joues trop grosses, une physionomie poupine, alourdie encore par une coiffure énorme. On conçoit qu'elle ait trompé son monde avec ce visage bonasse, qui annonce si peu un volcan.

Ses traits ne tardèrent pas à s'accentuer. Il y a au château de Versailles un portrait de Mme du Maine vieillissante, par Nattier, qui est d'un réalisme cruel. La duchesse a une figure de naine, une figure trapue et sans grâce. Elle a le nez épais, la bouche vulgaire, deux mentons et la peau grosse. Rien d'une déesse. Mais nous n'en sommes pas encore là. Nous en sommes à une petite personne fraîche et mignonne, qui cache ses vastes projets sous des airs d'enfant.

Les flambeaux de la noce n'étaient pas éteints, que Mme du Maine rêvait déjà au parti à tirer de sa mésalliance. La cour de France était alors un beau champ pour l'intrigue. Tant de choses changeaient, qu'il n'y avait rien qu'un esprit ambitieux ne pût convoiter et espérer. La vieille société aristocratique tombait en pièces; il s'agissait de ramasser les morceaux, et de s'en fabriquer adroitement un piédestal.

II

A juger sur les apparences, le règne de Louis XIV a été l'apothéose de la noblesse française. On est trompé par l'éclat et le faste de la cour; par les brillants faits d'armes des gentilshommes, par leurs querelles bruyantes à propos de ces détails d'étiquette qui n'ont de prix que dans les sociétés aristocratiques; par la pluie de grâces et de bienfaits, de cadeaux d'argent, de pensions et de bénéfices que le Roi laissait tomber sur ses courtisans; enfin par l'air majestueux que le costume et la belle tenue du temps donnent au moindre vicomte, dans les portraits et les tableaux. Lorsqu'on se représente les salons dorés du palais de Versailles remplis de ces magnifiques seigneurs à grande perruque, vêtus de soie et de velours, reluisants d'or et de pierreries, dont la personne respire l'heureuse certitude d'être de très grands personnages, on croit avec eux à leur importance et l'on est prêt à les saluer jusqu'à terre.

Ceux d'entre eux qui avaient l'esprit réfléchi savaient pourtant ce qu'il en était au fond. Un duc de Chevreuse ou de Beauvilliers, un Saint-Simon ne se laissaient pas prendre au mirage des vains honneurs et des habits brodés. Ils voyaient la noblesse française ruinée par un luxe stupide, et réduite, « pour avoir du pain », aux mésalliances et aux tripotages. Ils la voyaient inutile et oisive, exclue des ministères et des emplois, et déjà livrée aux vices qu'enfante l'oisiveté. Ils voyaient la première dignité du royaume, la pairie, abaissée en toute occasion, la majesté du sang royal compromise par les privilèges accordés aux légitimés, les fonctions publiques et jusqu'aux charges de cour envahies par les gens de plume et de robe, ceux-ci le prenant de haut avec les nobles; Colbert, à ses débuts, écrivait *Monseigneur* aux ducs, et ils lui répondaient *Monsieur*; ce fut le contraire sous Louvois. Ils voyaient en un mot une transformation profonde s'opérer autour d'eux et à leurs dépens, et sentaient amèrement leur impuissance à l'arrêter.

Mme du Maine était de ceux qui réfléchissaient. Elle remarquait fort bien le trouble causé par les progrès de la bourgeoisie, et elle ne le regrettait pas; le désordre lui était favorable dans la situation équivoque où la plaçait la naissance de son époux. Son plan avait été arrêté du jour de ses fiançailles. Elle se proposait deux buts dans la vie, qui lui tenaient également au cœur. L'un était de s'amuser; l'autre, de devenir l'un des premiers personnages du royaume, toute femme de bâtard qu'elle était.

Il semble que le second de ces buts dût être de beaucoup le plus difficile à atteindre. La duchesse en jugeait autrement. Elle comptait sur la confusion des rangs et la protection toute-puissante de Mme de Maintenon. Il était à prévoir que le caractère timoré de M. du Maine serait quelquefois un embarras; le duc ne valait rien les jours de bataille. En revanche, il était incomparable pour les petits manèges et les intrigues, pour gagner sans bruit un pouce de terrain, d'un air si humble qu'on n'y prenait pas garde. Sans cesse à l'affût, il ne laissait échapper aucune occasion. C'était un fauteuil au lieu d'un autre, c'était la forme d'un manteau; c'était une révérence de plus ou de moins, et tous ces riens mis bout à bout l'approchaient lentement mais sûrement du rang convoité. Il ne laissait pas d'être ambitieux, et sa femme se disait qu'en le poussant, il l'aiderait. Aussi avait-elle confiance en leur avenir commun. Le plus pressé était de s'amuser; le reste viendrait à son heure.

Le plus pressé était aussi, par malheur, le plus malaisé. Il ne fallait plus songer aux plaisirs à la cour de France. Le Roi tournait décidément à la vertu, et il voulait qu'on fût solennel comme lui. Il y avait de quoi périr d'ennui. Il est vrai que Mme du Maine pouvait aller se divertir au château de Clagny, bâti par Louis XIV, dans des temps moins austères, pour Mme de Montespan, et donné par celle-ci à son fils. Clagny était un grand édifice bas, construit dans le style noble et donnant sur de vastes parterres symétriques, ornés d'ifs taillés en forme de cônes. Il passait alors pour une merveille : « Château superbe, dit Saint-Simon, avec ses eaux, ses jardins, son parc; des aqueducs dignes des Romains, de tous les côtés; l'Asie ni l'antiquité n'offrent rien de si vaste, de si multiplié, de si travaillé, de si superbe, de si rempli de monuments les plus rares de tous les siècles, en marbres les plus exquis de toutes les sortes, en bronzes, en peintures, en sculptures, ni de si achevé des derniers ». Tant de splendeurs ne sauvaient point Clagny d'un gros défaut : Clagny était à Versailles même, trop près du Roi. On y était encore à la cour, encore à l'état de satellite.

La petite duchesse essaya de Châtenay, modeste maison de campagne aux environs de Sceaux. Châtenay appartenait à M. de Malézieu, ancien précepteur de M. du Maine et le parfait modèle de ces beaux esprits que les grands d'alors enrôlaient dans leur suite, afin d'avoir quelqu'un sous la main pour faire leurs bons mots, leurs vers et leurs lettres aux dames. Malézieu passait, avec quelque raison, pour être un puits de science, et on l'écoutait comme un oracle chez Mme du Maine :

« Ses décisions, dit Mme de Staal, avaient la même infaillibilité que celles de Pythagore parmi ses disciples : les disputes les plus échauffées se terminaient au moment que quelqu'un prononçait : *Il l'a dit.* » Il donnait des leçons de latin, de cartésianisme et d'astronomie à la duchesse. Il lui déclamait les tragédies de Sophocle et lui organisait ses fêtes. Il avait infiniment d'imagination pour composer des bagatelles en prose et en vers, pour inventer des sujets de feux d'artifice et de ballets. Il était complaisant avec les grands, dédaigneux avec les petits, point méchant, mais un peu plat. Il était l'homme universel et indispensable. Il était aussi l'homme infatigable; Fontenelle parle de son « tempérament robuste et de feu ». Ses portraits nous présentent une bonne figure ouverte et aimable, respirant la santé.

Mme du Maine lui fit l'honneur de choisir sa maison de campagne, en 1699, pour y passer le temps où la cour était à Fontainebleau. En sa qualité de déesse, elle y ressuscita l'âge d'or. Ce n'était qu'innocence et simplicité — simplicité de princes, s'entend. On y menait une « vie champêtre », parmi

Ces plaisirs doux et purs, que la raison désire [1].

On y était à l'abri du « tumulte et du désordre des passions »; on y jouissait des « beautés de la campagne »; on y jouait au jeu d'oie; on y disait

[1]. Lettre de l'abbé Genest à Mlle de Scudéry.

toute la journée de jolies choses. Les mauvaises habitudes de luxe reparaissaient à l'heure des repas : « Les tables sont abondamment et délicatement servies, où la compagnie est gaie; la musique s'y mêle, ou y succède. Il y a des flûtes, des hautbois, des violons, des clavecins, des trompettes même dont le son semble s'adoucir pour s'unir aux autres instruments. » Ces deux dernières lignes sont un chef-d'œuvre; il n'y avait qu'un courtisan de race pour imaginer ces trompettes qui comprennent qu'il s'agit d'être pastorales et de prendre un son de chalumeau. Les soirées étaient égayées par des feux d'artifice savants. Tantôt « c'est une ville qu'on assiège »; tantôt « deux grands navires qui paraissent à l'ancre dans un pré » bombardent un fort, qui finit par sauter « en élançant dans les airs une girandole »; tantôt « deux globes enflammés » s'entr'ouvrent et font « une image aussi vive que surprenante de ce qu'on nous enseigne de l'embrasement de l'univers ». Ces magnificences attiraient les villageois des environs, et la fête devenait presque trop champêtre au goût des invités. La nuit jetait heureusement ses voiles sur des visages et des habits trop rustiques pour une idylle royale. Elle « faisait que tout paraissait beau et propre », et M. du Maine « s'intéressait avec tendresse à voir les peuples commencer à goûter quelques fruits de la paix ».

Châtenay fut déclaré « enchanteur ». Le 20 décembre de la même année (1699), M. du Maine achetait le château de Sceaux, dont Colbert et son fils, le marquis de Seignelay, avaient fait l'une des plus belles et des plus agréables demeures des environs de Paris. Il n'en reste aujourd'hui que bien peu de chose, mais la Bièvre coule encore dans la vallée, les coteaux ont encore leurs lignes molles et enchevêtrées, l'aimable ciel de France répand encore sa lumière tranquille sur le lieu où fut Sceaux. Il est facile à l'imagination de replacer dans leur cadre l'ancien château et ses jardins, tels que nous les montrent de vieilles gravures.

Le château avait été construit pour Colbert par Perrault. Il entourait de trois côtés une vaste cour carrée. La symétrie en était parfaite, l'ornementation sévère, le style élégant et noble. Des avenues bien droites, de grandes grilles bien régulières, des corps de logis bien alignés reliant des pavillons bien appariés; des parterres bien géométriques, des charmilles bien taillées, des quinconces bien tirés au cordeau; un majestueux ensemble de lignes droites et d'angles droits, de cercles, de demi-cercles et de quarts de cercle; des trésors en sculpture, en peinture, en meubles, épars dans le château, dans le pavillon de l'Aurore [1], dans les allées et les bosquets; une abondance prodigieuse d'eaux courantes et jaillissantes, amenées par des aqueducs; un nombre fabuleux de bassins, jets d'eau, cascades et canaux;

---

[1]. Le célèbre pavillon de l'Aurore, situé dans le parc, contenait un grand plafond de Lebrun, *le Lever de l'aurore*, et deux moindres de Delobel.

un air inimitable de grandeur, d'ordre et d'harmonie répandu sur l'ensemble; un des plus jolis paysages des environs de Paris pour horizon, des plus doux, des plus discrets, un de ces paysages bien français qui vous entrent au cœur quand on a grandi et vécu dans leur intimité : tel était le séjour superbe et charmant choisi par Mme du Maine pour être son Olympe et son Parnasse.

La petite duchesse s'installa avec transport dans son nouveau domaine, auquel un heureux entourage de coteaux et de collines donnait des apparences de petit univers, borné et fermé de toutes parts. La Bièvre enserrait dans une large courbe ce royaume minuscule. Mme du Maine s'y sentait tout à fait chez elle, tout à fait souveraine, entre les courtisans de son choix, empressés à lui plaire, et les paysans des environs, qui vivaient du château. Elle en oublia un peu le reste du monde et s'accoutuma à confondre la vie de Sceaux avec la vie réelle. Cette erreur devait lui coûter cher dans la suite; les idées de Mme du Maine se faussèrent.

Elle se hâta de s'arranger une existence selon son cœur, où le plaisir était un devoir et un travail. Elle s'amusa le jour, elle s'amusa la nuit, et elle ordonna que chacun s'amusât autour d'elle. Tant pis pour ceux que cela ennuyait. Elle s'entoura d'amuseurs à gages, payés pour avoir de l'esprit à point nommé. Malézieu faisait passer des examens aux postulants. Il leur proposait des sujets, sur lesquels il fallait parler, et l'on était admis ou refusé d'après son rapport. Elle eut des poètes pour l'encenser, qui furent toujours prêts à la comparer à Vénus et à l'appeler « chef-d'œuvre des cieux ». On leur faisait signe au dessert, et ils se renvoyaient les chansons à la louange de « la Nymphe de Sceaux ». L'abbé Genest nous a conservé tout un volume de ces platitudes [1]. La lecture en est réjouissante. On utilisait pour la flatterie jusqu'à l'embarras de ceux qui ne trouvaient rien à dire ; l'ingénieux Malézieu se hâtait d'improviser quelque à-propos dans ce goût :

> Lorsque Minerve nous ordonne,
> On a toujours assez d'esprit ;
> Si l'on n'en a pas, elle en donne.

Personne n'avait le droit d'être ennuyeux, ou inutile, ou grave. La philosophie ne dispensait pas des bouts-rimés, ni l'âge des madrigaux. Nul n'échappait aux « loteries poétiques [2] », qui mettraient aujourd'hui en fuite l'Académie elle-même. On enfermait les lettres de l'alphabet dans un sac, et on les tirait au sort. Le gagnant de l's devait un sonnet, celui de l'*a* une apothéose ou une ariette. L'*o* donnait le choix entre une ode et un opéra. Ainsi de suite, et il fallait s'exécuter ou ne pas revenir à Sceaux. Les personnes de qualité passaient la commande à quelque pauvre diable de poète, mais les Malézieu, les Chaulieu, les

---

1. *Les Divertissements de Sceaux.* (Paris, 1712, Étienne Ganeau.)
2. Voir *la Comédie à la cour*, par Adolphe Jullien.

Fontenelle, un peu plus tard les Staal et les Voltaire n'étaient pas reçus à frauder et payaient comptant. Malézieu avait surnommé Sceaux « les galères du bel esprit ».

On n'avait jamais une heure devant soi pour être bête en paix. Les énigmes et les anagrammes vous guettaient dans les corridors. Les devinettes vous arrivaient comme une flèche au cercle de la duchesse, et les bouts-rimés à remplir séance tenante, et les petits vers galants ou mordants, auxquels il fallait riposter. Il y avait une foule de petits jeux où l'on donnait des gages, et ceux-ci se rachetaient avec des rondeaux, des fables, des triolets, des virelais. On recevait des invitations à dîner poétiques, des lettres anonymes piquantes ou sentimentales, des couplets grivois, et l'on était condamné à répondre sur le même ton. Quel soulagement on devait éprouver, quel repos, quelle saine jouissance, lorsqu'au sortir de Sceaux on tombait chez de bonnes gens qui mangeaient leur potage avec simplicité, à l'abri des logogriphes, des acrostiches et des chansons, et qui se chauffaient les pieds sans le raconter en vers!

Il va de soi qu'il se disait, dans le nombre, des bagatelles agréables, dont plusieurs sont demeurées classiques. Quelqu'un demandait un soir à Fontenelle : « Quelle différence y a-t-il entre une pendule et la maîtresse du logis? — L'une marque les heures, l'autre les fait oublier », répondit Fontenelle. C'est à Sceaux, pour racheter un gage, que Voltaire fit l'énigme connue :

Cinq voyelles, une consonne,
En français composent mon nom,
Et je porte sur ma personne
De quoi l'écrire sans crayon.

On laissa à Mme du Maine la gloire de deviner *oiseau*.

Elle prenait ces enfantillages au sérieux, la petite duchesse. Elle s'appliquait de tout son cœur pour composer une lettre du Grand Mogol à une dame de la cour de Sceaux, ou un badinage indécent à l'adresse de M. le Duc, son frère. Elle fonda un ordre de la *Mouche à miel*, avec la devise déjà citée, et elle y déploya autant de solennité que le roi de France en avait pu mettre à instituer l'ordre du Saint-Esprit. La *Mouche à miel* eut des statuts, des officiers, un serment qu'on prêtait sans rire et dont voici la formule : « Je jure, par les abeilles du mont Hymette, fidélité et obéissance à la directrice perpétuelle de l'ordre, de porter toute ma vie la médaille de la *Mouche*, et d'accomplir, tant que je vivrai, les statuts de l'ordre; et si je fausse mon serment, je consens que le miel se change pour moi en fiel, la cire en suif, les fleurs en orties, et que les guêpes et les frelons me percent de leurs aiguillons ».

Jamais on ne s'amusa aussi laborieusement, et nous ne sommes pas au bout. Mme du Maine avait la passion de jouer la comédie. Elle eut la constance d'apprendre la plupart des grands rôles du répertoire de son temps. Le genre lui était indifférent, puisqu'une princesse excelle nécessairement dans tous, et la qualité des pièces la touchait médiocrement, puisque tout devenait également beau en passant par sa bouche. Elle jouait à volonté la tragédie, la comédie, la comédie-ballet, la farce, l'allégorie et la pastorale. Elle passait du rôle d'Athalie à celui de Pénélope, dans la tragédie de l'abbé Genest, du rôle de Célimène à celui de la servante Finemouche, dans la *Tarentole* de Malézieu. Plaute succédait à Quinault sur l'affiche, Euripide à Lamotte.

La peine qu'elle se donnait est incroyable. Elle s'assujettissait à prendre des leçons, à répéter, à se costumer. Elle menait des mois entiers la vie écrasante d'une actrice de province, condamnée à apprendre tous les jours une pièce nouvelle. Elle se transportait à Clagny et conviait la cour à des séries de représentations. Les courtisans accouraient, s'extasiaient, et par derrière se moquaient. « On ne comprenait pas, dit Saint-Simon, la folie de la fatigue de s'habiller en comédienne, d'apprendre et de déclamer les plus grands rôles, et de se donner en spectacle public sur un théâtre. » M. du Maine sentait que sa femme se rendait ridicule, mais « il n'osait la contredire de peur que la tête ne lui tournât tout à fait, comme il s'en expliqua une fois nettement à Mme la Princesse, en présence de Mme de Saint-Simon ».

M. du Maine aurait dû ajouter, pour être franc, qu'il se taisait aussi de peur des scènes. Sa douceur ne l'en garantissait pas, et il devenait plus craintif à chaque « vacarme », d'où le joli mot de Mme de Caylus : « Le mariage de M. du Maine mit le comble à ses malheureuses dispositions ». Il n'était même pas toujours admis aux fêtes qui se donnaient chez lui. Sa femme le renvoyait, et il s'en allait docilement s'enfermer dans une petite tourelle, où il passait les journées à dessiner des plans pour ses jardiniers. Les chansonniers parisiens savaient tout cela et ne l'épargnaient pas; mais qu'y faire?

> De sa femme et de sa fortune
> Esclave soumis et rampant,
> Du Maine ne se livre à l'une
> Que quand de l'autre il est content.
>
> Sa femme joue en comédienne,
> Reçoit toutes sortes de gens,
> Et sa maison est toujours pleine
> De coquettes et de galants.
>
> A Malézieu cette princesse
> Prodigue ses plus doux appas;
> Il lui montre de la tendresse,
> Mais on dit qu'il ne l'aime pas [1].

Mme du Maine n'était pas récompensée de ses peines. Elle s'ennuyait. Plus elle travaillait à se divertir, plus elle s'ennuyait. Les nuits lui pesaient tout particulièrement, parce qu'elle ne dormait pas. Elle les employait souvent à jouer, et ce fut l'origine des fameuses *Grandes Nuits de Sceaux*. Un abbé de cour en fut l'inventeur, et Mme de Staal régla la première.

1. *Recueil Maurepas* (année 1710).

Cette spirituelle Staal-Delaunay,[1] a été une créature bien infortunée. La nature l'avait faite sensible et fière. L'éducation lui avait enseigné à sentir son prix. Le destin la précipita dans une condition servile où la fierté était un malheur, la sensibilité un ridicule. Elle avait commencé par être femme de chambre de Mme du Maine, avait gagné son avancement à force d'esprit, et ne put jamais se consoler d'avoir subi le contact de la valetaille. Elle aimait des marquis et des chevaliers qui la traitaient sans façon, en inférieure; elle en était au désespoir, et ne pouvait s'empêcher de recommencer. Enchaînée, plutôt qu'attachée, à la cour de Sceaux, elle y vieillit et y mourut sans autre récompense que d'avoir écrit en secret des *Mémoires* vengeurs, où l'égoïsme des grands est mis à nu par le plus doux et le plus aimable des récits.

Elle n'était plus tout à fait femme de chambre et elle n'était pas encore autre chose, quand l'abbé de Vaubrun eut l'idée de couper par quelque « divertissement » une nuit que la duchesse devait passer au jeu. Il imagina de « faire paraître quelqu'un sous la forme de la Nuit enveloppée de ses crêpes, qui ferait un remercîment à la princesse de la préférence qu'elle lui accordait sur le jour; que la déesse aurait un suivant qui chanterait un bel air sur le même sujet ». L'abbé pria Mme de Staal de composer et de réciter la harangue de la Nuit. La

---

[1]. Mlle Delaunay devint Mme de Staal par son mariage avec un officier des gardes suisses.

harangue était assez plate et l'auteur s'embrouilla en la récitant, mais l'idée plut : les *Grandes Nuits* étaient fondées.

Elles firent grand bruit en leur temps; elles paraissent aujourd'hui un peu fades. On y jouait des allégories ou des scènes comiques, mêlées de danses et de chants, à la gloire de Mme du Maine. Une ambassade de Groënlandais venait lui offrir la couronne du Groënland, et leur chef lui adressait ce discours : « La Renommée... nous a instruits des vertus, des charmes et des inclinations de Votre Altesse Sérénissime. Nous avons su qu'elle abhorre le soleil.... Plusieurs veulent que votre mésintelligence soit d'abord venue d'avoir disputé ensemble de la noblesse, de l'origine, de la beauté et de l'excellence de vos lumières, etc. » Ou bien des savants venaient consulter Malézieu sur un astre nouvellement découvert, et l'astre se trouvait être la duchesse, présidant aux *Grandes Nuits*. Ou bien l'enchanteur Merlin indiquait Sceaux à des chercheurs de trésors, qui y trouvaient Mme du Maine. Ou bien Vénus se lamentait d'avoir perdu la ceinture qui lui assure l'empire des cœurs, et Apollon lui révélait que sa ceinture avait été ravie par Mme du Maine [1]. La Providence a fait aux grands de la terre la grâce d'aimer la fumée d'encens. Ces beaux dialogues charmaient la duchesse par leur vérité, le public par la splendeur de la mise en

---

[1]. Adolphe Jullien, *loc. cit.*

scène, et l'aurore trouvait encore tout le château sur pied. La fête se terminait par un déjeuner magnifique, où les beaux esprits étaient sommés de briller; ils n'avaient pas congé, même après une nuit blanche.

L'infatigable petite duchesse trouvait encore du temps pour les études sérieuses. Elle ne négligeait ni le latin, ni l'astronomie, et elle avait adjoint à Malézieu un second professeur de philosophie, le beau, l'aimable, le coquet, l'insinuant et compromettant cardinal de Polignac, auteur d'un grand poème oublié et d'un mot justement célèbre. Le poème s'appelait l'*Anti-Lucrèce* et était en latin. Le cardinal y défendait la saine morale et la bonne théologie. Le mot avait été prononcé dans les jardins de Marly, au moment d'une averse : « Ce n'est rien, Sire, avait dit cette fleur des courtisans; la pluie de Marly ne mouille pas. » Mme du Maine admirait beaucoup l'*Anti-Lucrèce*. Elle se le faisait expliquer par l'auteur, et les mauvaises langues jasaient de ces leçons. Mais de quoi les mauvaises langues ne jasent-elles pas? Les gens sans malice admiraient beaucoup la petite duchesse. « On peut dire d'elle, écrit le duc de Luynes dans ses *Mémoires*, qu'elle avait un esprit supérieur et universel, une poitrine d'une force singulière et une éloquence admirable. Elle avait étudié les sciences les plus abstraites : philosophie, physique, astronomie. Elle parlait de tout en personne instruite et dans des termes choisis; elle avait une voix haute et forte, et trois ou quatre heures de conversation du même ton ne paraissaient rien lui coûter. Les romans et les choses les plus frivoles l'occupaient aussi avec le même plaisir. »

On l'admirait avec raison, car ces enfantillages, ces niaiseries, ces futilités, qui semblaient l'absorber, servaient à masquer les plans politiques les plus hardis, conduits avec une attention qui ne se relâchait pas une minute. Jamais Mme du Maine n'oubliait qu'elle s'était engagée vis-à-vis d'elle-même, le jour de ses fiançailles, à devenir l'un des premiers personnages du royaume. Jamais elle ne cessait un instant d'y travailler, jamais elle ne s'endormait sur un succès ou ne permettait à son époux de s'endormir. Le duc n'y comprenait rien. En la voyant si évaporée, si appliquée à le ruiner en feux d'artifice et en mascarades, il se figurait qu'elle ne pensait plus aux affaires et en profitait pour s'accorder un peu de répit. Il vint un jour en triomphe lui montrer une traduction de sa façon, en vers, d'un chant de cet *Anti-Lucrèce* qui la passionnait. La duchesse entra en fureur. C'était bon pour elle, l'*Anti-Lucrèce* et son galant auteur. « Vous verrez, s'écria-t-elle, qu'un beau matin vous trouverez, en vous éveillant, que vous êtes de l'Académie, et que M. d'Orléans a la régence! » Le duc resta tout penaud.

La duchesse était injuste, car il avait aussi bien travaillé. Tandis qu'elle régnait à Sceaux, il était assidu à Versailles. Il suivait le Roi à Trianon, à

Marly, à Fontainebleau. Il était le bon fils, le tendre fils, qui contemplait amoureusement un père glorieux, qui ne pouvait se passer de sa vue, qui faisait violence à ses goûts de retraite pour respirer le même air, qui était empressé, complaisant, qui suait le dévouement. Fort aimable d'ailleurs, et toujours prêt à distraire le Roi par une anecdote spirituelle. Non moins assidu auprès de Mme de Maintenon, il s'ouvrait à elle de ses plans et de ses rêves, et elle le guidait, le conseillait, sollicitait le Roi pour lui. Aidé de cette fidèle alliée, M. du Maine avait fait un beau chemin.

Il n'y avait pas eu d'année où il n'eût gagné un détail d'étiquette, une charge pour lui ou ses enfants, une lettre patente le rapprochant du trône. De légitimé, il était devenu pair de France. De pair de France, prince du sang officiel, jouissant des mêmes honneurs que les princes du sang de naissance régulière. C'était déjà une belle fortune pour un bâtard : M. du Maine eut plus encore. Après la mort des ducs de Bourgogne et de Berry, un édit (juillet 1714) appela à la succession à la couronne le duc du Maine, le comte de Toulouse son frère, et leurs descendants. Le petit boiteux touchait la couronne du bout du doigt ! Il eut plus encore, toujours plus. Louis XIV, soigneusement endoctriné, soupçonna le duc d'Orléans, premier prince du sang, d'avoir empoisonné le dauphin et son frère, et il enleva par testament les principales prérogatives de la régence à son neveu, pour les transférer au duc du Maine. Celui-ci touchait à présent la couronne des deux mains, car le futur Louis XV était si délicat, que personne ne croyait qu'il pût vivre.

Voilà où en étaient M. et Mme du Maine à la fin de 1714. Voilà le comble de grandeur où les avaient portés la tendresse d'une ancienne gouvernante et la faiblesse d'un vieillard. Voilà ce qu'ils espéraient. La duchesse ne se tenait pas d'aise. Elle « triomphait à Sceaux, dit Saint-Simon; elle y nageait dans les plaisirs et les fêtes ». Son époux était partagé entre le contentement et la terreur. Il songeait sans cesse à ce que son père lui avait dit en public, d'un ton aigre et haut, après avoir signé son testament : « Vous l'avez voulu; mais sachez que quelque grand que je vous fasse, vous n'êtes rien après moi, et c'est à vous après à faire valoir ce que j'ai fait pour vous — si vous le pouvez. » M. du Maine était dans des transes mortelles au souvenir de ces paroles. Qu'allaient devenir en effet ses grandeurs quand Louis XIV ne serait plus là?

Ainsi, tandis que la joie possédait seule le cœur de Mme du Maine, M. du Maine était agité d'autant de crainte que d'espérance, et pensait moins à son bonheur qu'aux moyens de se le faire pardonner.

III

La santé de Louis XIV commença à décliner dans l'été de 1714. Les différents partis que sa mort devait mettre aux prises eurent donc un an pour combiner leur plan de campagne. La situation était d'ailleurs très simple. L'héritier du trône était presque au maillot, et deux hommes seulement, le duc d'Orléans et le duc du Maine, pouvaient prétendre à gouverner en son nom. Le duc d'Orléans était régent par droit de naissance et chef naturel de la haute noblesse, mais dans une profonde disgrâce et à l'écart de tout. On l'avait calomnié avec tant d'art, que le public l'accusait d'avoir empoisonné les princes ses cousins et qu'il faillit être écharpé par le peuple à l'enterrement du duc de Bourgogne. M. du Maine était peu considéré et peu aimé, si ce n'est par quelques vieux courtisans dévoués à son père; mais il avait pour lui le testament du Roi, la volonté du Roi, le cœur du Roi. C'était beaucoup, c'était tout, tant que le Roi vivait. Que serait-ce le lendemain de sa mort? Serait-ce encore quelque chose?

M. et Mme du Maine le crurent, et ce fut leur grande faute, l'origine de tous leurs désastres. Ils comprenaient que leur situation serait très affaiblie par la perte du Roi; ils ne prévoyaient pas qu'elle s'évanouirait et n'existerait plus. Dans leur esprit, le succès était une question d'adresse et d'activité; il dépendait d'eux d'avoir la réalité du pouvoir et de n'en laisser que l'ombre au duc d'Orléans. Ils arrêtèrent leurs projets en conséquence. Mme du Maine dirigeait tout de son château de Sceaux où, plus que jamais, les plaisirs semblaient l'occuper uniquement. M. du Maine exécutait les plans de sa femme avec son art accoutumé. Il bougeait moins que jamais d'auprès du Roi, dont la chambre ressembla singulièrement, dans les derniers mois de sa vie, à celle où Regnard a placé le Géronte du *Légataire universel*. M. du Maine et Mme de Maintenon furent le Crispin et la Lisette de ce royal fantoche.

Le plan de M. et Mme du Maine consistait à brouiller ensemble tous leurs ennemis et à allumer la guerre entre eux, afin d'être oubliés dans la bagarre. M. du Maine réveilla de vieilles querelles et en fit naître de nouvelles. Les pairs se disputèrent avec le parlement, le reste de la noblesse avec les pairs. Lui cependant, l'air détaché de tout, très doux et très humble, faisait l'étonné et l'ignorant et passait sa vie dans les églises. On le voyait à la grand'messe, à vêpres, au sermon, au salut, à complies, à la prière. Il ne se récitait pas une litanie, il ne se chantait pas une antienne que M. du Maine ne fût là, les yeux baissés dévotement, la mine modeste et contrite. Le moyen de soupçonner cet homme si confit en dévotion?

La petite duchesse faisait aussi de son mieux. Elle épouvantait son époux par l'audace de ses conceptions, s'irritait de ses objections et lui reprochait rageusement de n'être qu'un poltron. Il y eut tempête sur tempête, après quoi Mme du Maine se dit qu'il était temps pour elle d'entrer dans la mêlée. Elle voulut débuter par un coup d'éclat et gagner les ducs et pairs à sa cause. Elle leur parla, échoua, s'emporta, cria qu'elle « mettrait le feu au milieu et aux quatre coins du royaume », plutôt que de se laisser arracher l'espoir de la couronne, et attira à son époux une scène de Saint-Simon. « Jouissez », lui dit d'un ton de croquemitaine cet homme terrible, « jouissez de votre pouvoir et de tout ce que vous avez obtenu. Mais il vient quelquefois des temps où on se repent trop tard d'en avoir abusé. » Le pauvre M. du Maine devint tout blanc et demeura interdit.

Le printemps de 1715 s'acheva parmi ces intrigues. Louis XIV dépérissait à vue d'œil et sa belle-fille harcelait M. du Maine pour qu'il se hâtât d'obtenir encore ceci ou cela; mais M. du Maine devenait maladroit en sentant la crise approcher. Il laissa des grâces importantes lui couler entre les doigts.

Le 23 août, Louis XIV déjà mourant envoya son fils chéri passer une revue à sa place, afin d'accoutumer les troupes « à le considérer comme lui-même ». M. du Maine apparut aux soldats dans toute sa gloire de favori du jour et de dominateur du lendemain, piaffa, salua, sourit, rayonna, triompha, et soudain pâlit d'angoisse en apercevant le duc d'Orléans à la tête d'un régiment. Au même instant, par un de ces beaux mouvements instinctifs des foules, qui remettent en une seconde chaque chose à sa place, le brillant cortège de M. du Maine le quitta et courut au duc d'Orléans. Cela se fit en un clin d'œil et comme involontairement. C'était la protestation de la conscience publique, guérie de ses soupçons absurdes, en faveur du droit et de la justice. M. du Maine ne comprit pas. Il crut que ce n'était qu'une couleuvre de plus à avaler, l'avala et passa. Il s'aveuglait étrangement depuis quelques jours. Cet homme qui avait peur de son ombre choisit ce moment pour pécher par excès de confiance.

Le 25 août, il obtint encore un codicille de son père moribond. Le 26, Mme du Maine interrompit ses fêtes et vint à Versailles. Il était temps. Louis XIV expira le 1er septembre.

Le lendemain 2, il y eut séance solennelle au parlement pour lire le testament du Roi. M. du Maine, qui en connaissait le contenu et se voyait le maître de la France, entra dans la salle d'un air radieux. « Il crevait de joie », dit Saint-Simon. Il en ressortit le visage défait, l'air anéanti : testament et codicille avaient été annulés d'une seule voix au profit de son rival, et l'air retentissait des acclamations de ce même peuple qui avait voulu lapider le duc d'Orléans trois ans plus tôt. A demi roi le matin, M. du Maine n'était plus le soir qu'un maître d'école : on lui avait laissé la surintendance de l'éducation d'un monarque de cinq ans.

Je laisse à penser comme il fut reçu par madame sa femme. La duchesse, hors d'elle de colère et de mépris, résolut de ne plus s'en remettre désormais à personne et d'agir elle-même. Elle ne tarda pas à avoir l'occasion de montrer ce qu'elle savait faire. M. du Maine avait perdu le pouvoir, mais il était toujours prince du sang, en vertu des édits du Roi son père. Les vrais princes du sang et beaucoup d'honnêtes gens n'en pouvaient prendre leur parti. Ils trouvaient blessant pour la religion, pour la morale, pour eux-mêmes, que les enfants d'un double adultère public planassent au-dessus de tous dans une sorte d'apothéose. Cela criait vengeance, et l'attaque vint de la propre famille de Mme du Maine. Son père, M. le Prince, était mort. Son frère était mort. Ce fut son neveu, M. le Duc, qui attacha le grelot et parla le premier d'abolir les édits en faveur des légitimés. En apprenant cette menace, la petite duchesse s'écria fièrement : « S'ils dorment, nous dormirons ; s'ils se réveillent, nous nous réveillerons ».

Ils se réveillèrent. La guerre fut allumée entre les princes du sang légitimes et les bâtards royaux. Il y eut procès, et l'on se battit à coups de mémoires, de répliques, de protestations et de requêtes, Mme du Maine en tête, qui fut infatigable pendant cette campagne. Elle avait quitté sa vallée chérie pour les Tuileries, où le régent avait installé le petit Louis XV, et elle s'était improvisée légiste. Jour et nuit elle compulsait des dossiers, annotait des livres de droit, dressait des mémoires, paperassait, écrivait, combinait, inventait : « Les immenses volumes entassés sur son lit, comme des montagnes dont elle était accablée, la faisaient, disait-elle, ressembler, toute proportion gardée, à Encelade abîmé sous le mont Etna [1] ». Elle en aurait remontré à Chica-

---

1. Staal, *Mémoires*.

neau ; elle dénichait des précédents jusque chez les Chaldéens !

Elle avait mis toute sa cour au régime des grimoires, transformé ses poètes ordinaires en clercs de procureurs. Adieu les vers latins ! Adieu les énigmes et les madrigaux ! Adieu les Grâces et les Muses ! Le beau Polignac et l'obligeant Malézieu travaillaient sous les yeux de la duchesse à prouver en jargon de palais qu'elle avait raison, et que M. du Maine n'était plus un bâtard du moment que le Roi l'en avait dispensé. Ils apprirent, eux aussi, à raisonner sur les textes de lois et à disserter sur les questions de compétence. Pendant la nuit, c'était le tour de Mme de Staal, qui aurait mieux aimé dormir. Installée près du lit de sa maîtresse, elle « feuilletait aussi les vieilles chroniques et les jurisconsultes anciens et modernes ». On discutait entre femmes sur les prérogatives des parlements et la valeur des testaments de rois, jusqu'à ce que la tête leur tournât. On appelait alors une manière de servante, dont l'emploi consistait à raconter des histoires à sa maîtresse pour l'endormir. Cette femme recommençait presque toutes les nuits le conte de *la Crête de coq d'Inde*, qu'on peut lire dans les *Divertissements de Sceaux*, et qui est en effet tout propre à endormir.

Le bruit des travaux de Mme du Maine se répandit très vite dans Paris, et les Tuileries virent alors une singulière procession. La duchesse fut assaillie de vieux savants à besicles, d'aventuriers besogneux et de comtesses d'occasion, qui venaient lui offrir des recettes infaillibles pour gagner son procès. L'un apportait des exemples historiques empruntés à la cour de Sémiramis. L'autre promettait des révélations importantes, à condition qu'on lui payât d'abord à souper. Un ancien moine défroqué cherchait à vendre des documents. Des femmes à tournure suspecte et à titres postiches demandaient des rendez-vous mystérieux pour livrer des secrets. Mme du Maine écoutait tout, envoyait partout, essayait de tout.

Elle ne négligeait rien, d'autre part, pour grossir son parti, et elle y réussissait; mais le mérite en revenait au duc du Maine, ce mari méconnu. Sa femme ne voyait en lui qu'une poule mouillée et s'attribuait tous les succès. C'était une grande erreur et une grande injustice. M. du Maine rendait des services immenses à la cause commune, tandis que la duchesse la compromettait sans cesse par ses enfantillages et ses emportements.

M. du Maine était passé maître, entre autres, dans l'art de susciter des mécontents et de les attirer à soi. A l'époque où nous sommes, lors du procès entre les princes du sang et les légitimés, les mécontents ne manquaient ni à la cour, ni à la ville, ni dans les faubourgs. On avait été déçu par la régence, qui n'avait pas pu tout arranger d'un coup de baguette. La noblesse s'était imaginé qu'en revenant au pouvoir, elle ferait rentrer dans le néant, d'un froncement de sourcil, les « bourgeois superbes » élevés si haut par Louis XIV; les « bourgeois superbes » se défendaient, et la noblesse s'en prenait à la faiblesse du duc d'Orléans. Elle-même se divisait de plus en plus; la petite et moyenne noblesse avait signé un mémoire contre les privilèges des ducs. Le parlement se plaignait de n'être pas consulté. Le peuple se plaignait de ce que l'argent du trésor était gaspillé aux courtisans. Ajoutez qu'on était en plein système de Law, qu'Alberoni travaillait à troubler la France au profit de son maître le roi d'Espagne, et que la Providence venait de lâcher sur le monde le jeune Voltaire, qui avait déjà trouvé le temps d'être exilé pour des vers « fort satiriques et fort impudents », et mis à la Bastille pour d'autres vers « très effrontés ».

Tant de ferments de discorde donnaient beau jeu à M. du Maine. Il se surpassa. Il nagea savamment entre deux eaux, ne parut en rien, fut caressant et insinuant et s'assura beaucoup de partisans dans Paris, en province, au parlement, parmi les restes de la vieille cour, la petite et moyenne noblesse, les gens de robe et de plume. Barbier écrivit dans son *Journal* : « M. du Maine est un prince très sage et très estimé ». Saint-Simon constata avec douleur que « tout riait à leurs projets ».

Caresses ou intrigues, rien ne tint contre la haine de M. le Duc pour sa tante Mme du Maine. On sait que ce M. le Duc était une vraie brute, un borgne hideux et farouche. Il mena le procès contre les légitimés avec sa violence ordinaire, et obtint du conseil de régence, au mois de juillet 1717, un arrêt leur enlevant le droit de succéder au trône et la qualité de princes du sang. Lorsqu'on parcourt aujourd'hui les pièces de ce grand procès, on est surtout frappé de la nouveauté du langage employé par les deux parties, au lendemain de la mort de Louis XIV, en parlant de la puissance souveraine[1] L'autorité royale est représentée dans ces écrits comme un mandat et un dépôt. Il n'est plus question pour elle d'origine sacrée et de caractère inviolable. On reconnaît à la nation le droit de disposer d'elle-même, et la monarchie n'est plus qu'un simple contrat civil, révocable à la volonté des contractants. Quelle révolution en deux ans!

L'arrêt de 1717 fut le prologue du drame qui précipita M. et Mme du Maine dans l'abîme. Leurs ennemis s'enhardirent en les voyant vaincus. La duchesse ne sut pas plier sous l'orage et se répandit imprudemment en plaintes et en menaces. Ses cris furent le prétexte d'un deuxième coup de foudre, qui éclata au lit de justice du 26 août 1718.

Pour juger de ce qu'éprouva la petite duchesse lors de cette seconde catastrophe, il faut se souvenir que le lit de justice du 26 août fut une surprise. Personne à Paris ne s'en doutait. Mme du Maine était allée souper et coucher à l'Arsenal, où elle se donnait une fête. M. du Maine l'avait accompagnée et n'était rentré qu'un peu avant le jour dans son

---

1. Voir Lemontey, *Histoire de la régence*.

appartement des Tuileries, situé au rez-de-chaussée. Il était dans son premier sommeil quand les tapissiers envahirent la salle du Daïs, destinée à la cérémonie. Elle était au-dessus de sa tête : il n'entendit rien. Un officier vint l'éveiller et l'avertir qu'il se passait quelque chose. M. du Maine s'habilla en hâte et monta dans la chambre du petit roi, où le duc d'Orléans entra à son tour. Il était environ huit heures du matin.

« Je sais, dit gracieusement le régent à M. du Maine, que depuis le dernier édit vous n'aimez point assister aux cérémonies; on va tenir un lit de justice; vous pouvez vous en absenter.

— Cela ne me fait aucune peine quand le roi est présent, répliqua le duc. D'ailleurs, dans votre lit de justice, il ne sera pas question de nous.

— Peut-être », fit le régent, et il sortit [1].

M. du Maine, atterré, alla aux nouvelles. Sa malheureuse timidité lui donnait des yeux égarés et un visage de criminel. Il sut qu'on allait lui ôter l'éducation du roi et réduire les légitimés à leur simple rang de pairie. Il descendit tout angoissé chez sa femme, qu'on avait couru chercher à l'Arsenal et dont l'état ne se peut dépeindre. Elle ne comprenait pas que M. du Maine se laissât chasser sans résistance. Elle l'exhortait, l'injuriait; elle avait des crises de nerfs. Par ses ordres, de jeunes laquais grimpèrent en dehors, le long des murs du palais,

---

[1]. *Mémoires* manuscrits du duc d'Antin.

jusqu'aux fenêtres de la salle du Dais. Suspendus par les mains, ils regardaient à travers les vitres et rendaient compte au rez-de-chaussée de ce qui se passait au premier étage. Mme du Maine espérait que quelqu'un prendrait le parti de son époux, qu'il surviendrait un incident. Elle jeta les hauts cris en apprenant que le lit de justice s'était terminé paisiblement et qu'il lui fallait déménager le jour même. Il avait suffi de deux traits de plume pour enlever au fils bien-aimé du plus absolu des monarques les grâces entassées sur sa tête pendant quarante ans et consolidées avec toute la prudence, toute la prévoyance, tout le zèle que peut inspirer une tendresse sans bornes.

On emporta Mme du Maine des Tuileries dans un état pitoyable. « C'était, dit Mme de Staal, un accablement semblable à l'entière privation de la vie, ou comme un sommeil léthargique dont on ne sort que par des mouvements convulsifs. » On la mena le surlendemain à Sceaux. Le chagrin lui avait tourné la cervelle. Tantôt, immobile et muette, les yeux fixes, elle paraissait une statue de la Douleur. Tantôt, « hurlant de rage » et faisant trembler chacun autour d'elle, elle accablait son mari de reproches sanglants, d'injures sur sa naissance, sur sa lâcheté, sur leur mariage. Le pauvre homme « pleurait journellement comme un veau [1] ».

Mme du Maine aurait dû s'avouer battue, renoncer

---

[1]. Saint-Simon.

aux affaires et reprendre ses diadèmes de reine de théâtre. C'était l'avis de son époux. Elle s'entêta; elle ressemblait à ces braves petits chiens terriers qui se font tuer plutôt que de lâcher prise. Il y avait déjà quelque temps qu'elle intriguait avec Alberoni par l'intermédiaire de Cellamare, ambassadeur d'Espagne à Paris. Après la catastrophe du 26 août, elle se fit décidément conspiratrice.

Elle apporta dans ce nouveau rôle un peu trop de souvenirs des nombreux romans qu'elle avait lus. Elle s'arrangea un complot amusant, où l'on faisait de ces choses extraordinaires qui attirent tout de suite l'œil de la police. Son quartier général fut rue Saint-Honoré, dans une maison qu'elle loua tout exprès. Elle s'en allait de là, au milieu de la nuit, conduite par un grand seigneur déguisé en cocher, dans des endroits singuliers où elle rencontrait d'autres conjurés. Elle envoyait Mme de Staal sous le pont Royal, à minuit, présider un conciliabule. Elle avait travesti deux de ses laquais en seigneurs flamands, et ces émules de Mascarille se présentaient dans le monde sous les noms de prince de Listenai et de chevalier de La Roche. Elle recevait, comme au temps de son procès, une nuée d'aventuriers, d'intrigants et d'imbéciles, qui apportaient des plans et offraient des conseils. Elle avait toutes sortes de correspondances inutiles, à l'encre sympathique, et toutes sortes d'affidés plus ou moins sûrs, dont deux au moins servaient d'espions à l'abbé Dubois. Elle contraignait Polignac et Malézieu, qui s'en défendaient de toutes leurs forces, à conspirer avec elle. Elle badinait agréablement sur le temps où elle serait en prison. Surtout elle défendait de parler de rien devant son trop timide époux : on se taisait quand il paraissait.

Il n'entre pas dans notre cadre de raconter la conspiration de Cellamare, dont le petit complot de la duchesse du Maine ne fut qu'un épisode. Il suffira de rappeler qu'Alberoni voulait assurer le trône de France à son maître, Philippe V, au cas où le jeune Louis XV viendrait à mourir. Alberoni cherchait, en conséquence, à écarter le duc d'Orléans, qui avait aussi des droits à la couronne, et il avait donné pour instructions à Cellamare de s'appuyer sur tous les mécontents, en vue de renverser le régent; on verrait après ce qu'on mettrait à la place. Une armée espagnole débarquée en Bretagne devait soutenir les conjurés.

Il va de soi que la duchesse du Maine fut accueillie à bras ouverts lorsqu'elle offrit son concours. Cellamare l'accabla d'éloges et de promesses au nom du roi d'Espagne et mit son zèle à profit. Elle eut sous sa haute direction deux comités de conspirateurs. L'un comprenait un certain abbé Brigault et deux seigneurs, le comte de Laval et le marquis de Pompadour. L'autre était composé de la duchesse en personne, de Malézieu et de Polignac. Ces six personnes se partagèrent la besogne et noircirent beaucoup de papier. On se communiquait ce qu'on avait écrit, et chaque comité méprisait les productions de l'autre. Les seigneurs trouvaient les « ouvrages » des poètes bien pâles, pauvres d'idées et fades de style. Les poètes traitaient les œuvres des seigneurs d'obscur fatras. C'est ainsi que furent rédigés un manifeste du roi d'Espagne aux Français, une requête des Français au roi d'Espagne et diverses autres pièces, dont plusieurs furent envoyées à Madrid. Quand Alberoni reçut la requête des Français au roi d'Espagne, il écrivit pour demander par qui elle serait signée; mais il n'eut pas de réponse. Personne ne se soucia de donner son nom, pas plus les seigneurs que les poètes. La conjuration de Mme du Maine n'était vraiment que la continuation des petits jeux d'esprit de Sceaux.

Cependant Alberoni pressait Cellamare d'agir. Celui-ci, qui n'avait rien de prêt, cherchait à amuser le tapis. Il sut qu'un jeune abbé, nommé Porto-Carrero, partait de Paris pour se rendre à Madrid, et il lui remit une liasse de projets de manifestes, projets de lettres, projets de requêtes, et autres rêveries, composés par Mme du Maine, par Polignac, Pompadour, l'abbé Brigault, Malézieu et les autres. Cellamare y joignit une lettre pour Alberoni et une liste d'officiers français qui, disait-il, demandaient à servir l'Espagne. L'abbé Dubois, au courant de tout, jugea l'instant venu de se débarrasser de ces brouillons. Il fit courir après Porto-Carrero, qu'on atteignit à Poitiers. Ses papiers furent remis au régent le 8 décembre 1718, sans que rien eût transpiré dans Paris. Le lendemain 9, dans l'après-dîner, un gentilhomme entra chez Mme de Staal, dans la maison de la rue Saint-Honoré, et lui dit : « Voici une grande nouvelle. L'hôtel de l'ambassadeur d'Espagne est investi, et son quartier est rempli de troupes. On ne sait encore de quoi il s'agit. » Au même instant, Mme du Maine apprenait l'événement dans son salon, qui était plein de monde. « Tout ce qui arrivait débitait la nouvelle, ajoutait quelques circonstances, et ne parlait d'autre chose. Elle n'osait se soustraire à ce monde importun, de peur qu'on ne lui trouvât l'air affairé. » On sut bientôt que Porto-Carrero avait été arrêté, ses papiers saisis. Pour le coup, Mme du Maine et ses complices se « virent plongés dans l'abîme ». La duchesse se rassurait pourtant à la pensée que l'abbé Brigault, dépositaire de beaucoup de papiers, s'était enfui.

Le 10, les arrestations continuèrent. M. de Pompadour fut mis à la Bastille. Mais l'abbé Brigault était loin, et Mme du Maine respirait.

Le 12, elle était à faire sa partie de *biribi*. Un M. de Châtillon, qui tenait la banque, « homme froid, qui ne s'avisait jamais de parler », dit tout à coup : « Vraiment, il y a une nouvelle fort plaisante. On a arrêté et mis à la Bastille, pour cette affaire de l'ambassadeur d'Espagne, un certain, abbé Bri... Bri.... » Il ne pouvait retrouver son nom. Ceux qui le savaient n'avaient pas envie de l'aider. Enfin il acheva, et ajouta : « Ce qui en fait le plaisant, c'est qu'il a tout dit ; et voilà des gens bien embarrassés ». Alors il éclate de rire, pour la première fois de sa vie.

Mme la duchesse du Maine, qui n'en avait pas la moindre envie, dit : « Oui, cela est fort plaisant. — Oh! cela est à faire mourir de rire, reprit-il. Figurez-vous ces gens qui croyaient leur affaire bien secrète : en voilà un qui dit plus qu'on ne lui en demande, et nomme chacun par son nom [1]. »

C'était exact : l'abbé Brigault était un vrai conspirateur pour dames. Il s'en était allé doucement, jouissant du voyage et encore plus des hôtelleries. Il avait mis plus d'un jour à traverser Paris à cheval et avait couché le premier soir « au faubourg Saint-Jacques, à l'auberge du Grand-Saint-Jacques [2] ». Au bout de trois jours, il n'était qu'à Nemours, à vingt lieues de Paris. Les gens envoyés à sa poursuite n'eurent aucune peine à l'y rattraper et le ramenèrent beaucoup plus vite à la Bastille. Il n'avait pas encore passé la porte, qu'il racontait tout. D'autres parlèrent après lui, et les arrestations se multiplièrent. Mme du Maine fut avertie de divers côtés que son tour allait venir. On ne dormait plus dans sa maison; on passait les nuits à attendre les mousquetaires et à les attendre, parfois, fort gaiement. M. du Maine se tenait coi à Sceaux.

On eut beau veiller et se tenir sur ses gardes, les mousquetaires arrivèrent au moment qu'on ne les attendait pas. M. et Mme du Maine furent arrêtés le 29 décembre 1718 au matin, l'un à Sceaux, l'autre

1. *Mémoires* de Mme de Staal.
2. Première *Déclaration* de l'abbé Brigault.

rue Saint-Honoré. Leur conduite, dans cette circonstance critique, fut opposée comme leur humeur; elle les peint tous deux au naturel.

M. du Maine sortait de sa chapelle lorsqu'il fut prié très respectueusement, par un lieutenant des gardes du corps, de monter dans un carrosse qui l'attendait. Il obéit, « la mort peinte sur le visage », mais avec une soumission, une humilité, une sorte d'empressement, bien faits pour attendrir. Il ne se permit pas une plainte, pas une question, fût-ce sur sa femme ou ses enfants, mais il poussait force soupirs et joignait les mains. C'était la vivante image de l'innocence méconnue et persécutée.

On le mena dans la citadelle de Doullens, en Picardie, et son attitude ne se démentit pas une seule fois pendant le voyage. Il soupirait et resoupirait, gémissait faiblement, joignait les mains, marmottait des prières accompagnées de force signes de croix, saluait avec « des plongeons » toutes les églises et les croix devant lesquelles on passait, et observait avec ses gardes le silence qui convient à l'opprimé. A Doullens, même conduite. Il était sans cesse dans les prières, les génuflexions et les prosternements. Cela ne touchait personne; les contemporains, à tort ou à raison, ne prenaient pas au sérieux la dévotion de M. du Maine; mais cela l'aidait à passer le temps, qui lui paraissait long. On ne lui avait laissé que quelques livres, point d'encre ni de papier; quand il voulait écrire, il était obligé de s'adresser à l'officier qui le gardait et de lui montrer ce qu'il avait écrit. Pour toute distraction, il jouait avec les valets qui le servaient.

Quand on l'interrogeait, il se confondait en protestations d'innocence et d'ignorance. Qu'est-ce qu'on lui voulait? Qu'est-ce qu'il avait fait de mal? Il était attaché du fond du cœur à M. le duc d'Orléans, qui le reconnaîtrait un jour, et M. le duc d'Orléans ajoutait créance aux affreuses calomnies de ses ennemis! Il était vraiment bien malheureux.

On lui citait des faits, on lui communiquait les aveux de la duchesse. Alors il s'emportait. Cet homme si doux s'exclamait d'horreur et d'indignation à l'idée d'avoir une femme pareille, une femme capable de conspirer, et assez hardie pour le mettre de tout sans lui en avoir seulement jamais parlé; car il ne savait rien, il ne se doutait de rien, on lui avait tout caché, parce qu'il ne l'aurait pas toléré. Il avait assez défendu à la duchesse de voir les « cabaleurs »! S'il avait eu vent de quelque chose, il serait accouru le dire à M. le duc d'Orléans. On pouvait être bien sûr qu'une fois hors de prison, il ne reverrait jamais Mme du Maine. Il ne voulait plus en entendre parler. Conspirer contre M. le duc d'Orléans,... quelle indignité!

On ne le fit jamais sortir de là. Il resta plaintif et impénétrable. On n'a jamais su, en somme, ce qu'il en était au juste, ce que M. du Maine ignorait et n'ignorait pas. Il semble démontré qu'il n'avait pas pris une part active au complot, et il est difficile, d'autre part, d'admettre qu'un homme aussi fin n'ait pas éventé, dans sa propre maison, un secret aussi mal gardé. Quoi qu'il en soit, rendons-lui cette justice qu'il ne laissa pas échapper un seul mot pouvant compromettre âme qui vive. M. du Maine y eut d'autant plus de mérite, qu'il avait une frayeur atroce. Au moindre mouvement dans la citadelle, son visage se décomposait : il se croyait sur l'échafaud.

Il y eut plus de bruit à l'arrestation de Mme du Maine. Sa haute naissance lui avait valu l'honneur d'être arrêtée par un duc, M. d'Ancenis, qui se présenta rue Saint-Honoré à sept heures du matin, avant le jour. La duchesse venait de s'endormir, et ses gens de se coucher, après une nuit passée à écrire un mémoire en vue de sa défense. Il fallut faire lever toutes ces femmes. Jamais homme n'eut commission plus ingrate. La petite duchesse n'était pas, comme son époux, de la race des agneaux. Elle reçut fort aigrement le compliment de M. d'Ancenis, s'emporta contre la violence faite à une personne de son rang, déclama contre le duc d'Orléans et son gouvernement, et refusa de se presser. Elle tâchait de gagner du temps, dans l'espoir que sa famille interviendrait, et elle résistait, discutait, disputait, pérorait, réclamait une chose ou une autre. Il y eut une longue scène, très vive de sa part, à propos d'une cassette contenant un million de pierreries et qu'elle voulait à toute force emporter. Le duc d'Ancenis, qui avait des ordres, s'y opposa formellement. Elle eut l'air de céder, et la cassette fut découverte deux jours après parmi ses bagages.

Cela dura quatre heures, quatre heures de résistance et de cris. Enfin M. d'Ancenis la prit par la main et lui déclara qu'il fallait en finir. Il la mena ainsi jusqu'à sa porte, où elle eut une nouvelle crise de rage en apercevant deux simples voitures de louage. La faire monter là-dedans! Elle! Une Condé! Elle y monta pourtant. L'on se mit en route, et ce fut une autre comédie. Elle adopta pour le voyage l'attitude d'une grande reine persécutée et offensée. Le duc d'Ancenis l'avait remise aux mains d'un lieutenant nommé La Billarderie. Mme du Maine recueillit ses souvenirs de théâtre et accabla La Billarderie de tirades tragiques sur ses malheurs, sur la dureté de la voiture et la barbarie de ses ennemis. Elle mêlait les épithètes les plus énergiques aux apostrophes les plus littéraires, passait du ton de l'imprécation à celui de la douleur contenue, puis tout à coup faisait la malade et s'adressait au bon cœur de La Billarderie pour aller moins vite, se reposer plus longtemps, obtenir une meilleure voiture.

La Billarderie n'était pas un monstre. Il n'était pas non plus un grand personnage, et les prières d'une princesse lui produisaient beaucoup d'effet. Il fut aux petits soins pour sa prisonnière et lui procura tous les adoucissements en son pouvoir. Il ne put toutefois éviter une scène lorsqu'il dut lui apprendre, le troisième jour, qu'il la conduisait dans la citadelle de Dijon. La duchesse fut anéantie. Il ne lui était pas venu à l'esprit qu'on pourrait la mettre dans une vraie prison. Elle avait toujours rêvé qu'on la conduirait dans quelque belle « maison royale », où elle aurait une cour et jouerait à la captive après avoir joué au conspirateur. L'idée d'être enfermée entre quatre murs avec ses femmes de chambre la révolta comme une trahison; l'idée d'être au pouvoir de son neveu abhorré, M. le Duc, acheva de la mettre hors d'elle. Elle s'écria en s'adressant à La Billarderie :

Aux fureurs de Junon Jupiter m'abandonne

puis elle tempêta en prose contre son détestable neveu et vomit contre lui mille injures plaisantes — même en colère, elle avait de l'esprit, — qui achevèrent d'éblouir La Billarderie et de le subjuguer. Il prit à tâche de la consoler. On s'arrêta souvent et longtemps. On changea de voiture. On fut pourtant obligé d'arriver enfin à Dijon, où Mme du Maine fut mise dans la citadelle avec deux femmes de chambre.

Elle se plaisait plus tard à raconter qu'elle avait subi toutes « les horreurs de la captivité ». Le régent, homme très débonnaire, y mit cependant bien de la complaisance. Il permit à la coupable d'avoir une dame d'honneur, une demoiselle de compagnie, un médecin, un aumônier, cinq femmes de chambre, d'échanger Dijon contre Châlons et Châlons contre une maison de campagne; de communiquer avec le dehors, bientôt même de recevoir des visites. Mme du Maine tomba néanmoins dans un sombre désespoir. Tout son courage l'abandonna, et elle se crut la plus malheureuse créature de la terre. On s'efforçait en vain de la distraire. Elle se laissait faire, elle consentait à jouer, mais d'un air de martyre, en disant d'un ton morne et douloureux : « Que M. le duc d'Orléans juge de mes peines par mes plaisirs! » Plus d'insolence; plus même de fierté. La petite duchesse, gagnée par la peur, pleurait à chaudes larmes, priait et suppliait. Le commandant de la citadelle de Châlons, homme « doux et compatissant », écrivait le 30 juin 1719 à M. Le Blanc, secrétaire d'État :

« Ensuite Mme la duchesse du Maine, tombant dans une espèce de désespoir et pleurant amèrement, fit des serments de son innocence dans les termes les plus forts et les plus sacrés, disant qu'elle voyait bien qu'il fallait mourir ici; que ses ennemis attendaient sa mort pour pouvoir l'accuser impunément après, et justifier la conduite qu'on a tenue à son égard, mais qu'avant de mourir elle chargerait son confesseur de dire à toute la France qu'elle mourait innocente de tout ce qu'on l'avait accusée, qu'elle en jurerait même sur l'hostie en la recevant, et qu'elle avait déjà pensé le faire plusieurs fois. Je la calmai.... »

L'héroïne avait disparu; il ne restait qu'une vieille enfant, craignant le fouet, et se désolant parce qu'on lui avait ôté ses joujoux. Si nos propres faiblesses pouvaient nous rendre moins sévères pour celles d'autrui, Mme du Maine aurait amassé des trésors d'indulgence pour son craintif époux pendant les cinq mois de Dijon et les trois de Châlons.

Ses abbés et poètes de cour, qu'elle avait enrôlés bon gré mal gré parmi ses complices, ne faisaient pas de leur côté beaucoup meilleure figure. Le cardinal de Polignac avait été exilé dans son abbaye d'Anchin, en Flandre, où sa beauté et ses grâces étaient du bien perdu, et il se consumait dans la douleur et l'inquiétude. Il avait encore plus peur que le duc du Maine, et il pleurait la perte de l'*Anti-Lucrèce*, saisi avec les papiers du complot. L'abbé Dubois lui renvoya son manuscrit, prit soin qu'il ne manquât point d'argent et le laissa recevoir toutes les visites qu'il voulut. Ces attentions ne rassurèrent pas le cardinal, qui ne pouvait se remettre de sa frayeur. Il en voulait amèrement à la duchesse du Maine d'avoir abusé de son autorité pour l'entraîner dans une mauvaise affaire.

L'abbé Brigault continuait à avouer tout ce qu'il savait, et même davantage. Il dénonçait jusqu'aux valets, sous prétexte que le soin de son âme exigeait qu'il dît toute la vérité. Tartuffe n'aurait pas renié la lettre qu'il écrivit à la femme d'un des conspirateurs qu'il avait dénoncés.

« Madame,

« C'est avec la douleur la plus vive que je vous écris aujourd'hui pour vous apprendre que je me suis déterminé à déclarer à Son Altesse Royale tout ce qui est venu à ma connaissance. Dieu m'est témoin que s'il n'avait fallu que mon sang pour vous conserver et M. de Pompadour, je n'aurais pas balancé un moment à le répandre. Mais, madame, vous connaissez la religion.... Convaincu d'être l'âme de cette malheureuse intrigue, je ne pouvais espérer l'absolution de mes péchés sans rendre témoignage à la vérité. Il fallait donc me résoudre à mourir désespéré ou à rendre témoignage à la vérité que l'on a droit d'exiger de moi. Je me suis représenté les conseils que vous m'avez donnés vous-même, et je crois ne m'être pas trompé en suivant les lumières de la religion. »

Le bon apôtre !

M. de Pompadour, **grand matamore en paroles**, parut dans le danger un triste sire. Il fit ce qu'il appelait « une confession ingénue ». Nous avons la pièce sous les yeux. M. de Pompadour y dénonce tout le monde et gémit piteusement sur le mauvais état de sa fortune.

Malézieu avait été arrêté à Sceaux, en même temps que le duc du Maine. Après une résistance honorable, il finit par parler, comme tous les autres. Une seule personne demeurait inébranlable : Mme de Staal. Elle était courageuse, et puis elle se trouvait bien à la Bastille. Elle y avait deux amoureux; elle n'avait jamais été aussi libre, elle n'était pas pressée de s'en aller.

Le régent désirait en finir, mais il voulait que ce fût avec honneur et qu'on ne pût l'accuser d'avoir persécuté des innocents. Il promit de les gracier tous, à condition que tous avouassent. Mme du Maine dut boire le calice et se confesser. Sa *Déclaration* est bien amusante. Elle s'y montre toute préoccupée de la crainte qu'on ne la rende responsable de l'horrible style du comité des seigneurs. Elle tremble que sa réputation de bel esprit n'en soit compromise et elle insiste sur la douleur que lui causent le fatras de M. de Pompadour et le « parfait galimatias » de M. de Laval. Elle proteste à plusieurs reprises qu'elle n'a pas fait « la moindre correction » à leurs écrits. Ayant ainsi pourvu au plus pressé et sauvé l'honneur littéraire, Mme du Maine daigne songer à son époux : « Il n'a jamais su le moindre mot de toutes ces intrigues; je me suis cachée de lui plus que de personne au monde,... et lorsque M. du Maine entrait dans ma chambre dans le temps que je parlais avec ces messieurs de ces sortes d'affaires, nous changions de discours ». Par malheur pour M. du Maine, elle ajouta de vive voix qu'elle se serait bien gardée de dire un seul mot à un homme de sa timidité; qu'il aurait été capable, dans sa frayeur, d'aller tous les dénoncer. Ces propos furent répétés; la *Déclaration* de Mme du Maine fut lue au conseil de régence; et le duc d'Orléans se crut assez vengé du mari et de la femme. Les portes des prisons s'ouvrirent. Poètes et gentilshommes, abbés et valets, chacun retourna à ses affaires.

M. de Pompadour reçut avec son pardon une aumône de 40 000 livres, qu'il empocha.

Mme du Maine revint à Sceaux (janvier 1720), où elle débarqua avec de grands signes de joie. Elle eut bientôt permission d'aller à Paris saluer son ennemi le régent. Elle lui sauta au cou et l'embrassa sur les deux joues.

M. du Maine profita de l'occasion pour se débarrasser de sa femme. Il lui en voulait des peurs qu'il avait eues en prison et redoutait ses folles dépenses. Il se retira à Clagny, refusa de recevoir la duchesse, et déclara qu'elle aurait à se contenter, à l'avenir, d'une pension. Elle fit tant, qu'au bout de six mois elle le ramena à Sceaux, où il reprit le joug et s'appliqua de nouveau à tenir les comptes.

Le cardinal de Polignac garda rancune à Mme du Maine. Il donnait la comédie au public par la terreur qu'elle lui inspirait. La duchesse lui avait envoyé une copie de sa *Déclaration*. « Il craignit de jeter les yeux sur ces papiers, et les remit à un homme de confiance, qui l'assura qu'il les pouvait lire sans danger. » Il bouda Sceaux le reste de ses jours.

Le plus content de tous fut un vieux marquis, M. de Bonrepos, qu'on oublia à la Bastille. Il était très pauvre, ravi d'être logé et nourri gratis. Un lieutenant de police le découvrit au bout de cinq ans. On voulut le relâcher ; il réclama. On ne le décida à sortir qu'en le plaçant aux Invalides. Encore fit-il beaucoup de façons : on dérangeait ses habitudes.

Mme de Staal fut aussi mise en liberté, et ainsi

finit cette terrible conspiration. Nous renvoyons aux historiens pour les autres intrigues d'Alberoni, qui amenèrent la guerre entre la France et l'Espagne.

IV

Toutes ces vilaines histoires de procès, de complots et de cachots vont si mal à cette princesse Tom-Pouce, à ses pompons et ses hochets, qu'on a peine à les prendre au sérieux. Elles font l'effet des intermèdes tragiques intercalés par Molière dans *Psyché*. Le premier intermède de la comédie figure à merveille la route de Dijon, lorsqu'on allait livrer la pauvre petite duchesse à son méchant borgne de neveu : « La scène est changée en des rochers affreux, et fait voir dans l'éloignement une effroyable solitude. C'est dans ce désert que Psyché doit être exposée pour obéir à l'oracle.... *Femmes désolées, hommes affligés, chantants et dansants*.... » Comme ce ballet de *femmes désolées* et d'*hommes affligés* nous représente bien la cour de Sceaux un jour de douleur! Un autre intermède, celui des *Enfers*, rappelle « l'effroyable » citadelle de Châlons, où Mme du Maine crut expirer et versa tant de larmes. Au moment le plus tragique, « des lutins, *faisant des sauts périlleux*, se mêlent avec les furies ». Ces lutins ne manquèrent jamais d'apparaître au beau milieu des scènes les plus dramatiques de la vie de la petite duchesse. Ils troublaient par leurs sauts la gravité du spectacle.

Enfin le cauchemar était fini et les coupables respiraient. Les lugubres visions qui avaient hanté leur sommeil s'étaient envolées; ils ne s'imaginaient plus entendre marcher le bourreau ou dresser l'échafaud. Leurs yeux se reposaient avec délice sur le ciel souriant de Sceaux, leur âme se rouvrait voluptueusement aux douceurs des petits vers et des jeux innocents. L'aimable vallée fêtait le retour de sa souveraine. Les Grâces et les Ris repeuplaient les charmilles, non pas étourdiment et en foule, mais peu à peu, avec hésitation, en divinités prudentes qui s'assurent d'abord que personne ne le trouvera mauvais. Le fidèle Malézieu lançait à tous les échos des chansons d'allégresse. Le quatrain suivant fut improvisé le jour où il revit sa maîtresse pour la première fois.

> Oui, oui, j'oublie et ma captivité,
> Et mes soucis, mes ans et ma colique.
> Songer convient à soulas et gaieté,
> Quand je revois votre face angélique.

Tout rentra dans l'ordre accoutumé, et Mme du Maine se retrouva exactement la même qu'au départ pour Versailles, lors de l'agonie de Louis XIV; elle n'avait que cinq années de plus.

On n'est pas plus incorrigible. Après d'aussi rudes leçons et avec tout son esprit, elle n'avait pas perdu un grain de son orgueil, ni renoncé à un seul enfantillage, ni appris quoi que ce soit sur le monde, ni désappris un mot ou un geste de son rôle de bergère fardée et enrubannée. Elle était de ces gens dont la provision d'idées est faite, et qui nient paisiblement l'évidence, quand l'évidence les gêne. On disait de Mme du Maine « qu'elle n'était point sortie de chez elle, et qu'elle n'avait pas même mis la tête à la fenêtre ». La seule trace laissée dans son esprit par le lit de justice et le reste fut une crainte salutaire de la police. Elle était guérie à jamais de la politique. On possède le tableau de ses divertissements pendant toute une année. Il faudrait être bien méchant pour y trouver à redire.

Ce tableau forme un petit volume manuscrit, intitulé *Almanach de l'année 1721* [1] et divisé en *mois*. Il contient tel passage qui ne se pourrait citer ici; la vieille aristocratie française plaçait volontiers ses plaisanteries sous l'invocation de M. Purgon; mais ce qu'on ne saurait citer n'avait certes rien de dangereux pour l'État.

Janvier débute par un quatrain où Mme du Maine est personnifiée par Vénus. Vénus avait quarante-cinq ans; qu'importe, puisque les déesses ne vieillissent pas?

> Vénus, par son aspect attirant nos hommages,
> Tient sa cour à Situle et déserte Paphos.
> On quittera du Loing les tranquilles rivages
> Pour visiter les mers du Lakanostrophos.

---

1. Voir *la Comédie à la cour*, d'Adolphe Jullien.

C'est un peu pédant. Il est bon de prévenir le lecteur que le beau nom de Lakanostrophos désigne un ruisseau qui traversait le parc de Sceaux.

On lit dans *May* :

○ Pleine lune, le 11, a 6 heures 29 minutes du soir. Fréquentes parties de quilles dans la salle des Marronniers.

☾ Dernier quartier, le 18, a 9 heures 24 minutes du matin. Cavalcade sur des Asnes dans la Forest de Verrières.

● Nouvelle lune, le 26, a 5 heures 8 minutes du matin. *Grand repas dans le Petit Appartement.*

Les plaisirs de *Juillet* sont plus intellectuels :

○ Pleine lune, le 9, a 8 heures 47 minutes du matin. Explications d'Homère, de Sophocle, d'Euripide, de Térence, de Virgile, etc., faites sur le champ par messire Nicolas....

Nicolas était le prénom de Malézieu.

☾ Dernier quartier, le 16, a 5 heures 52 minutes du matin. Grande dispute sur l'Immortalité de l'Ame et sur le sentiment de Descartes touchant l'âme des Bestes.

On remarquera que le mot *âme* est écrit avec un grand A quand il s'agit des hommes, et qu'un petit *à* est jugé suffisant pour l'âme des bêtes. Cette inégalité indique quelle était la philosophie officielle de la cour de Sceaux. Mme du Maine resta bonne cartésienne jusqu'à son dernier soupir.

L'année 1721 est tout entière aussi bien employée, et les années qui suivirent n'eurent rien à lui envier. Chaque saison voyait éclore quelque invention galante. Mme du Maine eut des *bergers*, tenus de l'aduler en langage bucolique, et un « chef des bergers », qui fut M. de Sainte-Aulaire, connu par ses petits vers. M. de Sainte-Aulaire avait alors près de quatre-vingt-dix ans, et Sainte-Beuve remarque malicieusement que « cela rajeunissait singulièrement la duchesse de s'être donné un si vieux berger; elle ne paraissait plus qu'une enfant auprès de lui ». Le bonhomme s'acquittait avec infiniment d'esprit de ses délicates fonctions de flatteur en chef. Ce fut pour Mme du Maine qu'il improvisa son célèbre quatrain, dans un bal où elle le pressait de se démasquer :

> La divinité qui s'amuse
> A me demander mon secret,
> Si j'étais Apollon ne serait pas ma Muse;
> Elle serait Thétis et le jour finirait.

Elle eut un amoureux en titre, La Motte, auteur d'*Inès de Castro*, avec qui elle faisait l'ingénue. Elle lui écrivait des lettres destinées à courir les salons de Paris, et il lui répondait qu'il avait « usé » sa signature à force de la manger de baisers. La Motte était aveugle depuis près de vingt ans et perclus de tous ses membres. J'estime qu'il n'en valait que mieux pour son rôle d'amoureux; il était moins compromettant que le beau Polignac, tout cardinal qu'était ce dernier.

Elle eut Voltaire caché chez elle, dans un moment où il était brouillé avec l'autorité (1746). On l'avait enfermé dans une chambre écartée, aux volets clos. Il y vécut deux mois. Le jour, il écrivait aux chandelles *Zadig* et d'autres contes. La nuit, il se glissait chez la duchesse pour lui lire ce qu'il avait fait. Ce furent de bonnes nuits.

Elle eut des comédies à foison, et des tragédies, des opéras, des farces, des ballets. Elle eut Voltaire pour fournisseur ordinaire de pièces, et, comme en ce temps-là, qui voyait Voltaire voyait Mme du Châtelet, elle eut la savante traductrice de Newton pour jeune première. Mme de Staal a raconté très plaisamment, dans ses lettres à Mme du Deffand, la visite que ce couple incommode autant que fameux fit à Mme du Maine, dans l'été de 1747. La duchesse se trouvait alors au château d'Anet, qui lui était venu par héritage et où elle fit de fréquents séjours sur la fin de sa vie.

« (15 août 1747.) Mme du Châtelet et Voltaire, qui s'étaient annoncés pour aujourd'hui, et qu'on avait perdus de vue, parurent hier sur le minuit comme deux spectres, avec une odeur de corps embaumés qu'ils semblaient avoir apportée de leurs tombeaux. On sortait de table. C'était pourtant des spectres affamés : il leur fallut un souper, et qui plus est des lits, qui n'étaient pas préparés. La concierge, déjà couchée, se leva à grande hâte. Gaya, qui avait offert son logement pour les cas pressants, fut forcé de le céder dans celui-ci, déménagea avec autant de précipitation et de déplaisir qu'une armée surprise dans son camp, laissant une partie de son bagage au pouvoir de l'ennemi. Voltaire s'est bien trouvé du gîte : cela n'a point du tout consolé Gaya. Pour la dame, son lit ne s'est pas trouvé bien fait : il a fallu la déloger aujourd'hui. Notez que ce lit, elle l'avait fait elle-même, faute de gens. »

La lettre qu'on vient de lire bouleversera les idées de plus d'un lecteur sur les cours d'autrefois. Il est peu connu qu'on était exposé à faire son lit soi-même quand on allait chez les princes.

Le lendemain 16, Mme de Staal ajoutait le post-scriptum que voici :

« Nos revenants ne se montrent point de jour : ils apparurent hier à dix heures du soir. Je ne pense pas qu'on les voie guère plus tôt aujourd'hui : l'un est à décrire de hauts faits, l'autre à commenter Newton. Ils ne veulent ni jouer, ni se promener : ce sont bien des non-valeurs dans une société où leurs doctes écrits ne sont d'aucun rapport. »

Mme de Staal calomniait les « revenants ». Ils n'étaient pas des « non-valeurs », car ils répétaient avec zèle *le Comte de Boursoufle*, de Voltaire, pour en régaler leur hôtesse. Le 20, autre lettre à Mme du Deffand :

« Mme du Châtelet est, d'hier, à son troisième logement. Elle ne pouvait plus supporter celui qu'elle avait choisi : il y avait du bruit, de la fumée sans feu (il me semble que c'est son emblème). Le bruit, ce n'est pas la nuit qu'il l'incommode, à ce qu'elle m'a dit; mais le jour, au fort de son travail : cela dérange ses idées. Elle fait actuellement la revue de ses *principes* : c'est un exercice qu'elle réitère chaque année; sans quoi ils pourraient s'échapper, et peut-être s'en aller si loin, qu'elle n'en retrouverait pas un seul. Je crois bien que sa tête est pour eux une maison de force, et non pas le lieu de leur naissance. C'est le cas de veiller soigneusement à leur garde. Elle préfère le bon air de cette occupation à tout amusement, et persiste à ne se montrer qu'à la nuit close. Voltaire a fait des vers galants qui réparent un peu le mauvais effet de leur conduite inusitée. »

Le Comte de Boursoufle fut joué le 24 août. Mme du Châtelet faisait Mlle de la Cochonnière. Elle n'avait pas le physique de l'emploi. Mlle de la Cochonnière est « grosse et courte »; Mme du Châtelet était une grande femme sèche, avec la poitrine plate et une longue figure osseuse. Elle eut néanmoins un vif succès. Mme de Staal elle-même en convient : « Mlle de la Cochonnière a si parfaitement exécuté l'extravagance de son rôle, que j'y ai pris un grand plaisir ».

Les revenants partirent le lendemain de la représentation, et Mme du Deffand fut invitée à les remplacer. Son amie lui écrivit à ce propos :

« (30 août.) On vous garde un bon appartement : c'est celui dont Mme du Châtelet, après une revue exacte de toute la maison, s'était emparée. Il y aura un peu moins de meubles qu'elle n'y en avait mis; car elle avait dévasté tous ceux par où elle avait passé, pour garnir celui-là. On y a retrouvé six ou sept tables : il lui en faut de toutes les grandeurs, d'immenses pour étaler ses papiers, de solides pour soutenir son nécessaire, de plus légères pour les pompons, pour les bijoux; et cette belle ordonnance ne l'a pas garantie d'un accident pareil à celui qui arriva à Philippe II quand, après avoir passé la nuit à écrire, on répandit une bouteille d'encre sur ses dépêches. La dame ne s'est pas piquée d'imiter la modération de ce prince : aussi n'avait-il écrit que sur des affaires d'État; et ce qu'on lui a barbouillé, c'était de l'algèbre, bien plus difficile à remettre au net.

« ... Le lendemain du départ, je reçois une lettre de quatre pages; de plus, un billet dans le même paquet, qui m'annonce un grand désarroi. M. de Voltaire a égaré sa pièce, oublié de retirer les rôles, et perdu le prologue. Il m'est enjoint de retrouver le tout.... et d'enfermer la pièce *sous cent clefs*. J'aurais cru un loquet suffisant pour garder ce trésor. J'ai bien et dûment exécuté les ordres reçus. »

Ce n'était pas une sinécure que d'avoir chez soi le grand homme et sa brillante compagne. Ils revinrent trois mois après, à Sceaux cette fois, et un désordre singulier, inexplicable, s'introduisit en même temps au château. On jouait l'opéra. Mme du Châtelet, qui avait « une voix divine », chanta deux fois *Issé*, grand opéra héroïque de La Motte et Destouches. A la première représentation, il vint une telle foule, que la duchesse en fut excédée. A la seconde, même cohue insupportable. Mme du Maine supprima l'opéra et déclara qu'on s'en tiendrait à la comédie, qui attirait moins. On donna le 15 décembre une pièce nouvelle de Voltaire, *la Prude*, imitée de l'anglais [1].

1. Du *Plain Dealer* de Wicherley.

« Il y eut un monde si affreux, raconte le duc de Luynes dans ses *Mémoires*, que Mme la duchesse du Maine a été dégoûtée de pareils spectacles. Elle voulut voir les billets qui avaient été envoyés ».

C'est par là qu'il aurait fallu commencer. Le mystère s'éclaircit aussitôt. Voltaire et Mme du Châtelet avaient fait leurs invitations de leur côté. D'Argenson prétend qu'ils n'avaient pas envoyé moins de cinq cents billets du modèle que voici :

« De nouveaux acteurs représenteront, vendredi 15 décembre, sur le théâtre de Sceaux, une comédie nouvelle en vers et en cinq actes. »

« Entre qui veut, sans aucune cérémonie; il faut y être à six heures précises,... Passé six heures, la porte ne s'ouvre à personne.

Le public s'était hâté d'accourir « sans aucune cérémonie » et avait envahi le château. Mme du Maine se fâcha, et ses hôtes partirent plus tôt qu'ils n'y avaient compté.

Il était au-dessus des forces de Voltaire de rester brouillé avec une princesse qui empêchait les gens d'être mis à la Bastille. D'autre part, la petite duchesse regrettait son grand'homme, l'étoile de son salon. Voltaire se décida à la prendre pour Égérie littéraire, et ce fut le prix de la réconciliation. Elle lui fournit un sujet de tragédie et lui corrigea sa pièce. Il la remercia par des lettres où il l'appelait « ma protectrice,... mon génie,... âme de Cornélie,... âme du grand Condé! » Il lui écrivait en **novembre 1749** :

« MA PROTECTRICE,...

« Il faut que votre protégé dise à Votre Altesse que j'ai suivi en tout les conseils dont elle m'a honoré. Elle ne saurait croire combien Cicéron et César y ont gagné. Ces messieurs-là auraient pris vos avis, s'ils avaient vécu de votre temps. Je viens de lire [1] *Rome sauvée. Ce que Votre Altesse Sérénissime a embelli a fait un effet prodigieux* (novembre 1749). »

Le compliment est déjà flatteur. Voltaire trouva mieux encore le lendemain. *Rome sauvée* est devenue « votre tragédie ».

« Nous avons répété aujourd'hui la pièce avec ces changements, et devant qui, madame? devant des cordeliers, des jésuites, des pères de l'Oratoire, des académiciens, des magistrats, qui savent leurs *Catilinaires* par cœur! Vous ne sauriez croire quel succès *votre tragédie* a eu dans cette grave assemblée.... Ame de Cornélie! nous amènerons le sénat romain aux pieds de Votre Altesse, lundi. »

Une autre lettre, à d'Argental, expliquait crûment son enthousiasme pour Mme du Maine : « J'aurai besoin de sa protection; elle n'est pas à négliger ».

Rome sauvée fut donnée à Sceaux le 21 juin 1750. La paix était faite, mais Égérie n'avait pas oublié le passé et prenait ses précautions, témoin le billet de Voltaire à la marquise de Malause, écrit à Sceaux même, d'une chambre à l'autre :

---

1. Aux acteurs. *Rome sauvée* était la tragédie à laquelle Mme du Maine avait *collaboré*.

« Aimable Colette, dites à Son Altesse Sérénissime qu'elle souffre nos hommages et notre empressement de lui plaire. Il n'y aura pas en tout cinquante personnes au delà de ce qui vient journellement à Sceaux. »

Voltaire jouait dans sa pièce le rôle de Cicéron. Il y remporta un triomphe. Le célèbre acteur Lekain, qui faisait Lentulus Sura, dit dans ses *Mémoires* que « c'était la vérité, Cicéron lui-même, tonnant à la tribune aux harangues... ». Mme du Maine fut charmée de son acteur.

Les années coulaient, et Mme du Maine s'amusait toujours. Elle avait trouvé le temps de devenir dévote entre deux parties de quilles, et elle veillait à présent sur l'âme de ses invités; mais jusqu'aux devoirs de piété prenaient à Sceaux de petits airs badins. Un jour qu'elle pressait le vieux Sainte-Aulaire de venir à confesse, il lui repartit :

> Ma bergère, j'ai beau chercher,
> Je n'ai rien sur ma conscience.
> De grâce, faites-moi pécher :
> Après, je ferai pénitence.

La petite duchesse riposta par un quatrain bien connu, mais tellement gaillard que nous ne le saurions répéter.

De temps à autre, la mort venait indiscrètement se rappeler au souvenir de la « nymphe de Sceaux » en lui enlevant l'un de ses familiers. Malézieu disparut l'un des premiers. Puis ce fut le tour du duc du Maine, qui mourut d'un cancer au visage (1736), fort bien soigné par sa femme. Sainte-Aulaire le suivit, à quatre-vingt-dix-neuf ans selon les uns, centenaire selon les autres. Mme d'Estrées, la grande amie de Mme du Maine, mourut en 1747, Mme de Staal trois ans après.

Ces départs pour l'autre monde étaient gênants. Ils dérangeaient les répétitions, désorganisaient tout d'un coup une promenade à ânes. Mais c'était bien vite fini : on les expédiait très lestement. « On enterre ici, cette après-dînée, écrivait Mme de Staal, cette pauvre Mme d'Estrées ; et puis la toile sera baissée, on n'en parlera plus. » Elle ajoutait quelques jours plus tard : « Il faut convenir que nous allons un peu au delà de l'humaine nature. Je vois d'ici ma pompe funèbre : si le regret est plus grand, les ornements seront en proportion. » Pourquoi Mme du Maine aurait-elle eu du chagrin ? Quand les gens étaient morts, ils ne pouvaient plus l'amuser, ils ne lui étaient plus bons à rien, et elle ne demandait qu'à être débarrassée de leur « pompe funèbre » le plus vite possible. Elle-même disait ingénument « qu'elle avait le malheur de ne pouvoir se passer des personnes dont elle ne se souciait point ». Ainsi s'explique qu'on la vit « apprendre avec indifférence la mort de ceux qui lui faisaient verser des larmes, lorsqu'ils se trouvaient un quart d'heure trop tard à une partie de jeu ou une promenade ».

Soixante-dix-sept ans sonnèrent, et Mme du Maine s'amusait toujours. Voltaire écrivait de Berlin, le

18 décembre 1752, à l'un des beaux esprits de Sceaux : « Mettez-moi toujours aux pieds de Mme la duchesse du Maine. C'est une âme prédestinée, elle aimera la comédie jusqu'au dernier moment; et, quand elle sera malade, je vous conseille de lui administrer quelque belle pièce, au lieu d'extrême-onction. On meurt comme on a vécu ; je meurs, moi qui vous parle, et je griffonne plus de vers que La Motte-Houdard. »

Elle était toujours violente et fantasque, et cela lui seyait de moins en moins bien avec l'âge; une jeune princesse peut avoir une certaine grâce à frapper du pied et à demander la lune; une vieille naine en colère est un vilain objet et ses extravagances n'amusent plus personne. Elle était toujours exigeante et tyrannique, tenant ses invités dans un si dur esclavage, que Destouches prit un jour le parti de s'évader de Sceaux comme il se serait évadé de la Bastille. Elle avait toujours des insomnies pendant lesquelles il fallait l'amuser, lui faire la lecture ou lui conter des histoires. Elle mettait toujours « une quantité prodigieuse de rouge [1] » et faisait toujours des séances de deux heures devant son miroir, pendant lesquelles elle voulait un cercle autour d'elle. Elle était toujours gourmande; seulement, ayant trouvé meilleur pour sa santé de manger seule, il n'y avait plus que sa table de délicate : elle avait rogné et simplifié la table des

---

1. *Mémoires* de Luynes.

invités. Elle avait toujours l'esprit vif et curieux; elle était toujours éloquente, originale, vivante pour le plaisir, enchantée d'elle-même et persuadée que si elle n'était pas une déesse, il ne s'en fallait guère.

Cette déesse avait un catarrhe comme une simple mortelle, et il en résulta un petit accident, le 23 janvier 1753. Nous laissons la parole au duc de Luynes : « Elle se plaignait continuellement, tantôt de rhume, tantôt de mal aux yeux, et avait cependant le fond d'une très bonne santé, quoique la conformation de son corps ne semblât pas l'annoncer. Depuis un an ou deux, elle avait été en effet assez incommodée, et à la fin elle est morte d'un rhume qu'elle n'a pu cracher. » Mourir d'un « rhume qu'on n'a pu cracher », ce n'est guère poétique pour une nymphe; mais on meurt comme on peut. Mme du Maine laissait deux fils, le prince de Dombes et le comte d'Eu, qui ont fait peu de bruit dans le monde.

Ainsi finit cette étrange petite créature. A travers ses étourderies, ses singularités, ses inégalités d'humeur et de manières, une chose, du moins, demeura en elle toujours fixe et inébranlable : la foi en la divinité de son rang. C'est là ce qui explique sa superbe indifférence pour autrui et ce que, chez une moins grande dame, nous appellerions son égoïsme. Et c'est là aussi ce qui la rend pour nous si curieuse et si intéressante, au même titre que, dans un muséum, les squelettes d'une race d'animaux disparue. On a dit, et précisément à propos d'elle, « que les princes étaient en morale ce que les monstres sont dans la physique : on voit en eux à découvert la plupart des vices qui sont imperceptibles dans les autres hommes ». Rien de plus vrai au temps où elle vivait. Nous ne nous doutons vraiment plus de ce que c'était, il y a deux siècles, qu'un prince ou une princesse, ces êtres à part, marqués au front d'un sceau divin, affranchis par droit de naissance de tout égard envers le commun des hommes et relevant d'une morale spéciale, faite par eux et pour eux. Les princes et princesses d'aujourd'hui ne s'en doutent plus eux-mêmes. Ils oublient à chaque instant qu'ils ne sont pas semblables à nous, et contribuent ainsi à nous le faire oublier. Comment aurions-nous la foi, s'ils ne l'ont plus ?

Le respect pour les demeures royales s'en est allé avec le respect pour les personnes royales. Le domaine de Sceaux, confisqué par la Convention, fut vendu en 1798 à un homme de peu, qui démolit le château et les cascades, abattit les arbres et transforma le parc en terres de labour. Il ne laissa guère debout que le pavillon de l'Aurore, et un lambeau du parc, qu'on lui racheta et qui existe encore, avec ses charmilles taillées, ses boulingrins, ses débris de colonnes. C'est là qu'était autrefois la Ménagerie. On y a installé un bal public et les grisettes parisiennes viennent danser le dimanche dans les allées où Mme du Maine jouait avec ses ouistitis en cherchant une devinette. Le hasard a été spirituel. Ce joli petit coin de la Ménagerie n'a pas changé de destination. Il est resté consacré aux fariboles et aux cabrioles, comme au temps de la petite duchesse.

LA
MARGRAVE DE BAYREUTH

La margrave de Bayreuth, sœur du grand Frédéric, a laissé des *Mémoires* écrits en français, imprimés d'abord à Paris en 1810, et souvent réimprimés en traduction allemande. On a aussi publié, il y a une trentaine d'années, sa correspondance avec son frère. Sainte-Beuve en prit occasion de tracer le portrait de cette aimable princesse, mais, par un scrupule singulier, il voulut la voir uniquement à travers la *Correspondance*, qui ouvre lorsqu'elle avait plus de vingt ans et offre au début peu d'intérêt. Il se défendait avec vivacité de parler des *Mémoires* où se trouve toute la jeunesse, curieuse s'il en fut, de la margrave de Bayreuth et de Frédéric II. C'est que Sainte-Beuve venait d'avoir son chemin de Damas en politique. Il était sincèrement froissé de l'irrévérence avec laquelle une fille de roi traitait les cours de son temps et il la tança même très vertement d'avoir prêté des armes, par ses moqueries inconsidérées, « contre l'ordre de choses qui était le sien et qu'elle ne désirait ni avilir ni voir détruire ».

L'instinct critique de Sainte-Beuve, d'ordinaire si sûr, a été mis cette fois en défaut par l'ardeur d'un respect frais éclos, et encore intolérant. L'ouvrage où il n'a vu qu'une satire étourdie contre les princes et « un tort » d'une femme d'esprit nous offre le tableau véridique des mœurs de l'Allemagne au commencement du xviii° siècle, et ce tableau est infiniment précieux pour l'histoire. Plus la société dépeinte par la margrave est grossière, plus le contraste est choquant entre cette grossièreté et ce que nous savons de l'épanouissement de la civilisation germanique cent ans plus tôt, mieux on se rend compte de l'immensité du désastre de la guerre de Trente ans, par laquelle l'Allemagne était retombée dans la barbarie. La margrave de Bayreuth naquit au moment où la nation convalescente allait reprendre sa marche vers les hautes destinées dont nous sommes les témoins, de façon que ses *Mémoires* nous montrent à la fois le triomphe de la brutalité sauvage sous son père, Frédéric-Guillaume I*er*, et la préparation latente au règne du grand Frédéric. La princesse y est impitoyable pour le monde où elle a grandi, et l'on sent néanmoins dans ces pages écrites sans art la vérité du mot de Frédéric II sur son père : « C'est par ses soins que j'ai été en état de faire tout ce que j'ai fait ». On ne verra peut-être pas sans intérêt ce qu'était la société dont la margrave a fait avec une franchise sans bornes les honneurs à la postérité, et ce que pouvait être la vie d'une fille de roi au bon vieux temps des royautés, alors que les princes étaient l'objet de l'universelle envie.

I

Frédéric-Guillaume Ier, deuxième roi de Prusse, eut quatre fils et six filles, sans compter les enfants morts en bas âge, de Sophie-Dorothée, fille de Georges Ier, roi d'Angleterre et électeur de Hanovre. La princesse Wilhelmine, qui épousa dans la suite le margrave de Bayreuth et fut l'auteur des *Mémoires*, était l'aînée des enfants qui survécurent. Elle vint au monde à Potsdam, le 3 juillet 1709, et fut très mal reçue parce qu'on souhaitait un prince. Son enfance fut triste, sa jeunesse malheureuse. Son père était un homme terrible, sa mère une personne effacée, sans défense pour elle et pour les siens.

La reine Sophie-Dorothée était née bonne et généreuse. Mariée à Frédéric-Guillaume, les scènes l'effarèrent, la crainte la rendit tracassière et peu sûre. Elle avait de l'esprit et faisait cent maladresses; elle était dévouée au plus incommode des maris et passait sa vie à le contrarier; elle aimait ses enfants, et tout ce qu'elle sut faire pour Frédéric persécuté fut de lui envoyer très régulièrement douze chemises neuves chaque année. Sa grand'mère maternelle était la belle Éléonore d'Olbreuse, par qui la famille royale de Prusse se trouve avoir pour aïeule la fille d'un simple gentilhomme poitevin. Malgré cette tache, la reine concentrait en sa personne toute la hauteur de la maison de Hanovre. Elle en avait la tête tournée et se jetait, par orgueil du sang, dans des entreprises chimériques où elle se noyait. Elle devenait alors vindicative, car le même orgueil du sang ne lui permettait pas de pardonner à qui l'avait offensée. Un mot de son époux la faisait rentrer sous terre, et elle se vengeait en querellant les autres à son tour. Heureuse, elle se serait épanouie et n'aurait eu que des vertus. Opprimée et chagrine, elle fut digne de compassion, mais accrut encore l'ennui du palais. C'était une femme grasse et blanche, aux traits accentués, au port majestueux, ayant très grande mine dans son rôle de reine.

On a de Frédéric-Guillaume des portraits qui sont parlants. Gros et lourd, le bas du visage massif, les yeux ronds, écarquillés et inquiets, il a bien l'air de la brute têtue et volontaire qui faillit étrangler Frédéric II avec un cordon de rideau. On lit dans son regard ces accès de colère, frisant presque la folie, dont les éclats s'entendaient au loin et amassaient le peuple sous ses fenêtres. Il vivait le bâton à la main, sans cesse dans les fureurs et frappant alors avec férocité, du bâton, des poings et des pieds. Il courait après les gens pour les prendre aux cheveux et les battre plus à l'aise, ou bien, si la goutte l'arrêtait, il leur jetait à la tête tout ce qui lui tombait sous la main : il fallait toujours le surveiller et être prêt à faire le plongeon. Jaloux, avare, ivrogne, plein de manies, haïssant les lettres et les arts avec une sorte d'emportement, il rendit femme et enfants cruellement malheureux. Il ne fut pourtant pas un mauvais roi. Ses manies répondaient exactement aux besoins du pays. Elles furent un bienfait après les aventures que venait de traverser l'Allemagne et qui l'avaient fait reculer de plusieurs siècles.

Regardez, dans les tableaux des anciennes écoles allemandes, les villes aux pignons aigus, aux grands toits à plusieurs étages de lucarnes, aux petites tourelles aériennes accrochées aux bords des toits comme des nids d'hirondelles, aux remparts épais et bien entretenus, qui servent de fond ou de cadre aux scènes bibliques elles-mêmes. C'est la vieille Allemagne, florissante, laborieuse, adoucie par une longue paix, tenant du mouvement d'idées de la Réforme la curiosité d'esprit et le goût de la liberté. L'ordre et l'activité règnent dans les rues, l'aisance et le bien-être dans les maisons. Les artisans allemands sont renommés et envoient leurs produits « jusque dans les contrées les plus lointaines, situées aux quatre vents du monde [1] ». Une

---

[1]. Sébastien Munster, *Cosmographia universalis* (1544).

bourgeoisie prospère dirige les affaires des villes avec sagesse. Nuremberg a trois cents canons sur ses remparts, deux années de blé dans ses greniers, un trésor de 15 millions de florins, plus que n'en laissa Frédéric-Guillaume Ier, roi de Prusse, après vingt-sept ans d'économies acharnées. Augsbourg est encore plus riche, avec des mœurs plus fines, un goût plus vif pour le luxe et les jolies choses; les jardins de ses banquiers rivalisent avec ceux des rois de France et leurs maisons sont remplies d'objets d'art. Les campagnes sont bien cultivées. Les mines n'ont peut-être jamais autant donné; selon Ranke, la quantité d'argent jetée dans la circulation par l'Allemagne, pendant le XVIe siècle, fut presque égale en valeur à l'or de l'Amérique [1]. Les marchés d'hommes où l'étranger vient acheter des reîtres débarrassent le pays des aventuriers et des turbulents; l'institution des armées mercenaires fait la tranquillité du pays en attendant qu'elle amène sa ruine.

La guerre de Trente ans passa sur cette terre heureuse et la laissa inculte, dépeuplée, assommée, témoignage effrayant de la facilité avec laquelle une grande civilisation peut être anéantie, même dans nos temps modernes. Les mercenaires des Wallenstein et des Tilly faisaient le désert; la peste

---

[1]. Ranke, *Zur Deutschen Geschichte*. Il faut se souvenir que Ranke a toujours soutenu que les revenus tirés par l'Espagne de l'Amérique, au XVIe siècle, ont été très inférieurs à ce qu'on croit généralement. (Voir son *Espagne sous Charles-Quint, Philippe II et Philippe III*.)

et la famine achevaient leur œuvre. Il y eut des destructions de villes « telles qu'on n'en avait pas vu depuis Jérusalem », des provinces superbes où il resta quatre villages, des tueries en masse de 35 000 âmes, de vastes campagnes en friche et reconquises par la forêt. A la paix, Berlin n'avait plus que 6 000 habitants, logés dans des maisons couvertes en paille et en bois.

En Bohême, le pays offrait une profonde solitude. « Les gens armés qui se hasardaient à le traverser rencontraient parfois sur le soir des paysans autour du feu, préparant leur souper, et un homme dans la marmite [1]. » Une immense ruine morale avait accompagné la ruine matérielle : « Nous avions désappris le rire », dit un contemporain. Le peuple était devenu féroce comme le soldat; la bourgeoisie était hébétée par l'excès du malheur; la noblesse abîmée dans l'ignorance et l'ivrognerie. On vit apparaître dans toutes les classes une grossièreté et une dureté inouïes, et, quand les lettres se ranimèrent, il y eut une éruption de pédantisme prodigieuse. Le limon du caractère germanique, remué pendant toute une génération, était remonté à la surface. Les blessures du pays étaient si profondes, qu'il y a trente ans on pouvait encore douter si elles étaient toutes fermées et si l'Allemagne du XIXe siècle n'était pas encore en retard par quelque endroit sur celle du XVIe.

[1]. Hormayr, *Taschenbuch für die Vaterländische Geschichte*, cité par Michelet.

Ce fut au milieu de cette barbarie et de cette détresse que la Prusse fit son entrée sur la scène du monde. Frédéric-Guillaume Ier n'était pas fait pour la ramener à la politesse et à la douceur, mais il la mit admirablement en état pour le grand rôle qu'elle allait jouer sous son successeur. Son avarice créa un ordre qu'il étendit de sa cuisine à toutes les affaires publiques. Il fit l'administration prussienne à son image : dure, méthodique, précise. Ses courses dans les provinces, canne en main, accoutumèrent ses fonctionnaires à une discipline dont la tradition ne s'est plus perdue. Il est vrai qu'il ne sut pas se faire respecter au dehors. La diplomatie n'était pas son fait. Il était tout salpêtre avec les ambassadeurs comme avec le reste des humains. Un jour, il leva la jambe pour donner un coup de pied à l'envoyé d'Angleterre, et cela fit manquer une négociation. Jamais il ne pouvait s'empêcher de chanter pouille sur quoi que ce fût, devant n'importe qui, ni de faire faire à toutes les cours mille petits manèges brouillons. Les autres souverains le connaissaient et ne s'y fiaient point.

L'armée était son œuvre. C'est lui qui eut l'idée qu'un Prussien doit naître avec un casque et qui le persuada à la nation. L'un des plus vieux souvenirs de la margrave de Bayreuth était d'avoir vu soudain la cour et la ville en uniforme à la mort de son grand'père Frédéric Ier : « Tout changea de face à Berlin, écrit-elle. Ceux qui voulurent conserver les bonnes grâces du nouveau roi endossèrent le casque et la cuirasse : tout devint militaire. » A quatre heures du matin, Frédéric-Guillaume était sur la place du Palais, commandant l'exercice. Le régiment prussien devint entre ses mains la mécanique parfaite qui a servi de modèle à ses descendants. Lui-même fut un roi pacifique à force d'aimer l'armée : il aurait craint de gâter ses régiments en les envoyant à la guerre. Il y en avait un surtout, composé d'hommes de six pieds, la joie de ses yeux, son orgueil et ses amours, qu'il ne pouvait se résoudre à perdre de vue. Pour le grand régiment, Frédéric-Guillaume devenait prodigue et patient. Afin d'avoir tous les géants de l'Allemagne et pour qu'ils fussent pimpants à la parade, il faisait des folies et endurait des avanies. Il envoyait hors de Prusse enrôler les géants à prix d'argent ; s'ils refusaient, il les faisait enlever de force, au risque de furieux désagréments avec les souverains étrangers ; mais c'était pour le grand régiment, et le roi était capable de tout pour lui, excepté de rendre un beau soldat. Il se dédommageait de ses efforts de patience chez lui, avec sa famille.

II

La petite princesse Wilhelmine était vive et intelligente. La nature l'avait faite gaie, et le chagrin ne put jamais l'assombrir définitivement. A la première éclaircie, la bonne humeur reparaissait et elle redevenait elle-même, espiègle, adorant la danse et hardie à faire des niches. A l'âge de six ans, elle sut que son père projetait de la fiancer à un prince de quinze, qu'elle trouvait très méchant. Elle découvrit que le prétendant était poltron et se mit à lui faire des peurs épouvantables. Sa gouvernante la punissait d'importance quand elle l'y prenait, et la gouvernante avait la main lourde. Les princes d'autrefois étaient élevés rudement, et ce n'était pas à un Frédéric-Guillaume que pouvait venir l'idée d'adoucir le régime. Il avait pour principe qu'il faut « calmer les fougues de la jeunesse »[1], et Mlle Léti, la gouvernante, calmait de si bon cœur, que la margrave s'étonnait plus tard de ne pas s'être cassé bras et jambes en roulant sur l'escalier.

On chassa pourtant la Léti, de peur que son élève ne demeurât estropiée. La princesse Wilhelmine eut alors affaire au roi, qui se chargea de la mater, ainsi que son frère Frédéric, son compagnon de jeux. Grâce à leur père, la peur des coups resta l'une des impressions vives de leur jeunesse. Frédéric surtout sortait en bouillie de ses mains, la figure en sang et des poignées de cheveux de moins. La margrave raconte leurs émotions lorsque Frédéric-Guillaume les surprenait chez la reine, où toutes les mesures étaient pourtant prises pour les faire disparaître à la moindre alarme. Un jour, le roi entra à l'improviste. Le prince Frédéric n'eut

1. *Mémoires de Catt.*

que le temps de se jeter dans une armoire, sa sœur sous le lit de la reine, si bas qu'elle eut beaucoup de peine à entrer. Le roi s'étendit sur ce même lit et s'y endormit. Les enfants étouffaient et n'osaient bouger. C'est tout à fait la scène du Petit-Poucet et de ses frères, cachés sous le lit de l'Ogre. La princesse Wilhelmine avait alors vingt ans, son frère dix-sept. L'ogre prussien s'en alla au bout de deux heures sans avoir senti la chair fraîche, mais ces séances-là ne s'oublient point. La reine n'osait souffler mot. Le roi l'avait dressée à se taire devant lui. « Il faut, disait-il, tenir les femmes sous la férule, sans quoi elles dansent sur la tête à leurs maris. »

L'autre grand souvenir de jeunesse de la princesse Wilhelmine et de son frère fut la faim, et d'avoir eu faim non pas une fois, ni deux, ni vingt, mais pendant des semaines et des mois. Frédéric-Guillaume réglait lui-même sa table, découpait et servait lui-même. Il invitait tous les jours à dîner une troupe de généraux, tous en uniforme, tous sanglés et raides, avec qui il daignait se griser et qu'il accoutumait, hors le boire, à la frugalité. L'ordinaire royal était invariable : six plats, très petits, pour vingt-quatre couverts, et le roi tâchait, en servant, qu'il en restât pour le souper [1]. Quand il arrivait à ses enfants.... Mais il faut laisser la parole à la margrave. Il y a de ces choses que les

---

[1] Un autre témoin oculaire assure que les six plats étaient copieux. En tout cas, c'était tout un pour ses enfants.

princesses seules ont le droit d'écrire : « Quand, par hasard, il restait quelque chose dans un plat, il crachait dedans pour nous empêcher d'en manger ». La description des ragoûts de vieux os qu'on lui servait lorsqu'elle était en pénitence et dînait dans sa chambre ne se peut citer, même d'après une princesse. Pendant les longs arrêts forcés qu'elle subit dans l'hiver de 1730-1731, au moment du procès de son frère Frédéric, elle faillit mourir de faim. Elle était aux abois, lorsque la colonie française de Berlin, émue de pitié, s'avisa de lui faire passer à manger. La profondeur de sa reconnaissance donne à juger des tiraillements de son estomac. Elle avoue ingénument qu'elle en conçut « une haute estime » pour notre nation, qu'elle s'est toujours fait depuis « une loi de soulager et de protéger » dans toutes les occasions. Frédéric-Guillaume voyait sans s'émouvoir ses enfants devenir « comme des haridelles »; il ne songeait qu'à grossir son trésor.

Quel poète que l'avare! quel idéaliste! Il se prive de tout, il a froid, il est affamé, son existence est misérable et il répand la tristesse autour de lui. Mais il possède en puissance, là, dans ses coffres, luxe, pouvoir, flatterie, amour, amis, tout ce que l'argent peut donner à l'homme. Aucun rêve n'est trop beau, aucune fantaisie trop coûteuse. Il achète des châteaux, des provinces, il achète le monde entier en imagination, il le tient dans ses mains lorsqu'il tient son or. Avec quelle justice il méprise l'homme qui se croit sage parce qu'il a acquis un champ ou une maison, et qui est content de dire : « Ceci est à moi ». L'avare, tout est à lui, puisqu'il peut tout avoir; et tant que son trésor est dans sa maison, personne ne peut rien lui ôter, puisque ses joies sont en lui-même. Le rude Frédéric-Guillaume Ier était un poète quand il ne donnait que des os à manger à son héritier, afin que celui-ci, dans l'avenir, pût acheter tous les géants de la terre et avoir toute une armée d'hommes de six pieds, au lieu d'un seul régiment. Le vieux roi se serait levé de sa tombe pour voir une parade de cent mille géants.

Il n'aurait pas fait bon venir lui dire qu'il était poète à sa manière. Frédéric-Guillaume l'était bien inconsciemment et malgré lui, car il n'était rien qu'il méprisât d'aussi grand cœur. Le seul mot de *vers* le mettait hors de lui. Il remarqua un jour une inscription au-dessus d'une des portes de son palais de Berlin. « Il demanda, raconte Frédéric II, ce que c'était que ces caractères-là. « Ce sont des « vers latins de Wachter. » A ce mot de vers, il mande sur-le-champ le pauvre Wachter. Il arrive; mon père lui dit avec colère : « Je vous ordonne « de sortir incessamment de la ville et de mes États. » Il ne se le fit pas dire deux fois. » Le gros grief de Frédéric-Guillaume contre son fils Frédéric, celui pour lequel il le prit en haine, fut d'aimer la musique et les vers; il l'appelait en public, d'un ton de profond mépris : « Joueur de fifre! Poète! » Son gros grief contre sa fille Wilhelmine fut de favoriser les goûts « efféminés » de son frère et de le pousser à la lecture.

Il n'aimait pas plus la prose que les vers. Un livre quelconque lui produisait l'effet du drapeau rouge sur le taureau. C'était l'ennemi. Il se jetait dessus et le faisait voler dans la cheminée sans autre examen. L'éducation de ses fils était menée en conséquence. Pour les filles, il laissait faire la reine, la chose étant sans importance; c'est ainsi que la princesse Wilhelmine devint sans obstacle une femme instruite, sachant les langues et excellente musicienne. Mais les garçons, et surtout le prince royal, ne devaient pas être empoisonnés de littérature, et le roi faisait bonne garde. Frédéric II frissonnait encore, quarante ans après, au souvenir de la scène qui eut lieu dans sa chambre le jour où son père découvrit qu'un maître, un traître, lui enseignait les déclinaisons latines. « Que faites-vous là? cria le roi. — Papa, je décline *mensa, æ.* — Ah! coquin, du latin à mon fils! Ote-toi de mes yeux. » Le maître se sauve et reçoit cependant une volée de coups de canne et de coups de pied. L'élève se cache sous la table, en est tiré par les cheveux, traîné ainsi au milieu de la chambre et soufflété. « Reviens-y, avec ton *mensa,* disait le roi en frappant, voilà comme je t'accommoderai. » Frédéric était alors tout enfant. Il était craintif et apprenait difficilement. Son père l'aurait facilement dégoûté du travail et de la lecture, et réduit à n'être qu'un barbare comme lui, un barbare de génie, mais un barbare, sans la princesse Wilhelmine.

De toutes les variétés de l'amitié, la plus parfaite et la plus exquise est l'amitié entre sœur et frère. Elle naît d'ordinaire dans la jeunesse, à l'âge des affections chevaleresques et des dévouements désintéressés. Elle a la liberté qui ne peut jamais exister dans l'amour maternel et filial, jointe à la solidité que créent les liens du sang. La communauté des souvenirs et des impressions d'enfance, le partage des mêmes joies et des mêmes peines au même foyer sombre ou gai, doux ou cruel, lui donnent une ingéniosité incomparable pour deviner et panser les plaies secrètes du cœur. Elle a toutes les délicatesses de l'amitié entre homme et femme, sans être exposée jamais aux mouvements trop vifs qui viennent rappeler aux plus honnêtes gens qu'un homme est un homme pour une femme, et réciproquement. Elle est le salut des enfances malheureuses où elle apparaît; sa douceur et sa pureté les garantissent du désespoir et les protègent contre l'influence dépravante du chagrin. La princesse Wilhelmine eut pour Frédéric II une amitié tendre et profonde de sœur aînée. Le tempérament maladif de son frère et ses perpétuelles épouvantes en avaient fait un pauvre enfant taciturne et triste. Elle eut le secret de le consoler et de le ranimer. A mesure qu'il grandit, elle plaida sans relâche auprès de lui la cause des lettres et des arts, de la politesse, des idées humaines et modernes, et elle la fit triompher contre leur père et ses soudards. Frédéric II eut en elle une confidente impénétrable, une alliée héroïque, une amie parfaite.

III

Tous deux étaient en avance par leurs goûts et leurs idées sur le milieu où le sort les avait placés et ils en souffraient diversement, chacun selon son humeur. Sitôt que le prince Frédéric eut surmonté ses effroyables peurs d'enfant et cessé d'être éperdu au seul nom de son père, il ne pensa plus qu'à lui échapper et se lança à la légère dans des liaisons qui le menèrent à la tragédie de Küstrin. Sa sœur devint au contraire prudente et apprit la politique à l'âge où l'on joue d'ordinaire à la poupée. « J'ai eu de tout temps, dit-elle, le malheur de faire beaucoup de réflexions; je dis le malheur, car, en effet, on approfondit quelquefois trop les choses et l'on en découvre de très chagrinantes. » Elle ajoute que le trop de réflexions lui fut « quelquefois fort à charge », mais qu'elle le trouvait cependant « utile pour bien diriger la conduite ». Elle avait treize ans lorsque l'expérience la réduisit à cette philosophie désenchantée et lui fit résoudre de tout approfondir, dût-il lui en coûter des nuits de larmes, ainsi qu'il arriva souvent.

La sagesse parfaite aurait été de ne pas demander aux choses et aux gens « approfondis » plus qu'ils ne pouvaient donner. La princesse Wilhelmine avait par malheur plusieurs idées fort absurdes chez une fille de roi. Elle se croyait le droit d'être sans ambition. Elle s'entêtait à compter son bonheur pour quelque chose dans les arrangements qui concernaient son avenir. « J'ai toujours été un peu philosophe, écrit-elle dans son aveuglement; l'ambition n'est pas mon défaut; je préfère le bonheur et le repos de la vie à toutes les grandeurs : toute gêne et toute contrainte m'est odieuse. » La reine Sophie-Dorothée, chez qui la juste fierté du rang était le seul sentiment que la férule de Frédéric-Guillaume n'eût pas déformé et aplati, accusait sa fille d'être une âme basse et le lui reprochait dans le langage énergique que le roi avait introduit à la cour. Elle demeurait suffoquée d'indignation quand la princesse Wilhelmine osait émettre la prétention d'être heureuse en ménage, et, au fond, c'était la reine qui avait raison; elle sentait que la tradition monarchique s'en allait et que, sous prétexte de philosophie, les idées bourgeoises s'insinuaient dans les palais.

La princesse Wilhelmine était un peu sentimentale. Elle l'était de naissance, et, chose qui paraîtra incroyable, elle avait reçu de son père une éducation sentimentale; Frédéric-Guillaume lui-même n'avait pas pu être impunément du XVIIIe siècle. Il estimait indispensable de donner de temps à autre des preuves et comme des représentations de sensibilité. Il versait des torrents de larmes devant le lit d'un enfant malade, quitte à lui refuser le lendemain une tasse de bouillon. Il rouait Frédéric de coups à le laisser étourdi sur la place, et il l'envoyait « avec componction » visiter les hôpitaux « pour se faire une idée des misères humaines et apprendre à devenir sensible [1] ». A de tels exemples, partis d'un tel lieu, ses enfants s'exerçaient à « devenir sensibles », puisque leur père lui-même ne croyait pas pouvoir s'en dispenser. Le mal ne jeta point des racines profondes chez Frédéric II; il n'était sentimental et pleurnicheur qu'à ses heures, en dehors des affaires; mais la margrave de Bayreuth finit par l'être à tort et à travers, et il en résulta, ainsi qu'on le verra plus loin, de gros chagrins imaginaires à ajouter aux peines trop réelles de sa jeunesse.

Une gravure allemande la montre vers la trentaine, dans l'attitude languissante et un peu précieuse qui est en peinture l'enseigne d'une âme sensible. Elle est assise, un petit chien sur ses genoux, la joue penchée sur une main; l'autre main tient un livre ouvert. On ne peut pas dire qu'elle soit jolie. Elle a un visage intéressant. Ses grands yeux sont trop ronds, comme ceux de son père, mais le regard en est doux et profond. Une coiffure poudrée, basse et plate, lui fait une élégante petite tête à la Watteau. On devine sous le mantelet qui l'enveloppe un corps grêle et souffreteux. Les privations — quelque étrange que le mot paraisse, il est ici à sa place — avaient ruiné sa santé. Plusieurs maladies graves dans des chambres sans feu, suivies de

---

1. *Mémoires de Catt.*

convalescences à l'eau claire, en avaient fait une ombre, et jamais plus elle ne se remit.

On est ému de pitié devant cette frêle créature, si aimable et si malheureuse. Pauvre princesse, qui rêvait de se marier par amour, comme dans les romans, et qui raisonnait, dans le rang où la naissance l'avait placée, sur l'époux qui « pourrait faire sa félicité »! Il s'agit bien de cela quand on est fille de roi, fille de Frédéric-Guillaume Ier! C'était déjà un grand malheur pour elle que d'avoir un esprit délicat, sans cesse froissé et rebuté par ce qu'elle voyait et entendait. Elle avait bien besoin, en vérité, d'y joindre un cœur avide de tendresse! Jadis, le peuple avait été touché des souffrances de ses pareilles. Il avait inventé, pour les princesses blessées du besoin d'aimer, les bonnes fées des vieux contes, qui donnent au prince Charmant des tonneaux pleins de diamants et des royaumes, afin qu'il puisse épouser sa beauté. Nous sommes devenus durs pour les grands de la terre. Non seulement notre temps ne les plaint plus, mais on s'imagine qu'ils ne souffrent pas comme nous tous, et qu'un cœur de princesse, parce qu'il apprend à se taire, n'est pas un cœur de femme. Il me semble que l'histoire de la princesse Wilhelmine devrait désarmer les plus prévenus.

A peine sortie des langes, son histoire se confond avec celle des mariages que ses parents ne cessèrent de faire et de défaire pour elle, et où il entrait toutes les considérations, excepté le souci de ses goûts et de son bonheur. Il serait injuste d'accuser en ceci Frédéric-Guillaume et la reine Sophie-Dorothée. L'un et l'autre remplissaient leurs fonctions de souverains, qui ne leur laissaient pas le choix. Ils en rendaient seulement l'accomplissement plus cruel qu'il n'était nécessaire, par l'humeur fantasque du roi et la conduite indiscrète de la reine. L'établissement de leur fille aînée fut pour tous deux, que l'on me passe cette expression, le champ clos où ils se mesuraient. Chacun luttait pour son prétendant, la reine par des intrigues souterraines, le roi à grands coups de boutoir, et il n'y avait aucune chance qu'ils arrivassent à une entente : ils entraient dans la lice avec des idées trop différentes. La reine, toute morgue et ambition, cherchait avec opiniâtreté une grande alliance. Le roi, sans être insensible aux avantages d'un mariage politique, était surtout préoccupé d'établir ses six filles au moins de frais possible. La princesse Wilhelmine, menacée par chacun d'eux de châtiments terribles si elle obéissait à l'autre, vouée aux rebuffades quelque parti qu'elle embrassât, voyait sa main promise tour à tour, quand ce n'était pas en même temps, au nord et au sud, à l'est et à l'ouest, et courbait la tête en déplorant son dur destin. Elle comprenait qu'il était inéluctable, et elle ne pouvait pourtant s'y résigner.

IV

Son premier fiancé fut son cousin germain le prince de Galles [1]. Elle avait quatre ans, il en avait six. Il lui envoyait des présents, et la reine Sophie-Dorothée s'épanouissait de bonheur, car le mariage anglais était son rêve et son œuvre. Elle l'avait ménagé, elle y tenait par toutes les fibres de son orgueil, et elle le raccommoda dix-huit ans de suite, avec une opiniâtreté que rien ne lassa, à mesure que Frédéric-Guillaume le rompait. C'est la toile de Pénélope; le roi défaisait, la reine refaisait.

Frédéric-Guillaume n'était pas toujours contraire à l'alliance de son neveu. Il la désirait par moments autant que sa femme, et alors il renouait lui-même les fils; mais le grain de bizarrerie qu'il avait dans la tête lui faisait faire des siennes, et tout était à recommencer. Tantôt, c'était une de ses fureurs folles, pendant lesquelles il prétendait traiter les diplomates étrangers comme de simples généraux prussiens. L'ambassadeur d'Angleterre boudait, son maître était blessé au vif, et il n'était plus question du prince de Galles jusqu'à ce que la reine eût amené à grand'peine un replâtrage. Tantôt, c'était la tentation irrésistible de quelques géants signalés en

---

[1] Ou plutôt, pour être tout à fait exact, le duc de Glocester, qui devint prince de Galles en 1727, à la mort de son grand-père George I*er*.

Hanovre par les enrôleurs prussiens. Frédéric-Guillaume les faisait enlever, bien qu'il sût George Ier électeur de Hanovre encore plus chatouilleux que George Ier roi de la Grande-Bretagne. L'électeur réclamait ses sujets, le roi refusait de les rendre — c'était au-dessus de ses forces, — la mésintelligence dégénérait en haine, et la reine était obligée de recourir aux derniers moyens pour adoucir son époux : elle lui donnait quelques autres géants, et le cœur de Frédéric-Guillaume se fondait à leur vue. Tantôt, c'était l'envoyé autrichien, Seckendorf, qui abusait malicieusement des faiblesses du roi pour le brouiller avec l'Angleterre et le lier à l'Autriche. L'audience où il lui présenta le lot de Hongrois énormes destiné à payer le traité de Wusterhausen (1727) fut digne d'une opérette. Le visage de Frédéric-Guillaume brillait d'une joie naïve, qui devint du ravissement à l'annonce que l'empereur avait « donné ordre qu'on cherchât tous les grands hommes de ses États pour les lui offrir ». Ce jour-là, le prince de Galles tomba dans un tel décri qu'il fallut à la reine de longs efforts pour lui ramener son époux.

La princesse Wilhelmine ne sentait que de l'indifférence pour ce fiancé intermittent. Elle ne l'avait jamais vu et ne possédait pas le don de s'enflammer en vertu d'une décision royale. Le prince de Galles, moins infecté d'idées modernes, avait ou feignait d'avoir ce don précieux. Dès que le vent tournait à l'Angleterre, il dépêchait vers la princesse pour lui assurer qu'il était « amoureux fou ». Elle ne faisait qu'en rire. Son cousin était associé dans son esprit à tant de gronderies de sa mère, tant de coups de son père, tant de méchants bruits semés par la coterie Seckendorf, tant d'ennuis de toutes sortes, petits et grands, qu'elle ne pouvait penser à lui sans être excédée. Un jour, c'était la cour d'Angleterre, informée sous main qu'elle était bossue et envoyant des femmes pour l'examiner. On la déshabillait : « J'étais obligée, dit-elle, de passer en revue devant elles et de leur montrer mon dos, pour leur prouver que je n'étais pas bossue. J'enrageais. » Une autre fois, c'était le roi, que les tracas de cette affaire, joints à l'ivrognerie, avaient jeté dans l'hypocondrie et de là dans la dévotion outrée. « Le roi nous faisait un sermon toutes les après-midi; son valet de chambre entonnait un cantique, que nous chantions tous; il fallait écouter ce sermon avec autant d'attention que si c'était celui d'un apôtre. L'envie de rire nous prenait, à mon frère et à moi, et souvent nous éclations. Soudain on nous chargeait de tous les anathèmes de l'Église, qu'il fallait essuyer d'un air contrit et pénitent, que nous avions bien de la peine à affecter. »

L'excès de la mélancolie inspira même à Frédéric-Guillaume l'idée d'abdiquer. Il voulait se retirer à sa campagne de Wusterhausen, où l'on dînait en toute saison au milieu de la cour, les pieds dans l'eau quand il pleuvait, et où chaque ménage princier n'avait qu'un galetas pour lui et sa suite, mâle et femelle; on s'arrangeait avec des paravents. Le roi fit part à sa femme et à ses filles de son dessein de les emmener dans cette retraite rustique : « Là, leur dit-il, je prierai Dieu et j'aurai soin de l'économie de la campagne, pendant que ma femme et mes filles auront soin du ménage. Vous êtes adroite (*à la princesse Wilhelmine*), je vous donnerai l'inspection du linge, que vous coudrez, et de la lessive. Frédérique, qui est avare, sera gardienne de toutes les provisions, Charlotte ira au marché acheter des vivres, et ma femme aura soin de mes petits enfants et de la cuisine. »

Une autre fois encore, toujours à propos du prince de Galles, le roi impatienté déclara qu'il allait mettre sa fille aînée au couvent. Il écrivit à une abbesse, qui ne fit, comme on peut croire, aucune difficulté et répondit avec empressement. A l'arrivée de sa lettre, Frédéric-Guillaume s'était ravisé et menaçait la princesse Wilhelmine de l'enfermer dans une forteresse, si elle obéissait à sa mère et épousait son cousin. La reine lui promettait de son côté une haine éternelle si elle ne l'épousait pas, et elle lui disait pour l'encourager : « C'est un prince qui a bon cœur, mais un fort petit génie ; il est plutôt laid que beau, et même il est un peu contrefait. Pourvu que vous ayez la complaisance de souffrir ses débauches, vous le gouvernerez entièrement. » La reine recommençait souvent le même discours, et plus elle le recommençait, moins sa fille trouvait que l'enjeu valût un cachot.

Frédéric-Guillaume avait toujours un gendre en

réserve à opposer au prince de Galles. Nous avons parlé du jouvenceau à qui la petite Wilhelmine faisait de grandes peurs, afin de le rebuter. Il se nommait le margrave de Schwedt et était prince du sang. Le roi l'avait choisi un soir après boire, en 1715, et l'avait conservé en guise d'épouvantail, pour effrayer la reine quand il n'en avait pas d'autre sous la main. Il l'oubliait dès qu'il n'en avait plus besoin. La princesse Wilhelmine trace un portrait cruel du margrave de Schwedt; de tous ses prétendants, aucun ne lui inspira autant d'aversion, peut-être parce qu'aucun ne lui était aussi connu.

Charles XII, roi de Suède, figura un instant dans la galerie de gendres de Frédéric-Guillaume. Il ne put occuper beaucoup l'imagination de la princesse, qui avait neuf ans à sa mort. Les *Mémoires* font aussi allusion à un prince russe. Vint ensuite, si je n'en oublie, Auguste, électeur de Saxe et roi de Pologne. Celui-là mérite qu'on s'y arrête, et parce que l'affaire fut poussée assez loin, et parce qu'il est le plus singulier des prétendants protégés par Frédéric-Guillaume.

C'était en 1727, pendant l'accès de mélancolie et de dévotion qui inspira au roi la pensée de vouer sa femme et ses filles à la cuisine et à la lessive. Ses favoris, qui perdaient tout à une abdication, avaient essayé en vain de dissiper ses sombres vapeurs. A bout d'expédients, ils imaginèrent un voyage à Dresde, chez le roi Auguste, et cette idée en fit naître une autre : ils suggérèrent à leur maître de profiter de sa visite pour traiter du mariage de son hôte avec la princesse Wilhelmine. Frédéric-Guillaume se laissa persuader, partit pour Dresde (janvier 1728); il fut ébloui. La cour de Pologne était alors la plus brillante de l'Allemagne. Son luxe parut fabuleux à un homme sortant de Wusterhausen. On y mangeait à sa faim et très au delà, et l'on y buvait sans trêve. Les deux rois ne dégrisaient point et, dans l'humeur attendrie où ils se trouvaient, les négociations pour le mariage ne souffrirent pas de difficultés. Il est vrai que le roi Auguste avait alors cinquante-huit ans [1] et qu'il était fort cassé pour son âge, mais « son port et sa physionomie » étaient « majestueux »; que peut demander de plus une princesse de dix-huit ans? Il est vrai que le roi Auguste avait eu trois cent cinquante-quatre enfants naturels et qu'il conservait encore le harem que comportait une famille de pareille importance. Frédéric-Guillaume à jeun aurait jugé sévèrement sa conduite; Frédéric-Guillaume ivre n'y pensait pas. Il est vrai que le roi Auguste avait eu « un accident au pied droit qui l'empêchait de marcher et d'être longtemps debout. La gangrène s'y était mise, et on ne lui avait sauvé le pied qu'en lui coupant deux orteils. La plaie était toujours ouverte et il souffrait prodigieusement »; mais cela rendait intéressant un

---

[1]. Les *Mémoires* de la margrave disent quarante-neuf; c'est une inadvertance : Auguste était né en 1670.

prince qui continuait courageusement son métier de roi et se tenait debout, le sourire aux lèvres, quand l'étiquette l'exigeait. Il est vrai que le roi Auguste acheva de donner sa mesure morale en offrant à Frédéric-Guillaume et à son jeune fils Frédéric un spectacle tel, que le roi sauta sur son fils, le fit pirouetter et le poussa vivement hors de la chambre; mais c'était une erreur, une politesse mal placée, qu'il promit de ne pas renouveler. Il est vrai encore que le roi Auguste faisait d'autres choses qui ne se peuvent raconter, mais sa cave était si bonne!

Le roi Auguste fut donc agréé et autorisé à faire sa cour. Quatre mois après, il arriva à Berlin (29 mai 1728), et l'on amena à la princesse Wilhelmine ce charmant fiancé, que la pourriture n'avait pas eu la patience d'attendre au tombeau. Il lui présenta d'un air affable quelques-uns de ses trois cent cinquante-quatre futurs beaux-enfants, et tout se passa le mieux du monde. Dans la joie d'avoir mis la main sur un si beau gendre, Frédéric-Guillaume donna un dîner où l'on mangea neuf heures de suite; il n'y avait point prié la reine ni ses filles: pas de bouches inutiles. Deux heures après être sortis de table et encore ivres, les deux souverains se remirent à boire. Il y eut plusieurs grandes fêtes au palais, illumination dans Berlin, et le fiancé retourna dans ses États préparer ses noces. Des raisons politiques brouillèrent les cartes à temps, mais la princesse Wilhelmine l'avait échappé belle. Chose singulière, le roi Auguste ne lui avait point inspiré d'aversion. Elle avait eu une légère bouffée de vanité en devenant tout à coup une manière de personnage, l'objet des attentions d'un monarque et de sa suite. Pour une pauvre Cendrillon, le changement était grand et agréable, et elle en sut gré au roi Auguste, quoique étrangement au fait pour une jeune fille des débauches et des maladies de ce prince. Il lui disait « beaucoup de choses obligeantes », et puis il était roi, et, dans ce temps-là, c'était encore d'un grand effet.

Aussitôt après le roi de Pologne, Frédéric-Guillaume adopta pour prétendant un cadet de famille nommé le duc de Weissenfels, galant homme et jeune, mais si mince compagnon que la reine Sophie-Dorothée était hors d'elle-même à la pensée d'une telle mésalliance. Nous reviendrons à ce duc. A l'époque où nous sommes arrivés, le sort de la princesse Wilhelmine devient si étroitement lié à celui de son frère Frédéric, qu'il est impossible de ne pas rappeler brièvement le procès Katt, afin de marquer le rôle que la princesse y joua et les causes qui redoublèrent la haine du roi envers elle.

V

Le coin de folie de Frédéric-Guillaume s'agrandissait avec les années. Ses colères devenaient du délire; en 1729, il se passa une corde autour du cou et allait étouffer, si la reine n'était venue à son secours. Son avarice augmentait aussi; le peu qu'on servait à sa table n'était que choux, carottes et navets. Son antipathie pour le « joueur de fifre », qu'il croyait destiné à « gâter toute sa besogne », s'était changée en une haine farouche de maniaque, dont la princesse Wilhelmine recevait les éclaboussures. Il était extrêmement frappé d'avoir deux enfants si différents de lui, dont les regards et les silences étaient des blâmes auxquels il ne se trompait pas, qui semblaient acquis aux idées françaises, à la philosophie française, aux modes françaises, tandis qu'il voulait que tout restât allemand en Allemagne. Sur ce dernier point, il n'avait pas tort. Chaque race a son génie propre, qui la guide par le chemin qui lui convient, et il est rare qu'une nation trouve son compte à emprunter la route du voisin. Elle est presque toujours contrainte de revenir sur ses pas : elle croyait avoir pris un raccourci, elle a fait un détour. La faute de Frédéric-Guillaume n'était pas de vouloir une Allemagne allemande, c'était de vouloir une Allemagne immobile, et de la retenir lorsqu'elle était déjà enlevée par le mouvement qui allait la porter jusqu'aux nues; c'était surtout de ne pas deviner le génie d'un fils qui, tout en faisant de petits vers français, allait avoir une politique autrement nationale que la sienne, d'un fils qui trouverait à son avènement une Prusse satellite de l'Autriche et qui la laisserait en voie de renverser la situation.

Il est impossible d'avoir sur les yeux des écailles plus épaisses qu'il n'en eut à l'égard de Frédéric II, et pour des motifs plus ridicules. D'autres monarques avant lui, et de plus illustres, avaient songé avec amertume que leur héritier perdrait leur œuvre. Philippe II et Pierre le Grand avaient reconnu que le sort les plaçait entre deux monstruosités : livrer des millions d'hommes à un fou comme don Carlos, à un être inepte comme Alexis, ou commettre un crime exécrable. Don Carlos et Alexis disparurent de ce monde. Si le crime fut grand, il fut inspiré du moins par des motifs également grands. Avec Frédéric-Guillaume, tout se rétrécit et se rapetisse : idées, sentiments, actions. Il jugea son fils incapable et dangereux pour l'État, parce qu'il ne lui découvrit point les qualités d'un bon sergent. Rien ne put faire sortir le roi de ces considérations bornées. Il détesta Frédéric comme un sous-officier modèle déteste le mauvais soldat qui déshonore sa compagnie, en n'étant jamais à l'alignement. Il voulut lui faire couper la tête parce qu'il crut voir que son fils ne passerait pas comme lui six ou sept heures du jour à commander l'exercice; à quoi serait-il bon alors? Il ne lui vint pas à l'esprit que Frédéric II abîmerait sa belle armée en la menant à la guerre, et ce fut heureux pour Frédéric, car son père n'aurait peut-être pas reculé à le faire décapiter si cette pensée lui était venue; mais il était convaincu que son fils la laisserait déchoir par incurie et inaptitude aux choses militaires et gâterait son beau joujou, le grand régiment.

La vue de Frédéric lui devint odieuse, et il abhorra presque autant la princesse Wilhelmine, complice des goûts humiliants de son frère pour la poésie et la musique et confidente de ses chagrins. Leur existence à tous deux devint un martyre à dater de 1729, lors d'une attaque de goutte que le roi eut aux deux pieds et qui le réduisit à se faire traîner sur une chaise roulante. Frédéric-Guillaume avait dressé ses traîneurs à poursuivre les gens qu'il voulait battre. On se représente ces courses étranges à travers le palais royal de Berlin, ces éparpillements de princes et de princesses fuyant les coups de béquilles. La princesse Wilhelmine faillit une fois être assommée; les traîneurs la sauvèrent en lui laissant prendre de l'avance. Le roi était hanté par la crainte que ses enfants ne profitassent de son mal pour toucher à leurs livres maudits. Il prit le parti de les garder à vue. « Nous étions obligés, raconte sa fille, de nous trouver à neuf heures du matin dans sa chambre; nous y dînions et n'osions en sortir pour quelque raison que ce fût. Chaque jour ne se passait qu'en invectives contre mon frère et contre moi. » La suite est ignoble et peut à peine être indiquée. Le roi les forçait à manger ce que leur estomac ne pouvait garder, et toujours sans bouger de sa chambre, ou derrière sa chaise roulante lorsqu'on le promenait dans le château. « Les peines du purgatoire, écrit la margrave, ne pouvaient égaler celles que nous endurions. » Au commencement de 1730, Frédéric se glissa un soir dans la chambre de sa sœur et lui déclara que, poussé à bout par tant d'ignominies, son parti était pris de passer à l'étranger.

La princesse fut atterrée. Son bon sens lui montrait des suites affreuses au bout d'une entreprise chimérique. Elle raisonna, pria, pleura et enfin tira parole de son frère de renoncer à s'enfuir. Les persécutions du roi le firent promptement revenir à son projet, et plusieurs mois s'écoulèrent en luttes, à chacune desquelles la princesse se sentait de plus en plus vaincue. « Son esprit était si aigri, rapporte-t-elle, qu'il n'écoutait plus mes exhortations et s'emportait même souvent contre moi. » Frédéric en était au degré d'exaspération où la prudence est oubliée et presque méprisée. Il s'était ouvert de son dessein à son ami le jeune Katt, dont ce périlleux honneur a mis le nom dans toutes les histoires, garçon inconsidéré et bavard, qui confiait à chacun le secret de son maître. Un soir qu'il en parlait à la princesse Wilhelmine dans les appartements de la reine, parmi cent oreilles curieuses, la princesse lui dit : « Je vois déjà votre tête branler sur vos épaules, et si vous ne changez bientôt de conduite, je pourrais bien la voir à vos pieds. — Si je perds la tête, répliqua-t-il, ce sera pour une belle cause. — Je ne lui donnai pas le temps de m'en dire davantage, continue la margrave, et je le quittai.... J'étais bien éloignée de penser que mes tristes prédictions s'accompliraient si tôt. »

Peu de jours après, la reine profita d'un voyage du roi pour amuser sa fille. Elle donna un bal (16 août 1730). « Il y avait plus de six ans que je n'avais dansé, disent les *Mémoires*; c'était du fruit nouveau et je m'en donnai à gogo. » Au milieu de la fête, on vit la reine s'entretenir à l'écart avec ses dames et devenir soudain très pâle. Frédéric, qui accompagnait son père, venait d'être arrêté au moment où il s'évadait. Le roi l'aurait tué sur place si des généraux ne l'avaient ôté de ses mains, et il fallait s'attendre à tout. Malgré son angoisse, la reine sut se contenir. Elle ne pleura pas, n'interrompit pas les danses et attendit un instant avant de donner le bonsoir et de se retirer avec sa fille. Rentrées dans leurs appartements, toutes deux débutèrent par les larmes et les évanouissements, après quoi elles avisèrent.

Le seul service qu'elles pussent rendre au prisonnier était de détruire ses papiers. Il est vrai que le service était immense. La famille royale avait une intempérance de plume dont on demeure confondu sous un monarque soupçonneux, qui ne se faisait pas faute d'ouvrir les lettres. Ils s'écrivaient continuellement les uns aux autres, sur le roi et ses favoris, de quoi les faire tous passer en jugement si les lettres étaient surprises, et Frédéric gardait ses correspondances. Il fallut découvrir sa cassette, cachée hors du palais, rompre les scellés, limer le cadenas, brûler les lettres compromettantes dont environ quinze cents de la reine et de sa fille aînée, en fabriquer d'autres pour remplir les vides, se procurer un cachet afin de rétablir les scellés. La princesse Wilhelmine fut incomparable de présence d'esprit et d'activité. Sa mère la harassait par ses agitations, ses frayeurs, ses bavardages absurdes. Elle vint néanmoins à bout de tout, si ce n'est d'empêcher la reine de refermer la cassette avant qu'il y eût assez de fausses lettres pour la remplir. La peur d'être surprise par le roi fut trop forte. La reine se crut très habile de combler les vides avec des nippes, vit remettre les scellés et respira. D'après les *Mémoires*, ce devait être le 22 ou le 23 d'août, et l'on était sans nouvelles de Frédéric depuis son arrestation.

Le 27, à cinq heures du soir, le roi revint de voyage. Du plus loin qu'il aperçut la reine, il lui cria : « Votre indigne fils n'est plus ; il est mort. — Quoi ! vous avez eu la barbarie de le tuer ? — Oui, vous dis-je ; mais je veux la cassette. » La reine éperdue criait sans discontinuer : « Mon Dieu ! mon fils ! mon Dieu ! mon fils ! » Ses enfants effrayés s'agitaient. Frédéric-Guillaume avait aperçu sa fille aînée et la folie le prenait ; « Il devint tout noir, ses yeux étincelaient de fureur et l'écume lui sortait de la bouche : « Infâme canaille, me dit-il, oses-tu te « montrer devant moi ? Va tenir compagnie à ton « coquin de frère ! » En proférant ces paroles, il me saisit d'une main, m'appliquant plusieurs coups de poing au visage, dont l'un me frappa si violemment la tempe que je tombai à la renverse et me serais fendu la tête contre la corne du lambris, si Mme de Sonnsfeld ne m'eût garantie de la force du coup en me retenant par la coiffure. Je restai à terre sans sentiment. Le roi, ne se possédant plus, voulut redoubler ses coups et me fouler aux pieds. »

Les jeunes princes et princesses et les dames du palais se jetèrent devant la princesse Wilhelmine. Les petits pleuraient, la reine poussait des cris aigus et courait par la chambre en se tordant les mains, le peuple s'attroupait, car les fenêtres étaient ouvertes et la chambre au rez-de-chaussée, sur la place publique. Au milieu de cette scène, digne de Charenton, un cortège passa devant les fenêtres. Des gardes conduisaient Katt, le confident de Frédéric; d'autres portaient ses coffres et ceux du prince, qu'on avait saisis et scellés. Katt aperçut la princesse Wilhelmine, la tête enflée et meurtrie. « Pâle et défait, dit-elle, il ôta pourtant son chapeau pour me saluer. » Frédéric-Guillaume, de son côté, aperçut Katt. Il sortit pour se jeter dessus, en criant : « A présent, j'aurai de quoi convaincre le coquin de Fritz et la canaille de Wilhelmine; je trouverai assez de raisons valables pour leur faire couper la tête ». Une dame de la cour osa se mettre en travers de ce furieux et l'arrêter. Elle lui parla avec autorité : il la regarda et se tut. Elle le menaça de la justice divine : il l'écouta en silence, dompté par le calme et l'énergie d'une femme. Quand elle eut fini, il la remercia et s'éloigna presque tranquille. Il est vrai que la rage le reprit cinq minutes après en revoyant Katt, qu'il mit en sang, et que la princesse Wilhelmine fut enfermée le même soir dans sa chambre, avec double garde devant sa porte. On la porta chez elle dans une chaise à porteurs, à travers une grande foule de paysans et de gens du peuple accourus au château sur le bruit que le roi avait tué deux de ses enfants.

On sait que Frédéric fut conduit à la citadelle de Küstrin. Frédéric-Guillaume lui avait fait subir auparavant un interrogatoire qui donne la clé du procès qui suivit. Sa première question, faite d'un ton furieux, avait été : « Pourquoi avez-vous voulu déserter? » Mot caractéristique de l'homme et de la situation; l'offensé n'était ni le père ni le souverain; l'offensé était le sous-officier. « Vous n'êtes donc qu'un lâche déserteur? » répétait-il en essayant d'en finir d'un bon coup d'épée. Un des généraux sauva encore le prince, mais le roi resta buté à son idée, et Frédéric fut traité en soldat déserteur. Il fut tenu en prison, sans linge et d'abord sans meubles, même sans lit, et nourri à douze sols et demi par jour. On le menaçait de la question, et il était destiné à passer en conseil de guerre. Cependant on le pressait d'avouer son crime, et la ruse de la reine se tournait contre lui. Il laissa échapper qu'il ne reconnaissait point les nippes de la cassette. Le roi se douta bien d'où partait le coup et sa rage en redoubla contre le frère et la sœur.

L'histoire du mariage de la princesse Wilhelmine

revient ici se mêler d'une façon presque burlesque à la tragédie de famille. Le roi était résolu à se délivrer d'une fille odieuse. Il n'hésitait que sur le choix des moyens. Il parlait souvent de lui faire couper la tête et prenait soin qu'elle ne l'ignorât pas, mais il savait à merveille que ce n'était pas si simple que cela, et puis il était juste : si sa fille était haïssable, elle n'avait pas déserté. Il songea de nouveau à un couvent. Il s'arrêta enfin au parti de la marier, de gré ou de force, à l'un des prétendants repoussés par la reine; il soupçonnait celle-ci d'avoir trempé dans l'affaire de la cassette et souhaitait encore plus que de coutume de lui être désagréable. Il commença donc à faire harceler la princesse Wilhelmine dans sa prison, par ses créatures, qui eurent toutes l'ordre de lui parler mariage. Il lui venait des messagers du roi à toute heure, il en venait de si grand matin que la princesse, en ouvrant les yeux, apercevait devant son lit un ministre, ou un officier, chargé de lui donner le choix entre le margrave de Schwedt et la mort. Ou bien c'était un couvent affreux qu'on mettait dans la balance; c'était un cachot dans une forteresse; c'était la vie de son frère : le roi ferait grâce à Frédéric si sa sœur se soumettait et obéissait; l'exécution était certaine si elle s'opiniâtrait. Sa répugnance pour le margrave de Schwedt était-elle trop forte, elle pouvait prendre le duc de Weissenfels; elle pouvait même prendre le margrave de Bayreuth, le fiancé d'une de ses cadettes; le roi l'y autorisait, et le jeune couple n'aurait pas le cœur assez bas pour éprouver des regrets quand il y allait de la paix de la famille royale. Je crois qu'en effet peu importait aux fiancés, qui ne s'étaient même jamais vus.

La prisonnière résistait. Non qu'elle rêvât encore à son beau roman d'un mari aimé et amoureux : l'expérience lui avait enfin donné une notion plus juste des mariages princiers. Elle résistait parce que sa mère le lui ordonnait et l'en implorait, et qu'elle voyait bien que l'espoir du mariage anglais était le soutien de cette pauvre femme dans ses cruelles tribulations; c'était la revanche de la reine, caressée près de vingt ans, que sa fille sacrifierait en cédant au roi. Sans la pensée de son frère, la princesse aurait été invincible. La mort l'effrayait peu; le roi avait pris tant de soin de la détacher de la vie, qu'elle n'y tenait plus que par l'héroïsme d'espérance de la jeunesse, qui ne veut pas croire que ce puisse être fini à vingt ans. Le cloître n'était pas une menace sérieuse et la prison l'attirait, plutôt qu'elle ne lui faisait peur. Sa prison actuelle était un abri, en dépit des tourmenteurs de son père et bien qu'elle y souffrît cruellement de la faim. Elle avait quelques livres, de la musique, son aiguille et, çà et là, des éclairs de solitude et de repos. Elle comptait plus tard parmi les meilleurs de sa jeunesse les jours passés ainsi au secret, des sentinelles à sa porte et les oreilles rebattues des menaces du roi. Elle ne fléchissait que lorsqu'on lui représentait l'intérêt de son frère; il est même surprenant qu'avec sa tendresse passionnée pour lui, elle ait tenu bon si longtemps, et dans l'unique dessein de plaire à une mère qui ne méritait pas, ce semble, de tels sacrifices.

Cependant le procès du prince Frédéric et de Katt suivait son cours. Le conseil de guerre s'assembla à Potsdam. Ses douze membres opinèrent dans une forme assez curieuse chez des soldats. Chacun cita un verset de la Bible exprimant sa pensée, soit dix versets demandant du sang et deux parlant de clémence, car ce fut là le partage des voix selon les *Mémoires* de la margrave de Bayreuth. D'autres ont rapporté différemment l'issue du procès [1]. Quoi qu'il en soit, Frédéric II a raconté lui-même le dénouement.

Sa captivité commençait à se relâcher. « Je croyais que tout allait finir, quand un matin un vieux officier entra chez moi avec plusieurs grenadiers, tous fondant en larmes. « Ah! mon prince, mon cher, « mon pauvre prince, disait l'officier en sanglotant, « mon bon prince! » Je crus certes qu'on allait me couper la tête. « Eh bien! parlez; dois-je mourir? « Je suis tout prêt; que les barbares m'expédient, et « vite. — Non, mon cher prince, non, vous ne mourrez

---

1. Dans l'*Histoire d'Allemagne* de David Müller, destinée aux collèges, il est dit que « le conseil de guerre refusa avec fermeté de condamner le prince à mort ». D'autres ouvrages allemands suivent la version que nous donnons. Les *Mémoires de Catt* laissent dans le doute de quel côté fut la majorité. Frédéric II ayant déchiré, à son avènement, les pages du procès compromettantes pour les membres du conseil de guerre, il est impossible d'arriver à une certitude.

« pas, mais permettez que ces grenadiers vous con-
« duisent à la fenêtre et vous tiennent là. » Ils me
tinrent en effet la tête, pour que je visse ce qui
allait se passer. Bon Dieu! quel spectacle terrible!
mon cher, mon fidèle Katt, qu'on allait exécuter
sous ma fenêtre. Je voulus tendre la main à mon
ami, on me la repoussa. « Ah! Katt! m'écriai-je.
Je m'évanouis. » Quand il reprit ses sens, on avait
placé le corps sanglant de son ami de façon qu'il ne
pût éviter de le voir.

Il y avait huit mois et demi que la princesse
Wilhelmine était enfermée, lorsqu'elle vit apparaître dans sa chambre le ministre Grumkow, suivi de trois hauts personnages. Ces messieurs lui représentèrent fortement les maux que son obstination attirait sur sa maison et sur le pays : le roi et la reine à la veille d'une rupture complète; le prince Frédéric toujours en prison et menacé d'un second procès; ses amis et ses domestiques exilés, fouettés, enfermés dans des cachots, la discorde dans toute la famille royale. Il dépendait d'elle de mettre fin à une situation intolérable; le roi lui promettait que, le jour de ses noces, il donnerait la liberté à son frère, rendrait ses bonnes grâces à la reine et oublierait le passé. « Les grandes princesses, ajouta Grumkow, sont nées pour être sacrifiées au bien de l'État. Ainsi, soumettez-vous, madame, aux décrets de la Providence et donnez-nous une réponse capable de rétablir le calme dans votre famille. »

Raison, lassitude, tendresse pour son frère, indifférence pour elle-même, tout plaidait ce jour-là en faveur de la volonté du roi. Elle céda. On lui proposa le margrave de Bayreuth; elle l'accepta. Frédéric-Guillaume lui écrivit en apprenant sa soumission : « Le bon Dieu vous bénira, et je ne vous abandonnerai jamais. J'aurai soin de vous toute ma vie, et je vous prouverai en toute occasion que je suis

« Votre fidèle père. »

La reine lui écrivit de son côté : « Je ne vous reconnais plus pour ma fille, et ne vous regarderai dorénavant que comme ma plus cruelle ennemie, puisque c'est vous qui me sacrifiez à mes persécuteurs, qui triomphent de moi. Ne comptez plus sur moi; je vous jure une haine éternelle et ne vous pardonnerai jamais. »

Ce fut la reine qui tint parole.

C'est ainsi que la princesse Wilhelmine fut enfin mariée, le 20 novembre 1731, à un prince que le roi son beau-père méprisait profondément et choisissait pour châtier sa femme et sa fille; que sa belle-mère haïssait parce qu'il représentait la ruine de ses rêves; que sa femme avait longtemps hésité à préférer au cachot, et que personne du reste n'avait jamais consulté dans toute cette affaire. Les mariés durent se considérer avec curiosité et intérêt; ils avaient à faire connaissance de fond en comble.

Le roi pleura convenablement durant les cérémonies officielles, et fut libéral de promesses qu'il n'avait pas dessein de tenir; il remit le contrat après le mariage. La reine fut d'humeur épouvantable. On lui avait fait savoir — ou croire — que le mariage anglais allait justement être décidé ce jour-là, et tandis que l'on coiffait sa fille d'un côté, elle la décoiffait de l'autre, pour donner au courrier d'Angleterre le temps d'arriver. Le marié était gris. Son beau-père, honteux de ne l'avoir jamais vu ivre, l'avait tant fait boire au dîner qu'enfin il fut « en pointe de vin ». Le soir, le roi fit mettre la mariée à genoux dans son attirail de nuit, et lui fit réciter ses prières à haute voix. La reine profita de l'occasion pour lui dire encore quelques injures, et ainsi finirent ces belles noces.

VI

Pour la première fois depuis qu'elle était au monde, la princesse Wilhelmine avait eu de la chance. Le mari qu'elle avait tiré à la loterie, sans être un gros lot, était tout justement le fait d'une princesse romanesque. Sa bourse était légère, et Bayreuth n'était qu'une fort petite principauté. Mais il était jeune, bien fait, toujours de bonne humeur, merveilleusement bien élevé et poli en comparaison des généraux de Frédéric-Guillaume, enfin, et c'est tout dire, il était fort amoureux de sa femme.

Comme elle le lui rendait! Quel changement dans sa vie triste et dénuée! Depuis l'éloignement de son frère, personne ne lui avait adressé la parole avec douceur, personne n'avait pris part à ses peines, et elle se sentait tout à coup enveloppée de tendresse par cet inconnu généreux qu'on lui avait imposé et qui avait compassion d'elle. C'était à n'y pas croire. Le contraste était rendu plus saisissant par la dureté de la reine, qui tenait sa parole de ne point pardonner; par l'insolence des courtisans, qui faisaient leur cour en tournant le dos à la princesse en disgrâce; par la froideur apparente de Frédéric, délivré selon la promesse de son père, mais rendu prudent par le malheur; et par la nouvelle bizarrerie du roi, qui ignorait l'existence de sa fille depuis qu'elle n'était plus qu'une pauvre petite margrave en herbe. En revanche, Frédéric-Guillaume s'était imposé de rendre son gendre moins ridicule en lui enseignant les quatre vertus qui étaient à ses yeux les cardinales : le vin, l'économie, l'amour du militaire et les manières allemandes. Dans ce dessein, il travaillait tous les jours à l'enivrer, et il lui avait donné un régiment en lui « insinuant qu'il lui ferait plaisir d'aller en prendre possession ». L'économie s'apprenait de force; le roi ne donnait pas un écu au nouveau couple et paraissait avoir entièrement oublié la dot et le contrat.

Les jeunes gens mouraient d'envie de s'en aller à Bayreuth. Ils tinrent conseil sur les moyens d'amener le roi à régler leurs affaires. « Il n'y avait que deux moyens, écrit ingénument la margrave, de s'insinuer auprès de lui : l'un était de lui fournir des hommes de haute taille; l'autre de lui donner à manger avec une compagnie composée de ses favoris et de lui faire boire rasade. Le premier de ces expédients m'était impossible, les géants ne croissant pas comme des champignons; leur rareté même était si grande qu'à peine en trouvait-on trois dans un pays qui pussent lui convenir. Il fallut donc choisir le second parti. J'invitai ce prince à dîner.... La table était de quarante couverts et servie de tout ce qu'il y avait de plus exquis. » Le succès fut complet dans un sens. Le roi et tous les convives sortirent de table ivres morts; le seul margrave avait gardé son sang-froid. Frédéric-Guillaume embrassait sa fille, embrassait son gendre. Il envoya chercher des dames de la ville et se mit à danser. A trois heures du matin, il dansait encore, lui, Frédéric-Guillaume Ier !

Ils crurent avoir bataille gagnée. En effet, le roi cessa de se dérober et déclara peu après ses intentions. Il *prêtait* à son gendre 260 000 écus, remboursables dans des délais fixes. Il donnait en dot à sa chère Wilhelmine une somme de 60 000 écus, plus un service d'argent qu'elle avait déjà (soyons justes : le service venait de lui), plus l'inestimable avantage pour son époux d'être chef d'un régiment prussien, auquel il viendrait de Bayreuth faire faire l'exercice. Les mariés demeurèrent consternés. Les revenus de la jeune margrave étaient absorbés d'avance par les dépenses de la communauté, et elle calculait qu'il lui reviendrait, du chef de son mari, 800 écus par an pour son entretien personnel. Ils avaient beau être rompus l'un et l'autre à l'économie, ce n'était pas de quoi tenir une cour, même au prix où étaient les petites cours en ce temps-là. La margrave hasarda quelques plaintes respectueuses. Frédéric-Guillaume se fit apporter le contrat d'un air attendri, et réduisit la dot de 4000 écus. Il n'y avait plus qu'à se taire. Ils remirent à faire une dernière tentative au jour de leur départ, fixé au 11 janvier 1732.

L'occasion semblait de tous points excellente. La margrave commençait une grossesse, et Frédéric-Guillaume donnait à ce propos une de ses représentations de sensibilité ; il serait si heureux d'être grand-père ! Le discours de sa fille sur son indigence fut apparemment plus qu'il n'en pouvait supporter dans son état d'émotion : « Il fondait en larmes, ne pouvant me répondre à force de sanglots ; il m'expliquait ses pensées par ses embrassements ». Faisant enfin un grand effort sur lui-même, le roi dit à sa fille d'avoir confiance en lui, de bien compter sur son secours, et tout de suite ajouta : « Je suis trop affligé pour prendre congé de vous ; embrassez votre époux de ma part ; je suis si touché que je ne puis le voir ». Là-dessus il tourne les talons et s'en va, toujours « fondant en larmes ». Ce fut tout ce qu'ils en eurent. Frédéric-Guillaume n'était nullement hypocrite en tout ceci. Il s'affligeait avec sincérité de la pauvreté de sa fille, car le malheur de ne pas avoir d'argent touchait profondément son cœur d'avare, et il s'enfuyait de peur d'être contraint de toucher à son trésor. Il n'était ni aimable ni commode, le vieux sous-officier Frédéric-Guillaume; il n'était point banal, et l'on finit par s'intéresser à ses manies.

Les margraves partirent pauvres comme Job et le cœur léger. Ils étaient tout à la joie de quitter la caserne paternelle, de ne plus être réveillés à quatre heures du matin par l'exercice à feu, de ne plus dîner en face de douze généraux en uniforme, d'être hors de portée des coups et des criailleries, d'avoir le droit de rire et d'aimer, de s'épanouir et de vivre. Ils aviseraient plus tard aux moyens d'acheter des chemises; pour le moment, ils jouissaient de la liberté. Le plaisir fut sans mélange, aux harangues officielles près, jusqu'à l'arrivée à la frontière des États de Bayreuth. La princesse décrit cette arrivée avec sa verdeur de langage habituelle. Elle avait connu l'avarice, elle n'avait pas connu la gueuserie, et il n'y avait pas à dire, ses futurs sujets étaient gueux, même les plus riches. Leurs pères étaient devenus galeux, pouilleux et loqueteux au siècle précédent, lors de la ruine de l'Allemagne, et eux-mêmes étaient restés galeux, pouilleux et loqueteux. A la saleté près, ils étaient excusables. Les peuples ont un instinct obscur qui leur fait faire à de certains moments ce qu'il faut qu'ils fassent.

Les nobles en guenilles qui dégoûtèrent la margrave à son arrivée étaient sans s'en douter les collaborateurs de Frédéric-Guillaume, qui ignorait lui-même la grandeur de son œuvre; tous ensemble travaillaient au relèvement de l'Allemagne, et tous laissèrent à la génération suivante des fortunes privées et publiques restaurées et reconstituées.

La princesse ne vit que leurs haillons et leur vermine, et elle s'est moquée d'eux dans ses *Mémoires*. Trente-quatre nobles très pouilleux lui offrirent un festin à la première ville et s'enivrèrent en son honneur « à ne pouvoir parler ». Elle fit, trois jours après, son entrée solennelle à Bayreuth dans un équipage digne du *Roman comique*, découvrit que sa capitale n'était qu'un « grand village », habité par des « villageois », et que son beau-père, sorte de Géronte ridicule, avait aussi gardé les mœurs rustiques des propriétaires campagnards économes. Son palais était plein de toiles d'araignées; les tentures pendaient en lambeaux et les fenêtres étaient en pièces; on n'avait pas encore fait les réparations depuis la guerre de Trente ans, terminée il y avait près d'un siècle. On se passait de feu, on se contentait de mets grossiers, et le vieux margrave grondait quand on fatiguait les chevaux ou qu'on tuait trop de gibier à la chasse. Le problème des chemises se trouva encore plus grave que les mariés ne l'avaient prévu. Lorsque les habits apportés de Berlin furent usés, il fallut se rendre à l'évidence : la margrave de Bayreuth n'avait pas de quoi en acheter d'autres. Elle essaya d'emprunter et n'essuya que des refus; le paysan n'est pas prêteur. Elle se passa d'habits et commença à ressembler aux dames de Bayreuth, dont elle avait d'abord tant raillé les toilettes.

L'esprit qui régnait à cette petite cour était villageois comme le reste. On y causait ménage et agriculture. Le vieux margrave se piquait pourtant d'avoir de la littérature. Il avait lu *Télémaque*, s'en souvenait parfaitement bien et, dès qu'il jugeait nécessaire d'avoir une conversation élevée, il parlait de *Télémaque* et en parlait longuement. Sa belle-fille ne redoutait rien tant que les conversations littéraires. En somme, le palais délabré de Bayreuth n'était pas un séjour gai. La margrave avait à souffrir des commérages et des préjugés de petite ville, des luttes d'influence suscitées par la politique locale, de la jalousie de ses belles-sœurs et par-dessus tout de la défiance de son beau-père, qui craignait toujours que cette grande dame de Berlin ne commît des excentricités; or tout signe de civilisation était excentricité à Bayreuth. Le bonhomme réduisit sa belle-fille en esclavage pour l'empêcher de scandaliser ses États; elle n'osait pas se promener sans lui en demander la permission.

Aux yeux du vieux margrave, la vraie vie, c'était de trinquer avec ses amis, à la bonne franquette. Il s'arrêtait en voyage à tous les bouchons de la route; ayant une fois trente lieues à faire, les cabarets se trouvèrent si nombreux qu'il mit quatre jours en chemin. Son peuple l'adorait, parce qu'il n'était pas fier. Il avait un corps sec de vieux paysan cacochyme, le visage rusé et sournois, l'esprit positif. À l'extrême surprise de la margrave, il n'avait pas été ébloui le moins du monde d'avoir pour bru la fille du roi de Prusse. Il l'avait jugée sur sa dot, non sur sa naissance, et lui témoignait très peu d'égards. Il fatiguait ses enfants de ses mercuriales et de ses tyrannies puériles.

J'avoue à regret que mon aimable margrave ne goûtait en aucune façon le côté pittoresque de sa nouvelle existence. Les personnes sentimentales n'ont guère le sens du pittoresque de la vie. Elle aimait passionnément son jeune mari; le reste l'ennuyait passionnément. Qui lui eût dit six mois plus tôt qu'en quittant les généraux de son père elle se sentirait à Bayreuth comme Ovide chez les Scythes l'eût fort surprise, et c'était pourtant la vérité. Berlin se transfigurait dans ses souvenirs en un lieu de luxe et de raffinement. Les lettres de son père contribuaient à l'aigrir. Frédéric-Guillaume trouvait fort mauvais, maintenant que son argent était hors de cause, que quelqu'un se permît de régenter sa fille et de lui refuser le nécessaire. Il la conjurait tendrement de « venir recevoir les caresses d'un père qui l'aimait », lui promettait de lui faire « préparer un bon logement » et intervenait, sans qu'elle l'en eût prié, pour reprocher au vieux margrave son inconcevable avarice : « J'ai écrit, lui annonçait-il, une lettre fort dure à votre vieux fou de beau-père ». Sa fille n'augura rien de bon de cette démarche, et elle ne se trompait pas. Le bonhomme entendait être maître dans sa maison. A l'automne de 1732, la margrave était réduite à emprunter à ses domestiques et n'avait pas de quoi donner une gouvernante à la fille qu'elle venait de mettre au monde. Elle se décida à exposer sa situation à son beau-père et à lui parler en même temps de son projet de visite à Berlin. Il répliqua froidement qu'il était « très mortifié » de ne pouvoir l'assister, mais « qu'il n'y avait rien de stipulé dans son contrat de mariage pour les frais des voyages qu'elle aurait envie de faire, ni pour l'entretien des filles qu'elle mettrait au monde ».

Elle avait encore d'autres soucis plus cuisants, causés par son frère Frédéric, soucis qui n'en étaient pas moins sensibles pour n'exister que dans son imagination. Elle le croyait ingrat et oublieux envers elle, et jamais il n'y eut injustice plus criante. Les lettres de Frédéric II à la margrave de Bayreuth témoignent d'une amitié parfaite et inaltérable. Il la froissait néanmoins par sa rudesse, et parce qu'elle n'avait pas prévu qu'en devenant un homme, puis un roi, il devait quitter avec elle le ton de la dépendance et de la soumission. Elle s'indignait qu'il ne fût plus sans cesse à ses pieds et qu'il lui refusât quelque chose au nom de ses devoirs de prince. Dans la deuxième partie des *Mémoires*, elle s'exprime avec irritation sur Frédéric, qui ne lui en voulut pas, heureusement pour tous deux, de ses inégalités d'humeur. Il savait qu'elles partaient d'un cœur aimant et jaloux, rendu trop sensible par les meurtrissures, et il n'en admirait pas moins l'intelligence supérieure et la grande âme généreuse de celle qui fut pour lui, jusqu'à son dernier jour, « mon incomparable sœur, ma divine sœur ».

Elle ne devait guère tarder à ouvrir les yeux et à s'accuser elle-même auprès de son frère. En attendant, sa tête se montait. Elle caressait les griefs, vrais ou faux, qu'elle avait contre chacun, et s'estimait la plus malheureuse princesse de l'univers, poursuivie par la fatalité. Frédéric-Guillaume l'acheva en ordonnant à son époux de rejoindre son régiment; on ne laissait pas ainsi un régiment prussien à l'abandon. Il fut contraint d'obéir, et alors la margrave ne se posséda plus. Selon l'usage de son sexe, elle se persuada tout ce qui pouvait l'encourager à satisfaire sa fantaisie et à se rendre à Berlin : que la reine sa mère mourait d'impatience de la revoir; que le roi, métamorphosé par l'absence, serait le bon père tendre et généreux annoncé par ses lettres; que tout le monde lui ferait fête et qu'elle serait comblée de présents et d'attentions. La reine lui avait pourtant écrit nettement, en apprenant ses projets : « Que venez-vous faire dans cette galère? Est-il possible que vous puissiez encore vous fier aux promesses du roi après qu'il vous a si cruellement abandonnée? Restez chez vous et épargnez-nous vos continuelles lamentations ; vou

deviez vous attendre à tout ce qui vous arrive. »
Le conseil était sage, bien que donné brutalement,
mais la princesse ne l'écouta pas. Elle se remua si
bien qu'elle réussit à emprunter l'argent de son
voyage, et la voilà sur la route de Berlin, courant
la poste vers une des plus cruelles déceptions de
sa vie.

Elle arriva le 16 novembre 1732, sur le soir, précédée par une estafette qui devait avertir la reine et mettre tout le palais en fête. Elle descend de carrosse : personne pour la recevoir. Pas de lumière. Déjà troublée par cette solitude, elle se dirige vers la chambre de sa mère. La reine l'aperçoit, vient à elle, la prend par la main sans lui laisser le temps de parler et la conduit dans son cabinet. « Elle se flanqua sur un fauteuil sans m'ordonner de m'asseoir. Me regardant alors d'un air sévère : « Que
« venez-vous faire ici? » me dit-elle. Tout mon sang
« se glaça à ce début. « Je suis venue, répondis-je,
« par ordre du roi, mais principalement pour me
« mettre aux pieds d'une mère que j'adore et dont
« l'absence m'était insupportable. — Dites plutôt,
« continua-t-elle, que vous y venez pour m'enfoncer
« un poignard dans le cœur et pour convaincre tout
« le genre humain de la sottise que vous avez faite
« d'épouser un gueux. Après cette démarche, vous de-
« viez rester à Bayreuth pour y cacher votre honte,
« sans la publier encore ici. Je vous avais mandé de
« prendre ce parti. Le roi ne vous fera aucun avan-
« tage et se repent déjà des promesses qu'il vous a

« faites. Je prévois d'avance que vous nous rebattrez
« les oreilles de vos chagrins, ce qui nous ennuiera
« beaucoup, et que vous nous serez à charge à tous. »
Le cœur de la pauvre margrave se brisa. Elle se
laissa tomber à terre et sanglota comme au temps
où elle était enfant et où son père la battait. Quand
elle put enfin rentrer dans la chambre de la reine et
qu'elle voulut embrasser ses anciennes amies, celles-
ci la regardèrent de haut en bas sans lui répondre.
Sa sœur préférée l'accabla de railleries sur ses
habits râpés. Le roi était à Potsdam. Elle se hâta de
lui écrire. Après les lettres qu'elle en avait reçues,
il lui semblait impossible qu'il n'eût pas de joie à
la voir. Il revint de Potsdam dès le lendemain. « Il
me reçut fort froidement. « Ha! ha! me dit-il, vous
« voilà. Je suis bien aise de vous voir. » Il prit une
lumière, considéra un instant sa fille en faisant la
remarque qu'elle était bien changée, et reprit :
« Que je vous plains! Vous n'avez pas de pain, et
« sans moi vous seriez obligée de gueuser. Je suis
« aussi un pauvre homme, je ne suis pas en état
« de vous donner beaucoup. Je ferai ce que je pour-
« rai. Je vous donnerai par 10 ou 12 florins, selon
« que mes affaires le permettront. Ce sera toujours
« de quoi soulager votre misère. » Le seul Frédéric,
que la margrave accusait en son âme d'inconstance,
la reçut avec tendresse. Il vivait maintenant en
assez bons termes avec son père; il rendit à sa
sœur tous les bons offices en son pouvoir et par-
tagea sa bourse avec elle.

La merveille est qu'après ce bel accueil, le roi refusa de laisser sa fille et son gendre repartir pour Bayreuth. Le margrave n'était pas mauvais colonel : Frédéric-Guillaume le gardait. Il lui en coûtait la table, mais cela avait été de tout temps une fort petite dépense, et le roi l'avait encore réduite. Il n'y avait rien au dîner, comme par le passé, et l'on supprimait quelquefois le souper. Le margrave demandait inutilement au roi de lui donner au moins un peu de fromage. Le roi refusait, et le prince « maigrissait à vue d'œil ». Sa femme tombait en faiblesse. Ils imploraient leur congé sans pouvoir l'obtenir. L'été de 1733 les retrouva à Berlin. La margrave n'en pouvait plus quand eurent lieu les fêtes en l'honneur du mariage de Frédéric avec Élisabeth de Brunswick.

Les revues formaient le fond de toutes les réjouissances réglées par Frédéric-Guillaume. La cour se levait ces jours-là avant l'aube, et les dames, en habits de gala, demeuraient jusqu'à douze heures de suite sur le terrain de manœuvres, sans « un verre d'eau ». La reine payait d'exemple, sachant fort bien que son époux n'admettait pas d'excuse lorsqu'il faisait aux dames l'honneur de leur montrer ses soldats dans toute leur gloire. Il y eut donc deux revues, auxquelles le roi ajouta un concert de musique nègre et une promenade en voitures découvertes, organisée militairement : départ à heure fixe, itinéraire fixe, retour à heure fixe, suivi sur-le-champ d'un bal. Le cortège fut immense et magnifique. La cour et la noblesse remplissaient près de cent carrosses ouverts ; les femmes étaient fort parées ; le roi conduisait la pompe, qui se déroulait au pas à travers Berlin. Un orage éclata. Le roi ne changea rien à ses ordres : la pluie n'arrête pas une armée en marche. Des torrents d'eau s'abattirent sur les frisures des dames, sur leur poudre et leur rouge. Les cheveux et les plumes pendaient autour de la tête, les riches costumes se collaient au corps, et le cortège continuait sa route au pas. Le défilé devait durer trois heures : il dura trois heures, au bout desquelles on dansa en descendant de carrosse. La margrave ne pouvait penser sans rire, dix ans après, à l'aspect du bal et aux figures piteuses des dames, mais c'en était trop pour une femme ruinée de santé. La fièvre la prit et les médecins la déclarèrent perdue, à moins d'un traitement sévère et d'un bon régime. Frédéric-Guillaume se fit néanmoins encore prier pour la laisser aller. Il avait inspecté le régiment du margrave et l'avait trouvé dans un ordre admirable, qui lui rendait cruelle la perte du colonel. « Il faut, répondait-il à toutes les instances, que mon gendre s'applique au militaire et à l'économie. » Frédéric usa d'adresse pour délivrer sa sœur, et les margraves repartirent pour Bayreuth dans des transports de joie, le 23 août 1733. Il juraient qu'on ne les y reprendrait plus, mais ils juraient trop tard, comme il arrive d'ordinaire. La margrave ne se remit jamais et passa le reste de sa vie dans les langueurs et les souffrances.

VII

En arrivant à Bayreuth, ils reconnurent combien leur retour était nécessaire. Le vieux margrave déclinait rapidement, le corps usé et l'esprit affaibli par le vin. Un pied dans la tombe, il se laissait bercer par une passion sénile pour la gouvernante de sa petite-fille, mettait tous les jours un habit neuf, se faisait coiffer pour paraître jeune, faisait le coquet et le galant. La margrave n'en crut pas ses yeux en trouvant son beau-père changé en dameret. « Il était tout le jour chez sa belle, raconte-t-elle, à laquelle il faisait des déclarations morales et se contentait de lui sucer les mains. » Il ne se contenta pas longtemps des baisements de mains et offrit d'épouser. La margrave fit rompre le mariage la veille du jour où il allait être déclaré, en menaçant la fiancée de sa colère. Mais l'amour des vieillards est tenace; celui du vieux margrave croissait à mesure qu'il s'enfonçait dans le rêve sans réveil de la seconde enfance, et il était visible à tous les yeux que le visage avenant de la grosse Flore, la gouvernante, lui était chaque jour plus indispensable. L'ivrognerie coupa court au dénouement. Le vieux margrave mourut en 1735, au moment où il avait décidé Flore à passer par-dessus les menaces de ses enfants et à l'épouser.

Les années qui suivirent furent intéressantes pour la principauté; elles ne le seraient point pour le lecteur. La margrave restaura ses châteaux, renouvela ses meubles, donna des fêtes et Bayreuth changea de face; la noblesse perdit insensiblement ses airs grotesques, les traces de barbarie s'effacèrent, et ce petit pays fut entraîné dans le mouvement de relèvement de l'Allemagne. Frédéric II a marqué ce mouvement en traits précis dans le tableau de l'Europe par où débute son *Histoire de mon temps*. La nation germanique, dit-il, était en proie au « goût gothique », à l'ivrognerie et à la grossièreté, semblable en un mot à « un champ qu'on défriche nouvellement ». Le champ inculte redevint un « jardin ». — « Les richesses qui se sont augmentées par l'industrie et le commerce ont entraîné à leur suite les plaisirs, les aisances de la vie, et peut-être les désordres qui les accompagnent. Depuis cent ans, on a vu augmenter d'année en année le nombre des carrosses, la dépense des habits, des livrées, des équipages, des tables, des meubles. » Frédéric craignait qu'on n'allât trop vite. Il aurait aimé que l'on conservât encore quelque temps les traditions économes de la vieille génération et il prêchait en ce sens sa sœur de Bayreuth, dans les visites qu'il lui faisait. « Vous n'avez pas besoin de tant de monde, lui disait-il. Je vous conseille de casser toute la cour et de vous réduire sur le pied de gentilshommes. Vous avez été accoutumée à vivre à Berlin avec quatre plats; c'est tout ce qu'il vous faut ici. » La margrave pleurait à ces discours et se persuadait que son frère ne l'aimait plus, car elle adorait le faste, et elle avait le malheur de ne pouvoir oublier qu'elle avait failli être reine de plusieurs grands pays.

A Berlin, le vieux Frédéric-Guillaume servait de digue à l'esprit nouveau, mais il était temps qu'il s'en allât : il devenait ridicule. Sa grande œuvre, l'armée prussienne, le devenait avec lui à force d'être mise dans du coton. La persuasion qu'il ne se résoudrait jamais à faire la guerre était si forte, raconte son fils, « que ses alliés avaient aussi peu de ménagements pour lui que ses ennemis ». Les monarques étrangers, grands et petits, lui témoignaient ouvertement leur mépris. « Les officiers prussiens, exposés à mille avanies, étaient devenus l'opprobre du genre humain; ils enrôlaient des recrues dans les villes impériales, selon le droit qu'en ont les électeurs; on les arrêtait et les traînait dans des cachots et des prisons; les moindres princes se plaisaient à faire insulte aux Prussiens; jusqu'à l'évêque de Liège donnait des mortifications au roi [1]. » Le vieux margrave de Bayreuth avait lui-même montré les dents, quelque temps avant sa mort, parce qu'un officier prussien avait enlevé un géant dans ses États, et presque au même moment les Hollandais faisaient « arquebuser » sans autre forme de procès un enrôleur prussien surpris sur leur territoire. Les sujets de Frédéric-Guillaume commençaient à avoir « le cœur ulcéré » de « la flétrissure qu'on attachait au nom prussien ».

1. *Histoire de mon temps*, chap. II.

Sa sortie de ce monde, du moins, ne fut pas ridicule. Tout ce qu'il y avait en lui de bon et de mauvais jeta dans les derniers instants de grandes lueurs qui rendirent sa mort singulière et héroïque. C'était au mois de mai 1740. Frédéric-Guillaume se mourait d'une hydropisie. Des ecclésiastiques prirent ce temps de l'exhorter à se réconcilier avec un de ses parents : « Il faut lui écrire, sire, et lui dire que vous oubliez tous ses torts ». Le roi était pieux. « Eh bien! dit-il enfin, écrivez; mais du moins, si j'en reviens, ne donnez pas ma lettre; ne l'envoyez que dans le cas que je mourrai. » Le 31 mai au matin, se sentant très mal, il se fit traîner sur sa chaise roulante dans la chambre de la reine, qui dormait, l'éveilla et l'avertit d'avoir à se lever, parce qu'il allait mourir. Il se fit mener ensuite chez les princes de la famille royale, l'un après l'autre, et prit poliment congé d'eux. Rentré dans son appartement, il manda ses ministres et tous les généraux ou colonels présents à Berlin, remit devant eux l'autorité au prince royal, prononça un petit discours sur les devoirs des princes envers leurs sujets et signifia à tout ce monde de se retirer.

Dès qu'ils furent partis, il envoya l'ordre de mettre un uniforme neuf à son grand régiment, et attendit la mort en paix, ayant dans les yeux une vision de grenadiers géants, qui paradaient avec des armes luisantes et des uniformes immaculés. On voulut faire entrer des ecclésiastiques. Il déclara « qu'il savait tout ce qu'ils avaient à lui dire, qu'ainsi ils pouvaient s'en aller ». Il expira dans la journée. Ses généraux le pleurèrent, son peuple le regretta peu. Son fils Frédéric annonça sa mort à la margrave en ces termes : « Ma très chère sœur, le bon Dieu a disposé hier, à trois heures, de notre cher père. Il est mort avec une fermeté angélique et sans souffrir beaucoup. » Le frère et la sœur eurent un chagrin décent et se consolèrent promptement, comme c'était leur droit. Le souvenir laissé dans leur mémoire par ce père redoutable ressembla fort à un cauchemar. Frédéric II rêvait encore souvent, vingt ans après, que Frédéric-Guillaume entrait dans sa chambre, suivi de soldats à qui il commandait de lier son fils et de le mener en prison. « Et je m'éveille tout en sueur, racontait Frédéric, comme si l'on m'avait plongé dans la rivière. » Il en rêvait tout éveillé : « Au milieu même des plaisirs que je goûte, l'image de mon père s'offre à moi pour les affaiblir ».

La margrave n'oublia pas non plus. Ses *Mémoires* sont là pour le prouver. Ils s'arrêtent en 1742, et nous nous arrêterons avec eux. La fin de la vie de la princesse Wilhelmine fut absorbée par son culte pour son frère, et nous est connue surtout par leur *Correspondance*. C'est une nouvelle phase de l'histoire d'Allemagne, d'autres temps, d'autres physionomies, un autre ton : les sentiments, le bel esprit et la politique ont pris la place des tableaux de mœurs. Ce serait une autre étude, et qui a déjà été faite [1]. Nous

---

1. Sainte-Beuve, *Causeries du lundi*.

regrettons même que la margrave n'ait pas posé la plume un peu plus tôt, ou qu'elle ait oublié d'arracher de son manuscrit les pages écrites pendant l'aigreur contre son frère. Elle avait reconnu ses torts dans une lettre noble et tendre, et Frédéric n'avait voulu voir que le grand cœur, le courage antique et le « génie » de cette sœur chérie. Les *Mémoires* restèrent intacts et témoignent des petitesses qui furent l'alliage d'une nature généreuse.

Il est vrai que cet alliage est ce qui rend sa figure si vivante et — je l'ajoute tout bas — si séduisante. Les personnes parfaites sont un peu monotones; la petite margrave souffreteuse, jalouse et maligne, n'était rien moins qu'endormante. Son âme était frémissante et passionnée, son esprit hardi et sincère, son humeur enjouée et violente, son cœur exigeant. Qu'on la loue ou qu'on la blâme, elle fut femme avant d'être princesse, et elle était pourtant princesse jusqu'au bout des ongles. La femme a écrit la boutade en deux volumes qu'on lui a reprochée durement et qu'il serait grand dommage de ne pas avoir, car la cour de Frédéric-Guillaume Ier et la cour du vieux margrave de Bayreuth sont des tableaux uniques en leur genre. La princesse prit en 1757, lors des revers de la Prusse, la résolution de se tuer si son frère lui en donnait l'exemple, et Frédéric y comptait si bien qu'il lui écrivit : « Je n'ai pas le cœur de vous détourner de vos résolutions. Nous pensons de même. » Les événements dissuadèrent Frédéric de « finir la pièce », mais il ne dépendait plus de la margrave de vivre ou de mourir. Depuis longtemps elle n'avait que le souffle. Elle expira le 14 octobre 1758, le jour où son frère était battu à Hochkirch. Je ne sais pas de plus belle oraison funèbre que celle que lui fit Frédéric le Grand, sans y penser, par les attitudes si différentes qu'il eut devant la défaite et en apprenant la mort de sa sœur.

Le 14 octobre, après la bataille, le roi fit appeler son lecteur, Henri de Catt, et le reçut d'un air ouvert en lui récitant la grande tirade de Mithridate vaincu, qu'il modifiait pour l'appliquer aux circonstances.

>   Je suis vaincu. *Daunus*[1] a saisi l'avantage
>   D'une nuit qui laissait peu de place au courage, etc.

Le 17 octobre, une estafette apporta la nouvelle de la mort de la margrave de Bayreuth. Henri de Catt fut appelé. Frédéric II sanglotait comme un enfant et fut plusieurs minutes sans pouvoir proférer un mot. Pendant plus d'un an, il n'eut qu'un cri au milieu de ses larmes : « J'ai tout perdu en elle ! » Ce cri absout la margrave de toutes ses erreurs et de tous ses défauts. Heureuse la femme qui peut se dire que, lorsqu'elle mourra, il se trouvera un être humain pour s'écrier : J'ai tout perdu !

1. Le comte de Daun, qui commandait les Autrichiens à Hochkirch.

TABLE DES MATIÈRES

Marie Mancini..	1
Christine de Suède...	75
Mémoires d'une princesse arabe.............................	151
La duchesse du Maine...	215
La margrave de Bayreuth..	293

300. — Coulommiers. Imp. PAUL BRODARD. — P1-09.

LIBRAIRIE HACHETTE ET C⁹

BOULEVARD SAINT-GERMAIN, 79, A PARIS

BIBLIOTHÈQUE VARIÉE

FORMAT IN-16, BROCHÉ

ROMANS, NOUVELLES, ŒUVRES DIVERSES

1ʳᵉ SÉRIE, À 3 FR. 50 LE VOLUME

About (Edm.) : *Madelon*; 1 vol.
— *Le roman d'un brave homme*; 1 vol.
— *La Grèce contemporaine*. 1 vol.

Barine (Arvède) : *Portraits de femmes* (Mme Carlyle. — George Eliot. — Une détraquée. — Un couvent de femmes en Italie au XVIᵉ siècle. — Psychologie d'une sainte). 1 vol.
— *La jeunesse de la Grande Mademoiselle* (1627-1652). 1 vol.
— *Louis XIV et la Grande Mademoiselle* (1652-1693). 1 vol.
— *Essais et fantaisies*. 1 vol.
— *Bourgeois et gens de peu*. 1 vol.
— *Névrosés*. 1 vol.
— *Saint François d'Assise et la Légende des trois compagnons*. 1 vol.

Bentzon (Th). *Questions américaines*. 1 vol.
— *Les Américaines chez elles*. 1 vol.
Ouvrage couronné par l'Académie française.

Chévillet (J.) : *Ma vie militaire* (1800-1810). 1 vol.

Corbin (C¹ Ch.). : *Notes et Souvenirs d'un officier d'état-major* (1831-1904). 1 vol.

Cottin (P.) et Hénault (M.) : *Mémoires du sergent Bourgogne*. 1 vol.

Coynart (Ch. de) : *Une sorcière au XVIIIᵉ siècle. Marie-Anne de la Ville* (1680-1725.) 1 vol.
— *Les malheurs d'une Grande Dame sous Louis XV*. 1 vol.
— *Une petite-fille de Lauzun*. 1 vol.

Daudet (Ernest) : *Le Roman d'un Conventionnel, Héraut de Séchelles et les Dames de Bellegarde*. 1 vol.

Du Camp (M.), de l'Académie française : *Paris, ses organes, ses fonctions, sa vie*. 6 vol.
— *Les convulsions de Paris*. 4 vol.
— *La charité privée à Paris*. 1 vol.

Du Camp (M.) (suite) : *La croix rouge de France*. 1 vol.
— *Le crépuscule*. 1 vol.

Dugard (M.). *La société américaine*; 2ᵉ édit. 1 vol.
Ouvrage couronné par l'Académie française.

Ferry (G.) : *Le coureur des bois*. 2 vol.
— *Costal l'Indien*. 1 vol.

Filon (A.) : *Mérimée et ses amis*. 1 vol.
— *La caricature en Angleterre*. 1 vol.

Funck-Brentano : *Légendes et archives de la Bastille*. 1 vol.
— *Le drame des poisons*. 1 vol.
— *L'affaire du Collier*. 1 vol.
— *La mort de la reine*. 1 vol.
— *Les Nouvellistes*. 1 vol.

Gailly de Taurines (Ch.) : *Aventuriers et Femmes de qualité*. 1 vol.

Gaultier (Paul). *Le rire et la caricature*. 1 vol.
Ouvrage couronné par l'Académie française.

Gebhart (E.), de l'Académie française : *D'Ulysse à Panurge*. Contes héroï-comiques. 1 vol.

Larchey (L.) : *Les cahiers du capitaine Coignet (1776-1850)*. 1 vol.

Larchey (L.) (suite) : *Journal du canonnier Bricard (1792-1802)*. 1 vol.

Liégeard (S.) : *Les grands cœurs*, poésies. 1 vol.
— *Au caprice de la plume*. 1 vol.
— *Rêves et combats*. 1 vol.

Mézières (A.), de l'Académie française. *Hors de France*; 1 vol.
— *Morts et vivants*. 1 vol.

Michelet (J.) : *L'oiseau*; 17ᵉ édit. 1 vol.

Millet (P.) : *La France provinciale*. Vie sociale. — Mœurs administratives. 1 v.

Ralston : *Contes populaires de la Russie*. 1 vol.

Rosebery (Lord) : *Napoléon, la dernière phase*. 1 vol.

Saintine (X.-B.) : *Picciola*; 1 vol.

Valbert : *Hommes et choses d'Allemagne*. 1 vol.
— *Hommes et choses du temps présent*. 1 vol.

Verconsin : *Saynètes et comédies*. 2 vol.

2ᵉ SÉRIE, A 3 FR. LE VOLUME

Du Mesnil (A.) : *Souvenirs de lectures*. 1 vol.

Erckmann-Chatrian : *L'ami Fritz*. 1 vol.

Meunier (G.) : *L'Œuvre de Cherbuliez*. Extraits choisis à l'usage de la jeunesse, avec une notice sur la vie et les œuvres de l'auteur. 1 vol.

Robertet (G.) : *L'Œuvre de Lamartine*. Extraits choisis à l'usage de la jeunesse, précédés d'une notice sur Lamartine. 1 vol.

3ᵉ SÉRIE, A 2 FR. LE VOLUME

About (Edm.) : *L'homme à l'oreille cassée*. 1 vol.

Joliet (Ch.) : *Mille jeux d'esprit*. 1 vol.

Joliet (Ch.) (suite) : *Nouveaux jeux d'esprit*. 1 vol.

Zaccone : *Nouveau langage des fleurs*, avec 12 gravures en couleur. 1 vol.

4ᵉ SÉRIE, A 1 FR. LE VOLUME

About (Edm.) : *Alsace* (1871-1872). 1 vol.
— *Les mariages de Paris.* 1 vol.
— *Les mariages de province.* 1 vol.
— *La vieille roche :*
  1ʳᵉ partie : *Le mari imprévu.* 1 vol.
  2ᵉ partie : *Les vacances de la comtesse.* 1 vol.
  3ᵉ partie : *Le marquis de Lanrose.* 1 vol.
— *Le fellah.* 1 vol.
— *Tolla.* 1 vol.
— *L'infâme.* 1 vol.
— *Le Turco.* — *Le bal des artistes.* — *Le poivre.* — *L'ouverture au château.* — *Tout Paris.* — *La chambre d'ami.* — *Chasse allemande.* — *L'inspection générale.* — *Les cinq perles.* 1 vol.
— *Trente et quarante.* — *Sans dot.* — *Les parents de Bernard.* 1 vol.
— *Germaine.* 1 vol.
— *Maître Pierre.* 1 vol.
— *Le roi des montagnes.* 1 vol.
— *Théâtre impossible.* 1 vol.

Arnould (A.) : *Les trois poètes.* 1 vol.
Barine (Arvède) : *Princesses et grandes dames.* 1 vol.
Bernardin de Saint-Pierre : *Paul et Virginie.* 1 vol.
Berthet (Élie) : *Les houilleurs de Polignies.* 1 vol.
Cherbuliez (V.), de l'Académie française : *Prosper Randoce.* 1 vol.
— *Paule Méré.* 1 vol.
— *Le roman d'une honnête femme.* 1 vol.
— *Meta Holdenis.* 1 vol.
— *Miss Rovell.* 1 vol.
— *Le comte Kostia.* 1 vol.
— *Samuel Brohl et Cⁱᵉ.* 1 vol.
— *L'aventure de Ladislas Bolski.* 1 vol.

Cherbuliez (V.) (suite) : *La revanche de Joseph Noirel.* 1 vol.
— *Noirs et rouges.* 1 vol.
— *La Ferme de Choquard.* 1 vol.
— *Olivier Maugant.* 1 vol.
— *La bête.* 1 vol.
— *La vocation du comte Ghislain.* 1 vol.
— *Après fortune faite.* 1 vol.
— *Une Gageure.* 1 vol.
— *L'idée de Jean Téterol.* 1 vol.
— *Amours fragiles.* 1 vol.
— *Le fiancé de Mˡˡᵉ Saint-Maur.* 1 vol.
— *Le secret du Précepteur.* 1 vol.
— *Jacquine Vanesse.* 1 vol.
— *Profils étrangers.* 1 vol.
Du Camp (M.) : *Souvenirs littéraires.* 2 v.
Duruy (G.) : *L'Unisson.* 1 vol.
— *Victoire d'âme.* 1 vol.
Énault (L.) : *Alba.* 1 vol.
— *Nadèje.* 1 vol.
— *Christine.* 1 vol.
— *L'amour et la guerre.* 2 vol.
Filon (Aug.) : *Contes du centenaire.* 1 v.
— *Violette Mérian.* 1 vol.
— *Amours anglais.* 1 vol.
Gérard (Jules) : *Le Tueur de Lions.* 1 vol.
Kovalewsky (Sophie) : *Souvenirs d'enfance.* 1 vol.
Las Cases : *Souvenirs de l'Empereur Napoléon Iᵉʳ.* 1 vol.
Marco de Saint-Hilaire (E.) : *Anecdotes du temps de Napoléon Iᵉʳ.* 1 vol.
Poradowska : *Demoiselle Micia.* 1 vol.
Reybaud (Mᵐᵉ Ch.) : *Le moine de Chaalis.* 1 vol.
Tolstoï : *Souvenirs.* 1 vol.
Töpffer (R.) : *Nouvelles genevoises.* 1 vol.
— *Rosa et Gertrude.* 1 vol.
— *Le presbytère.* 1 vol.
— *Réflexions et menus propos d'un peintre genevois, ou Essai sur le beau dans les arts.* 1 vol.

PETITE BIBLIOTHÈQUE DE LA FAMILLE

PREMIÈRE SÉRIE

Format in-16, illustré, à 3 fr. 50 le volume broché.
Relié en percaline, tranches dorées, 5 fr.

Albérich-Chabrol : *L'Orgueilleuse Beauté.* 1 vol. avec grav.
— *L'Offensive.* 1 vol.
— *Part à deux.* 1 vol.
— *De peur d'aimer.* 1 vol.
— *Au plus digne.* 1 vol.
Armand-Blanc (May) : *Bibelot.* 1 vol.
— *La maison des roses.* 1 v. avec 36 grav.
Beauregard (G. de) : *Ordre du roi.* 1 vol.
Béral (Paul) : *Le mirage.* 1 vol.
Caro (Mme E.) : *Aimer c'est vaincre.* 1 vol. avec 40 grav.
Crawford (Marion) : *Insaisissable amour.* 1 vol. avec 64 gravures.
— *Le baiser sur la terrasse.* 1 v. av. 60 gr.
Dourliac (A.) : *Le supplice d'une mère.* 1 vol. avec 35 gravures.
— *Liette.* 1 vol. avec 35 gravures.
Filon (Aug.) : *Micheline.* 1 v. avec 15 grav.
Floran (Mary) : *Femmes de Lettres.* 1 v.
Géniaux : *Le Voueur.* 1 vol.
Green (A. K.) : *L'affaire Leavenworth.* 1 vol. avec gravures.
— *L'enfant millionnaire.* 1 vol. av. grav.
Harlant : *La tabatière du cardinal.* 1 v.
Harraden (Béatrice) : *L'oiseleur.* 1 vol.
Jewett (Miss) : *Le roman d'un Loyaliste.* 1 vol. avec grav.
Legrand (Mlle B.) : *L'eau dormante.* 1 vol. avec 30 gravures.
— *L'amour fait peur.* 1 v. avec 35 grav.
Le Gueux : *Coupable?* 1 vol.
Lescot (Mme) : *Un peu, beaucoup, passionnément.* 1 vol. avec 38 gravures.
— *Fêlure d'âme.* 1 vol. avec 36 grav.
— *Vaines promesses.* 1 v. ill. de 48 grav.
Longard de Longgarde (Mme) : *Une reine des fromages à la crème.* 1 vol. avec 47 gravures.
— *Jouets du destin.* 1 vol. avec 44 grav.
— *Une réputation sans tache.* 1 vol. avec 44 gravures.
Margueritte (P.) : *Ma Grande.* 1 vol.
Morel (Jacques) : *Muets aveux.* 1 vol.
Osmont (Anne) : *Le Séquin d'Or.* 1 vol.
Pape-Carpantier (Mlle) : *Kernevez.* 1 vol. illustré de 36 gravures.
Rosny (J.-H.), de l'Académie des Goncourt : *Les Retours du cœur.* 1 vol. illustré de 56 gravures.
Sevestre (N.) : *Le Trèfle rouge.* 1 vol.
Trouessart : *Le Choix de Ginette.* 1 vol.
Winter : *Mademoiselle Mignon.* 1 vol.
Zeyss (Mlle L.) trad. : *La Bienfaitrice.* 1 v.
— *Criminelle par Amour.* 1 vol.

DEUXIÈME SÉRIE

Format petit in-16, à 2 fr. le volume broché.
Relié en percaline gris-perle, tranches rouges, 2 fr. 50.

Arthez (D. d') : *Une vendetta.* 1 vol.
Borius (Mlle) : *Une perfection.* 1 vol. Ouvrage couronné par l'Académie française.
— *Dernier rayon.* 1 vol.
Castetis (Yan de) : *Le moulin du diable.* 1 vol.
Chabrier-Rieder (Mme) : *Les écolières de Crescent-House.* 1 vol.
Dombre (R.) : *La garçonnière.* 1 vol.
— *Un oncle à tout faire.*
— *Les deux Parias.* 1 vol.
Fleuriot (Mlle Z.) : *La vie en famille.* 1 v.
— *Tombée du nid.* 1 vol.
— *Raoul Daubry, chef de famille.* 1 vol.
— *L'héritier de Kerguignon.* 1 v.
— *Réséda.* 1 vol.
— *Ces bons Rosaëc!* 1 vol.
— *Le cœur et la tête;* 3e édit. 1 vol.
— *Au Galadoc.* 1 vol.
— *Bengale.* 1 vol.
— *Sans beauté.* 1 vol.
— *De trop.* 1 vol.
— *La clef d'or.* 1 vol.
Fleuriot (Mlle Z.) (suite) : *Loyauté.* 1 v.
— *La glorieuse.* 1 vol.
— *Un fruit sec.* 1 vol.
— *Les Prévalonnais.* 1 vol.
— *Sans nom.* 1 vol.
— *Souvenirs d'une Douairière.* 1 vol.
— *Faraude.* 1 vol.
— *La Rustaude.* 1 vol.
— *Le théâtre chez soi.* Comédies et proverbes. 1 vol.
Fleuriot-Kérinou : *De fil en aiguille.* 1 v.
— *Zénaïde Fleuriot, sa vie, ses œuvres, sa correspondance.* 1 vol.
Girardin (J.) : *Les théories du docteur Wurtz.* 1 vol.
— *Miss Sans-Cœur.* 1 vol.
— *Les braves gens.* 1 vol.
— *Mauviette.* 1 vol.
Jeanroy (J.-B.) : *Le sac de ...* 1 vol.
Maël (P.) : *Fleur de France.* 1 vol.
— *Le trésor de Madeleine.* 1 vol.
Toudouze (G.) : *Reine en sabots.* 1 v.

D'autres volumes sont en préparation.

LIBRAIRIE HACHETTE ET Cie
BOULEVARD SAINT-GERMAIN, 79, A PARIS

BIBLIOTHÈQUE
DES MEILLEURS ROMANS ÉTRANGERS

ROMANS ANGLAIS, ALLEMANDS, ESPAGNOLS, ITALIENS ET RUSSES

TRADUCTIONS FRANÇAISES, FORMAT IN-16 BROCHÉ

PREMIÈRE SÉRIE A 3 FR. 50 LE VOLUME BROCHÉ

Fogazzaro (A.) : *Le Saint*, traduit de l'italien par G. Hérelle. 1 vol.
— *Un petit monde d'autrefois*, traduit de l'italien. 1 vol.
Hall-Caine : *L'enfant prodigue*, traduit de l'anglais par A. de Jassaud. 1 vol.
Hillern (M. von) : *Le plus fort*, trad. de l'allemand par Mme Jean Carrère. 1 v.
Moore (George) : *Esther Waters*, trad. de l'anglais par Firmin Roz et E. Fénard. 1 vol.
Rovetta (G.) : *Mater Dolorosa*, traduit de l'italien par Mme Jeanne Darcy. 1 v.

Rudyard-Kipling : *Capitaines courageux*, une histoire du banc de Terre-Neuve, trad. de l'anglais.
Stevenson : *Saint-Yves*, aventures d'un prisonnier français en Angleterre, traduction de l'anglais par Th. de Wyzewa. 1 vol.
Ward (Mrs Humphry) : *La Fille à Lady Rose*, traduit de l'anglais par Th. Bentzon. 1 vol.
— *L'erreur d'aimer*, traduit de l'anglais. 1 vol.

DEUXIÈME SÉRIE A 3 FR. LE VOLUME

Blasco-Ibanez (V.) : *Boue et Roseaux*, traduit de l'espagnol. 1 vol.
Galdos (P.) : *Miséricorde*, traduit de l'espagnol. 1 vol.
Pereda (J.-M. de) : *Sotileza*, traduit de l'espagnol. 1 vol.

Tolstoï (comte) : *La guerre et la paix* (1805-1820). Roman historique traduit par une Russe; 11e édit. 3 vol.
— *Anna Karénine*. Roman traduit du russe; 12e édit. 2 vol.

TROISIÈME SÉRIE A 1 FR. LE VOLUME

Alexander (Mrs) : *L'erreur de Catherine*, traduit de l'anglais. 1 vol.
— *Aveugle destin*. 1 vol.
— *Le choix de Mona*. 1 vol.
Anonymes : *Autrefois*, la guerre des paysans, traduit de l'anglais. 1 vol.
Beecher-Stowe (Mrs) : *La case de l'oncle Tom*, traduit de l'anglais. 1 vol.
— *La fiancée du ministre*. 1 vol.
Braddon (Miss) : *Lady Lisle*, traduit de l'anglais. 1 vol.
Bulwer Lytton (Sir Ed.) : *Les derniers jours de Pompéi*. 1 vol.
— *Alice, ou les Mystères*. 1 vol.
— *Ernest Maltravers*. 1 vol.
Conan-Doyle (A.) : *La marque des quatre*, traduit de l'anglais. 1 vol.
— *Un crime étrange*. 1 vol.
— *Le chien des Baskerville*. 1 vol.

Cummins (Miss) : *L'allumeur de réverbères*, traduit de l'anglais. 1 vol.
— *Mabel Vaughan*. 1 vol.
— *La rose du Liban*. 1 vol.
Currer-Bell (Miss Brontë) : *Jane Eyre*, traduit de l'anglais. 2 vol.
Dickens (Ch.) : *Œuvres*, traduites de l'anglais, 25 volumes :
  Aventures de M. Pickwick. 2 vol.
  Bleak-House. 2 vol.
  Contes de Noël. 1 vol.
  David Copperfield. 2 vol.
  Dombey et fils. 3 vol.
  La petite Dorrit. 2 vol.
  Le magasin d'antiquités. 2 vol.
  Les temps difficiles. 1 vol.
  Nicolas Nickleby. 2 vol.
  Olivier Twist. 1 vol.
  Vie et aventures de Martin Chuzzlewit. 2 vol.
  Les grandes espérances. 2 vol.
  L'ami commun. 2 vol.
  Le mystère d'Edwin Drood. 1 vol.

BIBLIOTHÈQUE DES MEILLEURS ROMANS ÉTRANGERS

Dickens et Collins : *L'abîme*, traduit de l'anglais. 1 vol.
Ebner-Eschenbach (Mme) : *Un incompris* traduit de l'allemand. 1 vol.
Eliot (G.) : *Adam Bede*, traduit de l'anglais. 2 vol.
— *La conversion de Jeanne*. 1 vol.
— *Le moulin sur la Floss*. 2 vol.
— *Silas Marner*, le tisserand de Raveloe. 1 vol.
Fullerton (Lady) : *Hélène Middleton*. 1 vol.
Gogol (N.) : *Les âmes mortes*, traduit du russe. 2 vol.
Goldsmith : *Le vicaire de Wakefield*, traduit de l'anglais. 1 vol.
Gray (M.) : *Le silence du doyen*, traduit de l'anglais. 1 vol.
Hall Caine : *Jason*, scènes d'Irlande, traduit de l'anglais. 2 vol.
Hardy : *Tess d'Urberville*, traduit de l'anglais. 2 vol.
Hauff : *Lichtenstein*. 1 vol.
Hedenstjerna : *Le seigneur de Halleborg*, traduit du suédois. 1 vol.
Heimbourg : *L'autre*, traduit de l'allemand. 1 vol.
— *Le roman d'une orpheline*. 1 vol.
Hope : *Service de la reine*, traduit de l'anglais. 1 vol.
Hume (F. G.) : *Le mystère d'un hansom cab*, traduit de l'anglais. 1 vol.
— *Miss Méphistophélès*. 1 vol.
Hungerford (Mrs) : *Molly Bawn*, traduit de l'anglais. 1 vol.
— *La conquête d'une belle-mère*. 1 vol.
— *Premières joies et premières larmes*. 1 vol.
Manzoni : *Les fiancés*, traduit de l'italien. 2 vol.

Marchi (E. de) : *Démétrius Pianelli*, traduit de l'italien. 1 vol.
— *L'accusateur imprévu*. 1 vol.
Mayne-Reid : *La piste de guerre*, traduit de l'anglais. 1 vol.
— *La quarteronne*. 1 vol.
— *Le doigt du destin*. 1 vol.
— *Le roi des Séminoles*. 1 vol.
— *Les partisans*. 1 vol.
Neera : *Thérèse*, traduit de l'italien. 1 vol.
Ouida : *Amitié*, traduit de l'anglais. 1 vol.
Rider-Haggard : *Jess*, traduit de l'anglais. 1 vol.
— *Le colonel Quaritch*. 1 vol.
Savage : *Un mariage officiel*, traduit de l'anglais. 1 vol.
Smith (J.) : *L'héritage*, traduit de l'anglais. 3 vol.
Stevenson (R.-C.) : *Le Naufrageur*. 1 v.
— *Catriona*. 1 vol.
Thackeray : *La foire aux vanités*, traduit de l'anglais. 2 vol.
Tolstoï : *Les Cosaques*, traduit du russe.
Tourgueneff (I.) : *Mémoires d'un seigneur russe*, traduit du russe. 2 vol.
— *Scènes de la vie russe*. 1 vol.
— *Nouvelles Scènes de la vie russe*. 1 vol.
Troloppe (A.) : *Les Tours de Barchester*. 1 vol.
Van Vorst (Mrs J. et M.) : *La fille de Bagsby*.
Wilkie Collins : *Œuvres*, traduites de l'anglais.
   La morte vivante. 1 vol.
   La piste du crime. 2 vol.
   C'était écrit. 1 vol.

LIBRAIRIE HACHETTE ET Cie

BOULEVARD SAINT-GERMAIN, 79, A PARIS

Lectures pour Tous
Revue universelle
Populaire
Illustrée

Les *Lectures pour Tous* s'adressent à tous ceux qui recherchent avec avidité dans la lecture le profit d'une passionnante et utile curiosité.

Travailleurs, lettrés, paysans, ouvriers, jeunes filles, mères de famille, enfants et jeunes gens, tous veulent, à notre époque, puiser aux sources fécondes des connaissances humaines les plus précieuses et les plus saines émotions.

Toutes les variétés de l'IMAGE capables de frapper l'imagination, de toucher la sensibilité, d'éveiller l'activité intellectuelle, reproductions des chefs-d'œuvre de l'art à travers les âges, scènes de dévouement et d'héroïsme, figures qui traduisent les grandes découvertes scientifiques, toutes les représentations gravées qui peuvent faire passer en notre âme le frisson du beau, développer des sentiments d'énergie et de bonté, seront répandues à profusion dans ces pages qui réaliseront ainsi la plus abondamment illustrée des Revues populaires.

Pas un des principaux articles ne sera conçu en dehors de ces règles qui font la force et la noblesse d'une nation, foi ardente dans les idées généreuses et amour invincible de la Patrie.

Sans doute, notre époque, dévorée d'activité, veut connaître sans retard les mille découvertes de la Science, les grandes questions qui passionnent notre temps. Mais le lecteur exige aussi une grande distraction de l'esprit. Il aime les surprises de l'imagination, il se prend volontiers aux aventures, aux douleurs, aux remords et aux joies des héros et des héroïnes ; les fictions de la poésie, du roman, du drame ou de la comédie l'émeuvent et le captivent. Nous donnerons satisfaction à ces aspirations légitimes.

Tous nos articles pourront être lus par des jeunes filles. Plusieurs seront destinés aux enfants qui aiment les récits d'aventures et les contes qui les transportent dans le monde d'imagination où ils se plaisent.

Le Livre du mois pour cinquante centimes.

Les *Lectures pour Tous* paraissent le 1ᵉʳ de chaque mois depuis le mois d'Octobre 1898 et contiennent

96 pages de texte et 110 Gravures.

Chaque Numéro, format grand in-8º à deux colonnes, imprimé sur papier de luxe, renferme environ dix ou douze articles variés. Il se vend **50 centimes** ; franco par la poste en France, **60 centimes** et pour l'Union postale **75 centimes**.

LES DIX
PREMIÈRES ANNÉES (1899-1908)

FORMENT

Dix magnifiques volumes grand in-8

ILLUSTRÉS CHACUN DE PLUS DE **1 200** GRAVURES

Chaque année, reliée, 9 fr.
(Les années 1899 à 1905 sont épuisées).

ABONNEMENTS

UN AN. — Paris, 6 fr. ; Départements, 7 fr. ; Étranger, 9 fr.
SIX MOIS. — Paris, 3 fr. 50 ; Départements, 4 fr. ; Étranger, 5 fr.

www.ingramcontent.com/pod-product-compliance
Lightning Source LLC
Chambersburg PA
CBHW050312170426
43202CB00011B/1864